슈리 푼자와의 삿상 1

그대는 신이다

슈리 푼자와의 삿상 1

그대는 신이다

파파지 지음

김병채 옮김

슈리 크리슈나다스 아쉬람

바가반 슈리 라마나 마하리쉬

Bhagavan Sri Ramana Maharshi

목차

서문

이 책은 1910년부터 1997년까지 북인도에 살았던 슈리 H.W.L 푼자가 제자들과 함께 하는 동안 그의 입에서 자연스럽게 흘러나온 노래들을 모은 것이다. 이 노래들은 가장 숭고하면서 가장 단순한 진리에 대한 완전한 경험으로부터 흘러나온 것이다. 그 진리란, 우리는 순수 의식이며 전체성을 가진 존재라는 것이다.

그를 사랑하는 사람들은 그를 파파지라 부른다. 파파지는 1910년, 당시 인도에서 가장 존경을 받고 있던 성자 중 한 사람인 스와미 라마 티르타의 누이를 어머니로 하여 편잡 지방에서 태어났다. 그는 8세 때 진리를 깨달았다.

이 깨달음은 아루나찰라의 성자인 그의 스승, 바가반 슈리 라마나 마하리쉬를 만난 30대 초반에 무성해진다. 그때 이후, 그는 그의 현명한 언어와 바라봄, 교감으로 자신의 현존에서 흘러나오는 조용한 영혼의 힘으로 이 깨달음의 아름다움을 다른 이들과 함께 나누기 시작하였다. 그가 1997년 9월에 육체를 떠나자, 이 힘은 폭발하여 그의 생전보다 더욱 강하게 이 세상에 느껴지고 있다.

파파지 같은 분이 타협하지 않는 절대 진리의 스승의 모습으로 세상에 나타난 것은 흔치 않은 일이다. 그는 말한다.

내면을 바라보십시오.

그곳에는 그대, 진정한 나, 구루 사이에 아무런 차이가 없음을 알게 될 것입니다. 그대는 항상 자유롭습니다.

그곳에는 스승도, 제자도, 가르침도 없습니다.

우리가 우리의 진정한 성품을 잊고 자신은 유한하고 미미한 존재라고 믿고 있을 때, 그는 잘 설명될 수 없는 것들을 이해시키기 위해 고대의 지혜로운 말을 들려준다. 아침의 동이 터 오면 의심이 사라지고 환영이 사라지듯, 그의 언어는 거대한 자유와 사랑을 찬양하면서 춤을 춘다. 실제로 그는 종종 삿상에서 사람들에게 일어나 노래하고 춤추라고 말한다.

이 아름다운 스승은 표현할 수 있는 가장 뚜렷한 언어로 얘기하지만, 동시에 말이라는 것은 단지 진리를 가리키는 지시물에 불과하다고 언급한다. 그는 우리에게 쉬지 말고 지시를 따르되 말에 얽매이지는 말라고 권한다. "세상에서 쓰는 언어들을 제쳐놓고 내가 하는 말의 진정한 의미를 깨달으십시오. 진리는 알 수 있는 것이 아닙니다. 진리는 지식을 초월하여 존재합니다. 진리는 분석하고, 확인하고, 자르고, 머리로 이해하려는 마음을 초월하여 존재하는 것입니다."라고 웃음을 머금은 이 붓다 같은 분은 점잖으나 단호히 말한다.

1918년부터 지금에 이르기까지 파파지는 진리는 우리의 나로부터 떨어지지 않은 가장 숭고한 신비라는 것을 많은 사람들에게 직접 보여 주었다. 그는 존재가 던져 주는 지혜에 복종해야 하며 우리 자신이 바로 진리라고 사람들에게 말한다.

"그대는 변치 않는 자각입니다. 그리고 이 자각 속에서 모든 활동이 일어납니다. 항상 평화 속에 휴식하십시오. 그대는 묶이지 않고 분리되지 않는, 영원한 존재입니다. 여기 지금에서 고요하십시오. 그대는 행복이며, 평화이며, 자유입니다. 자신이 고통을 받고 있다는 생각은 하지 마십시오. 그대 자신에게 친절히 대하십시오. 그대의 가슴을 열고는 그냥 존재하십시오."

그는 수많은 방법을 사용하여 그대의 마음을 멈추게 하고, 진정으로 그대가 누구인지를 탐구하도록 돕고, 그대의 자각을 자각으로 직접 돌리고, 그리고 그대를 이 순간이라는 영원 속으로 들어가게 하는 진정한 스승이다. 이와 같은 귀중한 지혜를 우리가 접할 수 있다는 것은 굉장한 행운이다. 그는 말한다.

"이것을 아는 사람은 모든 것을 압니다. 그러나 이것을 모르는 사람은 설령 아무리 많은 것을 알고 있을지라도 그는 아무것도 모르고 있습니다."

힌두 박타, 기독교 신비가, 선 스승, 산속의 샤먼, 도교의 현자, 죠젠 라마, 아드바이타 갸니, 수피 성자, 아고라 요기, 베다 학자 … 그대는 '그것'에 이름을 붙인다. 그 자신의 지식의 깊이에 의해, 경험의 폭에 의해, 그리고 정교한 설명에 의해, 그는 이 모든 분야의 스승이라는 점이 명확해진다.

현자가 주는 가르침의 특징은 시간 초월이다. 그러므로 이 노래들은 특정한 순서 없이 진수만을 모은 것이다. 절이나 구에서도 그렇다. 또한 명료함을 더하고 하나의 궁극의 나를 가리킨다는 의미로서의 단어들이 필요할 때 '참'이나 '진정한'이라는 말을 단어 앞에 첨가했다. 진정한 자유의 즐거운 문법이 그대의 마음을 멈추게 할 수 있을 것이다.

이 책을 엮는 데 도움을 주신 분들을 소개하고자 한다. 전반적인 지지와 지도를 해 주신 유디슈타라, 이 책의 바탕이 되었던 슈리 푼자와의 삿상을 기록·복사·묶음·편집한 프라샨티, 타이핑·편집·교정을 본 비디야바티, 책과 표지의 레이아웃·교정을 본 캐롤 왓츠, 사진들을 찍어 준 사진작가, 물론 마지막으로 이 전체적인 계획을 진정한 침묵 중에서 이끌어 주신 분은 스승님이시다.

우리를 위해 모든 것을 해 주신 우리의 소중한 삿구루에게 사랑과 감사를 드린다. 그리고 이 책을 기쁜 마음으로 여러분께 드린다.

유디슈타라, 비디야바티와 프라샨티
샌 안셀모, 캘리포니아
1998년 10월 13일

개정판 서문

"그대는 신이다."라는 말은 "그대는 붓다다."와 같은 말이다. 물이 하나이듯이 진리는 하나이다. 그 진리는 생각 너머에 있다. 그러니 자신이 좋아하는 말을 쓰면 된다.

저자께서는 찾아오는 사람들에게 생각을 하지 말라고 한다. 생각에는 그 사람이 윤회할 내용이 담겨져 있다. 그래서 끊임없이 침묵하라고 하신다. 진리는 생각 너머에 있다.

개정판을 내고자 다시 이 책을 보니 진리로 가게 하는 보석들이 가득 담긴 바구니이다. 세상에 이런 책이 있다니….

초판에서 번역하기 가장 어려웠던 단어는 Self, Quiescent와 Heart였다. 그래서 참나, 고요 및 가슴이라고 했다. 20년이 흐른 지금 Self는 나로 번역하기로 했다. 사람들은 자아는 알고 있지만 나는 놓치고 있는 것 같다. Self를 나로 번역하는 것이 더 정확할 것 같다.

Quiescent는 침묵으로 번역하기로 했다. 깨달음에 이르기 위해서는 마음이 소멸되어야 한다. 마음의 고요도 좋지만 침묵이 더 정확할 것 같다.

Heart는 아직도 찾지 못하고 있다. 산스크리트로는 붓디이다. 우리 말로 굳이 번역하자면 가슴 혹은 지성일 것이다. 지성이라고 한다면 따뜻한 사랑의 느낌은 없어지는 것 같다.

불교에서는 Heart Sutra를 반야심경이라고 한다. 심 즉 마음이라 하고 있다. 반야의 마음 즉 높은 마음일 것이다. 역자도 행복을, 자유를, 진리를 찾는 삶을 산 것 같다. 어떤 직업이 그것을 주지 않을 것 같으면 그냥 그만두었다. 그래서 많은 직업을 가지게 되었다.

종교 생활도 하였다. 처음에는 스승을 예수로 한 종교였다. 나중에는 스승을 붓다로 한 종교를 알고자 하였다. 명상이 궁금하였다. 명상을 제대로 알고자 40대 초에 인도로 가게 되었다. 그곳의 수행들을 보고 놀랐다. 그래서 이번 생애에 수행의 끝에 이르기를 포기하였다.

고국으로 돌아오고자 뉴델리로 왔다. 붓다의 나라에서 다시 돌아온다는 것이 너무나 애석하였다. 수첩을 뒤적이다가 한분의 이름을 찾았다. 그 다음 날 그분을 만나기 위하여 하리드와르로 가고 있었다. 하리는 신 크리슈나의 다른 이름이다. 그때 나는 진리에 목이 말라 있었다. 나는 그러한 상태에서 깨달음을 얻은 스승을 만나러 가고 있는 것이었다.

10시 30분경에 그곳에 도착하였다. 파파지께서는 깨끗한 모습으로 침상에 홀로 앉아 계셨다. 나는 그분의 발 아래로 바로 들어가게 되었다.

"어디를 다녔습니까?"

"여러 곳을 다녔지만 라마나스라맘에 오래 머물렀습니다."

라마나스라맘을 이 분은 아실까 하는 생각이 들기도 하였다. 이곳은 남쪽의 아루나찰라 산기슭이 아니라, 북쪽의 갠지스 강가가 아닌가….

"저는 쉬고 싶습니다."

"그렇다면 이 아래에 호텔이 있는데 거기로 가서 여장을 풀고 목욕하고 쉬십시오."

그때쯤에야 마음이 귀중한 것이 아니라는 것을 알게 되었다. 그렇다고 마음 너머의 무엇을 경험한 것도 아니었다. 그래서 몹씨 피곤하였다.

"저는 몸이 피곤한 것이 아니라 마음이 피곤합니다." 깊은 눈동자를 나에게 주시면서 "그대는 몸이 아닙니다. 그대는 마음이 아닙니다."

마음 너머에 계시는 분이 진리를 말씀하셨다. 그분의 말씀은 말씀이 아니라 바로 은총이셨다. 진정한 스승을 나는 만난 것이었다.

내가 마음이 아니니 앞의 분이 사라졌다. 그 방도 사라졌다. 세상도 사라졌다. 나의 마음이 사라졌다. 나는 마음 너머에 있는 다른 차원으로 갔다.

끝이 보이지 않는 빛나는 바다, 황홀경의 바다만이 있었다.

얼마나 시간이 흘렀는지 나는 모른다. 그 상황을 지켜보고 계시든 스승님께서는 웃으시면서 되돌아온 나에게 한 말씀을 하시다.

"그대는 붓다입니다. 구도의 길을 접고 당장 고국으로 돌아가십시오."

제1장
비차라 ─ 나 탐구

안을 보십시오.

온 헌신으로 나아가서는 가슴으로 머무르십시오.

그대 자신을 오직 찬미하십시오.

그대의 나를 공경하며 그대의 나를 찾으십시오.

그러면 모든 것이 저절로 보살핌을 받을 것입니다.

쓸모없는 활동들과 쾌락들을 멀리하십시오.

오로지 침묵하십시오. 이것이 자연스러운 상태

즉 사하자 바아브(Bhav)입니다.

깨닫고 싶다면 생각하지 마십시오. 노력하지 마십시오.

이것이 유일한 방법입니다.

이것은 탐구로는 지혜로 헌신으로는 사랑으로

그 모습을 나타낼 것입니다.

지혜와 사랑은 같은 말입니다.

진정한 지혜는 나에 대한 사랑입니다.

지금, 자유를 바란다면 그대가 어떤 일을 하고 있더라도

지고의 나, 가장 소중한 사랑, 기쁨의 근원을

밤낮으로 명상해야만 합니다.

그 외의 다른 것은 물리치십시오.

오직 그것만을 보십시오.

그러면 모든 것이 그대 위에 더해질 것입니다.

진정한 존재를 오직 묵상하십시오.

이 묵상은 그냥 존재하는 것입니다.

진정한 빛으로 곧장 가십시오.

이것을 위해 시간을 내거나 못 낸다는 문제는 있을 수 없습니다.

왜냐하면 그것은 모든 시간을 관통하면서 존재하기 때문입니다.

그대의 진정한 성품은 자각이며

이 자각은 수행될 수 없습니다.

그대가 이것을 알지 못하면 자각은 밖으로, 현상계로 향할 것이고

그러면 고통이 있게 됩니다.

그대의 얼굴을 안으로, '나'의 근원으로 향하게 하십시오.

그때 나의 그림자가 나를 향한 마음 위에 떨어집니다.

그러면 이 마음은 나로 용해됩니다.

나타나지 않고 있는 존재로 향하십시오.

나와 평화로 향하십시오.

이 한순간에

그대는 모든 것을 거절할 선택권을 갖고 있습니다.

그러면 모든 것을 존재하게 하는 그것을

그대는 발견하게 될 것입니다.

그러면 현상계는 우주적 춤이 됩니다.

탐구는 다이아몬드입니다.

다른 방법은 없습니다.

탐구는 오만한 마음을 직접 공격합니다.

"나는 나이며, 나는 몸이 아니다."라고 그냥 말하십시오.

그리고 결코 오고 가지 않으며

그대의 생각을 움직이게 하는 자를 찾아내십시오.

이 탐구는 목격하는 것이 아니라 존재로 있는 것입니다!

목격은 주체와 객체를 만들어 냅니다.

존재는 안에 있는 삿구루입니다.

항상 그것을 명상하십시오.

모든 곳에 퍼져 있는 실재에 항상 집중하십시오.

그리고 그대가 이 절대적 존재-절대적 의식-절대적 희열임을

완전히 자각하십시오.

탐구는 존재 그 자체입니다.

그러므로 "나는 누구인가?"하고 질문하십시오.

이 질문은 고통으로 나아가게 하지 않는 유일한 질문입니다.

이 질문은 몸-마음-오만으로 이어진 끈을 끊기 때문입니다.

이 질문은 마음을 모든 관계로부터 떨어지게 하여

집의 정원에 마음을 심게 합니다.

탐구는 나와의 사랑입니다.

이 나라는 생각은 의식을 자각하는 의식입니다.

그러나 무엇이 '나'를 자각합니까?

"나는 누구인가?"를 질문하고 나서

근원인 의식이 있는 곳을 찾아내십시오.

누가 몸을 의식합니까?

그대의 얼굴은 언젠가 분명코 벌레들의 먹이가 되고 맙니다!

이 얼굴을 통해 빛을 발산하고 있는 자가 누구인지를

물어 찾아내십시오.

질문을 하십시오.

그 답을 발견해 내십시오.

지금을 최대한 이용하십시오.

죽음은 빨리 오기 때문입니다.

그대의 마음을 움직이지 마십시오.

정말로 침묵하십시오.

바깥으로 나 있는 창문들을 모두 닫으십시오.

모든 변화하는 것들을 버리고

변함이 없는 내면을 바라보십시오.

'나'의 개념을 벗고

절대적 존재—절대적 의식—절대적 희열의 바다 속으로

뛰어드십시오.

'나'라는 생각조차도 움직이게 하지 마십시오.

움직이지 않겠다는 에너지조차 일으키지 마십시오.

이 명상에 끊임없이 시간을 보내십시오.

앉아서 침묵하는 이 새 습관을 지니십시오.

그러면 무엇인가가 여기로부터 일어날 것입니다.

먼저 그것을 경험하십시오.

그때에만 이해가 따라올 것입니다.

이해는 요리 메뉴를 읽는 것이지만

경험은 요리를 먹는 것입니다.

그러므로 드러냄을 어리석고 거만한 머리가 아니라

희열의 가슴으로 들어가게 해야만 합니다.

그리고는 이 드러냄과 동일시하십시오.

우주적 의식과 동일시하십시오.

절대자와의 동일시가 명상입니다.

그대의 영혼을 고양시키고 모든 불순물들을 태우십시오.

절대자와 동일시하십시오.

진리는 매우 단순합니다.

그것을 복잡하게 하지 마십시오.

어둠을 알아보려면 그대는 빛 속에 있어야만 합니다.

빛인 그대 자신을 그냥 자각하십시오.

지식의 불 속으로 뛰어드십시오.

개념들과 바사나들로 만들어진 그대 옷에

무엇이 일어날 것인지 염려하지 마십시오.

이 불이 모든 것을 태울 것입니다.

ॐ

비차라는 침묵입니다.

침묵이란 한순간이라도

마음을 움직이지 않고 그대의 얼굴을 보는 것입니다.

침묵이란 모든 진행되는 것, 모든 관념들, 모든 의도들,

모든 개념들을 던져 버리는 것입니다.

그냥 침묵하십시오.

침묵하십시오. 침묵하십시오. 침묵하십시오.

그대는 사랑, 아름다움 그 자체입니다.

침묵하십시오.

그러면 그대가 모든 존재들 안에 있는 나임을 알게 될 것입니다.

비차라는 진정한 명상이며 자각에 대한 집중입니다.

이 자각은 대상도 주체도 아닌 그것 자신의 진리를 드러낼 것입니다.

"아트만이 실재한다."라고 굳히는 것이 명상입니다.

그대의 마음을 과거나 미래로 향하게 하지 마십시오.

흔들림 없이 여기, 지금에 마음을 머물게 하고는 명상하십시오.

명상하고 있는 자만, 즉 명상자만을 명상하십시오.

이것은 모든 것들이 일어나는 곳을 바라보는 것입니다.

이것은 그대 원래의 모습인 집으로 돌아오는 것입니다.

명상이란 아무런 노력을 하지 않는 것

어떤 생각도 일으키지 않는 것입니다.

명상이란 뭔가를 찾는 행위가 아닙니다.

찾으면 오히려 명상을 잃기 때문입니다.

명상이란 마음을 움직이게 하는 그 에너지에게로

노력 없이 마음을 향하게 하는 것입니다.

이 명상은 나-존재-하나와의 동일시 속으로 녹아드는 것입니다.

그대는 항상 이 명상 속에 있습니다.

그대는 항상 사하자 속에 있습니다.

진정한 명상은 자유이며

자유는 명상자의 근원 속에 머물고 있습니다.

여타의 명상은 집중의 한 형태일 뿐입니다.

진정한 명상은 시작이 없으며 끝도 없습니다.

사실, 명상의 진정한 예술은 늘 명상하는 것입니다.

도달해야 할 어떤 곳도, 해야 할 어떤 일도 없습니다.

명상은 진정한 존재로서 집에 그냥 머무는 것입니다.

시간과 명상은 함께 할 수 없습니다.

명상은 시간을 없애기에 시간 개념을 지니면 명상이 파괴됩니다.

"명상해야만 한다."라는 생각조차

고요한 호수의 정적을 깨뜨리는 돌처럼 명상을 방해합니다.

비차라는 눈을 통하여 보지 않으며 나를 통하여 봅니다.

나가 나를 봅니다.

눈을 감았을 때도 그대는 눈이 있는 곳을 볼 수 있습니다.

그러므로 그대가 사물을 아는 것은 이 시각을 통해서입니다.

이것을 그대는 해야만 합니다.

시력이 나오는 곳을 보십시오.

그 저장고는 시력으로 가득 차 있습니다.

눈의 뒤를 바라보십시오.

앞을 향해 본다면 그대는 대상들을 보겠지만

눈의 뒤를 본다면 그대는 주체, 즉 보는 자를 보게 될 것입니다.

보는 자는 모든 것의 근원이며 사랑과 아름다움의 근원입니다.

비차라는 그대 삶의 매 순간 지속되어야 합니다.

비차라는 마지막 호흡 때까지

숨 쉬는 행위처럼 자연스럽게 지속되어야만 합니다.

내 스승의 말씀처럼

"탐구하는 자가 남아 있지 않을 때까지 탐구하십시오."

마음의 습관들은 깨뜨리기 매우 어렵습니다.

그러므로 비차라는 지속되어야만 합니다.

그대는 오랜 세월 무지한 채 살아왔습니다.

그대가 진리를 깨달으면

얼마 동안 그대는 진리로서 머물러야만 합니다.

무엇이 이보다 더 중요하겠습니까?

그대는 매우 강해야만 합니다.

끊임없이 마음에게 질문하십시오.

어리석음으로 결코 되돌아가지 않겠다고 결심하십시오.

일단 그대가 침묵 속에 있게 되면

침묵으로 고요하십시오.

제2장
근원으로 돌아가십시오.

침묵하려면 무엇부터 시작해야 할지 모르겠습니다. 조언을 해주시겠습니까?

내가 말하는 침묵은 명상하는 것도, 조용히 앉아 있는 것도 아닙니다. 내가 말하는 침묵은 명상과도 아무런 관계가 없습니다. 말을 하거나 하지 않는 것과도 관계가 없습니다. 그렇게 하더라도 그대의 마음은 여기 저기로 모든 곳으로 여전히 달려가기 때문입니다. 내가 말하는 침묵은 그대의 마음으로부터 생각이 일어나지 말아야 한다는 것입니다. 그대의 마음에서 아무런 생각이 일어나지 않는 것, 그것이 침묵입니다.

말씀을 이해합니다만. 뭔가를 해야 할 것 같은 느낌이 듭니다.

아닙니다. 그대는 어떤 것도 해서는 안 됩니다. 단지 그대의 마음으로부터 어떤 생각도 일어나지 않도록 하십시오. 이것은 어떤 것을 하는 것이 아닙니다. 단지 고요히 있으면서 마음을 바라보는 것입니다. 그대는 아직까지 그렇게 하지 않았습니다. 그러므로 지금, 오늘 혹은 내일 그냥 그렇게 하십시오. 그대가 럭나우를 떠나기 전, 이것을 마쳐야 합니다. 생각을 보십시오. 지금 그렇게 하십시오. 과거나 미래에 속하지 않는 생각을 바라보십시오. 어떤 생각이 일어납니까?

스승님을 바라보면서 스승님 앞 여기에 저는 앉아 있습니다.

그것은 생각이 아닙니다. 그대의 눈이 쳐다보는 것입니다. "스승님을 보고 있습니다."라는 생각조차도 생각으로서 어딘가로부터 일어났습니다. 나를 바라보고 있는 이 '나'는 어디로부터 일어나고 있습니까? 이것이 내가 말하고자 하는 바입니다.

모르겠습니다.

그렇다면 찾아내도록 하십시오. 시간을 더 내어 이 '나'가 일어나는 곳을 보십시오. 노력을 하지 마십시오. '나'의 위치를 찾아내기 위해 그대는 어떤 것도 필요하지 않으며 어떤 생각 또한 필요치 않습니다. 단지 고요히 하고는 '나'가 생겨나는 곳을 찾아내십시오.

이곳 스승님의 발치에 앉아 스승님께 미숙한 질문을 하나 더 드리고자 합니다. 자유는 무엇입니까? 자유를 얻는 방법은 무엇이며 자유로운 상태에 머무는 방법은 무엇입니까?

자유란 아무런 걱정, 의심, 불행, 두려움이 없는 때입니다.
단지 진정한 여기에 앉아 있음으로 자유를 얻으십시오.
자유는 산에 오른다고 얻어지는 것이 아닙니다.
그냥 진정으로의 여기에 앉으십시오.
아무것도 생각하지 마십시오. 이것이 해야 할 전부입니다.
의심과 두려움 없이, 침묵으로 여기에 머무르십시오.

근원과 합쳐지고 싶습니다.

빛과 생명의 근원은 수백만 개의 태양보다 더 밝습니다. 그대가 근원 그 자체에 있고자 할 때, 그 근원은 폭발하고 그대의 모든 갈망들과 고통들을 즉시 끝낼 것입니다. 그것을 그저 바라보기만 하십시오. 질문하지 마십시오. 그 대신에 그 빛 속으로 용해되십시오. 태양, 달, 별들이 떠오르지 않는 곳에 머무르십시오. 생각과 마음 너머에 머무르십시오. 이것이 바가바드 기타에서 말하는, 크리슈나가 있는 곳입니다.

근원과 합쳐지기 위해선 100%의 완전한 깨어 있음만이 필요합니다. 어떤 일이 진행될 때, 그대는 완전히 깨어 있는 채로, 앞에 일어나는 것을 진정으로 지켜보아야만 합니다. 그때 그것은 즉시 일어납니다. 그러나 두 개의 칼을 한 칼집에 보관할 수는 없습니다. 다시 말하면, 그대의 모든 옛날 습관들과 그대가 누구인가에 대한 질문을 동시에 가질 수는 없습니다. 한순간에 하나만 가능합니다. 옛날 습관들은 그대가 수백만 년 동안 애써 왔던 방법입니다. 인간으로 태어나려면 수백만 번의 환생을 거쳐야 합니다. 그대는 훌륭히 이것을 치렀습니다. 이제 좀 더 높이 그대의 나 안으로 뛰어드십시오. 다른 것들은 모두 버리십시오. 다른 것들을 버린다는 것은 그대가 삶으로부터 도피하라는 것이 아닙니다. 그대가 누구인지에 대해서만 관심을 주라는 의미입니다. 그때서야 그대는 모든 것들과 평화롭게 살 수 있습니다. 모든 것들은 그것에서 나오기 때문입니다. 그때 그대는 그대가 말하는 실재가 진정한 실 재가 아님을 알게 될 것입니다. 그러나 그대는 우선 그대가 누구인지, 무엇이 진정한 실재이며 무엇이 진정한 실재가 아닌지를 경험해야 합니다. 그때서야 그대는 모든 것들이 그것 그 자체임을 알게 될 것입니다. 모든 것들이 그것 외의 어떤 것으로부터 나올 수 있겠습니까?

모든 동물과 식물, 나무와 새,

그리고 모든 개념들로 된 이 온 삼사라는

어디로부터 옵니까?

오직 하나의 근원뿐입니다.

근원으로 돌아가 근원과 하나가 되십시오.

근원이 무엇인지 아십시오.

그러면 모든 것이 근원 그 자체입니다.

그대와, 그대가 남이라 부르는 것들 간에는

아무런 차이가 없습니다!

이것을 아십시오.

그러면 그대는 모든 존재들에게 말을 할 수 있을 것입니다.

바위, 나무, 동물에게 동시에 말할 수 있습니다.

왜냐하면 진정한 여기에는 시간이 존재하지 않기 때문입니다.

시간은 개념입니다.

과거, 현재, 미래는 오직 개념들에 불과합니다.

그러므로 실재를 알려면 한 순간만이라도

시간 바깥에 있어 보십시오.

그리고는 이 온 현상계가 무엇인지 발견하십시오.

완전히 깨어 있으면서 그대 자신에게 질문하십시오.

그러면 그대는 답을, 즉 근원을 알게 될 것입니다.

질문을 하며 깨어 있고자 합니다만 제 마음은 청룡열차와 같습니다. 이 상태에서 제가 할 수 있는 것이 있을까요? 이런 생각들 때문에 신체에서조차 수많은 공포들과 걱정들이 늘 있습니다. 이 문제를 해결하려고 수십 년간 노력했으며 영적 도서들도 수백 권을 읽었습니다만, 아무 소용이 없었습니다.

좋습니다. 바로 이 순간 그대를 괴롭히는 생각들 중 하나를 골라 그것이 무엇인지 말해 보십시오. 마음은 생각입니다. 그러므로 이 방식으로 우리는 그대의 마음을 다룰 것입니다.

나는…

훌륭합니다! 그것으로 충분합니다. 이제 우리는 '나'라는 생각에 대해 검토할 것입니다. 이 '나'는 전체 현상과 관련 있으며, 그것은 오직 마음입니다. 잠시 동안 이 '나'와 함께 하십시오. 이 '나'를 본 후 이것이 일어나는 곳을 말해 보십시오. 이 '나' 속으로 뛰어드십시오. 이 '나'보다 더 이전에 있었고, 늘 있는 것을 찾아보십시오. 파도가 바다에서 일어나 개인적인 이름들과 모습들을 지닐 때, 이 '나'는 바다의 어디로부터 일어났습니까?

아무것도 아닌 곳에서 생겼습니다!

이제 그대는 '나'의 근원에 있으며, '나'의 근원은 아무것도 아닌, 무(無)입니다. 이 무 속에 '나'는 더 이상 없으며, '나'가 없을 때 더 이상 마음도 없습니다. 마음이 없는 곳에는 현상계 또한 없습니다. 이 무(無) 속에서 그대는 무엇을 봅니까? 과거에 매달리지 마십시오.

이 무는 아무런 한계도, 시간도, 마음도, 상태도 없는 것을 의미합니다. 무(無)인 그대는 무엇을 봅니까?

무엇이 있습니까?

있는 그대로의 그것이 존재합니다! 그곳도 이곳도 아닌, 있는 그대로의 그것이 그냥 존재하고 있습니다! 어떤 책에서도 그대는 있는 그대로의 그것을 찾을 수 없을 것입니다. 대부분의 책들은 알 가치조차도 없는 것을 아는 것에 대한 자만을 심어 주어, 그대의 자아를 팽창시킬 것입니다. 그러니 모든 것들을 버리십시오. 마음, 자아, 몸에 대한 그대의 관념들 모두를 던져 버리십시오. 관념들을 없앤 뒤에 무엇이 남았는지 말해 보십시오. 홀로 있는 그것 안을 들여다보십시오. 어떤 의도도 지니지 마십시오. 해답을 찾겠다는 의도조차 가지지 마십시오. 그대는 총을 쐈습니다. 이제 총알이 목표를 찾도록 내버려두십시오. 그대가 목표물이며, 총알은 총구로 돌아올 수 없습니다! 그러므로 이것을 찾아내십시오. 이 무(無)로부터 무엇이 일어나며, 그것이 어떻게 느껴집니까?

기분 좋게 느껴지고 있습니다만, 이 무(無) 밖에서 생각들이 기다리고 있는 듯합니다. 생각들은 들어와서 무(無)를 혼란시키려 합니다.

안에서 생각들을 지켜보십시오. 생각들은 밖에 있는 개들에 불과합니다. 이 개들은 돌아와서 그대에게 키스하려고 기다리고 있는 그대의 오랜 친구들입니다. 그러나 이 개들 중 한 마리와의 키스가 그대를 물어 버리는 결과를 낳을 것입니다! 이 개들을 보십시오. 그러나 그대는 이 개들로부터 떨어져 있습니다. 그대는 개가 아닙니다. 개들을 주의 깊게 바라보고, 개들이 있는 곳을 말해 보십시오.

늘 들어오게 했던 개 한 마리가 있음을 금방 깨달았습니다. "난 아마 이것을 하지 못할 거야! 나는 걱정 없이 있기는 어려울 거야!"라는 개입니다.

이 개의 주인을 알아내십시오.

개의 주인은 '나'입니다.

'나' 또한 개입니다. 무(無)로서 무에 머무르십시오. 그리고 지금에 무엇이 남아 있는지 말하십시오.

두려운 개의 말을 들으려는 유혹이 남아 있습니다. 이 개는 제가 이 무(無)를 떠나기를 바랍니다.

좋습니다. 무(無)를 바로 떠나기 위해서는 무(無)에서 일어나야만 합니다. 무에서 발을 떼어 무를 거쳐 그대의 발을 내려놓습니다. 무 바깥으로 그대의 발을 떼어놓는다면 어디에 그것을 놓으려 합니까?

밖을 향한 발걸음은 생각이 일어나는 것에 불과합니다!

발걸음은 생각입니다. 발걸음을 떼어, 어디를 거쳐 어느 곳에 내리렵니까? 무(無)에서 발을 들었다면 그대는 어디에 발을 디디려 합니까? 그 다음 발은 어디에 두려 합니까? 그대 뒤에는 무엇이 있으며, 그대 앞에는 무엇이 있습니까? 그대 옆에는 무엇이 있습니까? 그대 발의 위와 아래에는 무엇이 있습니까? 이 무에는 아무런 경계도, 한계도, 개념도, 관념 작용도 없습니다. 이 무는 오점 없이 완전하며 완벽합니다. 그럼에도 우리가 그것을 무라 부르는 이유는 그것에 대해 생각해 낼 수 있는 것이 없기 때문입니다!

그러므로 이 무에서 벗어나 보십시오. 뛰지 않는 상태로 걸어 나와 보십시오. 계속 걸어 나오십시오. 이 무에서 달려 나오십시오. 이것을 어떻게 했는지 말해 보십시오!

저는 생각을 잡아챘습니다!

그대는 무(無)라는 바다에 있습니다. 이 무의 바다에서 팔을 뻗어 무엇인가를 잡았다면 손에 잡은 것은 무엇입니까? 히말라야입니까? 아니면 돌입니까?

아닙니다. 그것은 단지 물일 것입니다! 저는 무를 얻었습니다만, 무는 사라집니다. 아마도 제가 무가 되어야….

"~이 되어야" 한다는 말은 합당하지 않습니다. 얻은 것은 오직 물입니다! 와서, 머물고 가는 것은 오직 물, 오로지 무입니다. 물에서 일어나는 어떤 파도도 물입니다! 무로부터 일어나는 어떤 것도 모두 무입니다. 그것은 과거에도 무였고, 지금도 무입니다. 그리고 이 무가 바로 그대입니다! 무의 상태로 머무르십시오! 무로서 머무르십시오. 이제 무로 머물면서, 주위를 보고, 관찰하고, 질문하십시오.

찌꺼기 같은 어떤 느낌이 이 몸속에 여전히 남아 있는 듯합니다.

아무런 몸이 없습니다!

그러나 여전히 감각들이 있습니다.

이 감각들은 '나' 입니다. 그대는 그것을 감각이라 부르지만, 그것은 실제로는 그냥 개념에 불과한 '나'입니다. 몸이라는 개념을 만드는 것조차 생각, 개념입니다. 그대가 태어난 그 순간부터 그대는 아이라는 말을 들었습니다. 그래서 아이라는 개념을 깊게 믿는 까닭에 자신을 아이라 생각합니다. 그러나 "나는 존재다!"라는 개념으로 "나는 아이이며, 몸이 있는 인간이다."라는 개념을 떨쳐 버릴 수 있습니다. 이 모든 것이 누구에게 속하는지 찾아내십시오. 이 몸, 이 마음, 이 개념이 누구에게 속해 있는지 찾아보십시오.

그것들은 '나'에 속해 있습니다.

그렇습니다. 창조주, 모든 신들, 천국, 지옥, 행성, 이 모든 것들은 오직 '나'에 의해 창조되었습니다. '나'라는 것이 먼저 있지 않고는 아무것도 창조될 수 없습니다. '나'라는 이 개념이 지금 일어나는 곳을 찾으십시오.

그대는 지금 깨어 있는 상태에 있습니다. 조만간 그대는 잠자는 상태로 가야겠다고 결정할 것입니다. 약간의 평화와 휴식을 얻고자 결정하고는 그대는 모든 것을 거절하기 시작합니다. 먼저 그대는 도시와 친구들을 떠나 그대의 집으로 갑니다. 그러고 나서 그대는 그대의 가족을 뒤로하고 침실로 들어갑니다. 침실을 거절하고는 침대 안으로 들어갑니다. 침대로 가서는 배우자를 뒤로하고 그대의 몸으로 들어갑니다. 이제 몸조차 뒤로하고 그대는 오직 그대의 마음 안으로 들어갑니다. 마침내 그대는 그대의 마음과 '개들'조차 거절한 후에야 평화로운 잠을 잡니다. 그대가 잠자는 시간이 오후 11시라고 가정해 봅시다. 수면으로 들어가기 위해서 10시 59분 59초에 그대는 무엇을 했습니까? 이 일 초 동안에 어떤 일이 일어났습니까? 59분 59초에 개들은 그대 주위를 서성입니다. 그대는 개들을 어떻게 할 것입니까?

개들을 거절합니다!

그렇습니다! 59초가 지나갔고, 개들도 가버렸습니다. 60초 또한 가버렸습니다. 자, 이 이후의 '시간'에 대해 말해 보십시오. 이 이후에 그대의 손안에 무엇이 남아 있습니까? 친구, 현상계, 마음, 그리고 몸이 남아 있습니까?

그 모든 것들이 가버렸습니다!

훌륭합니다! 모든 것이 가버렸습니다. 가버린 것을 알기 위해 누가 남아 있습니까?

아무도 없습니다.

자는 동안에 거기에는 아무도 없다고 그대는 말합니다. '아무도' 거기에 없다는 것을 알기 위해 누가 깨어 있습니까? 그대가 자는 동안에도 깨어 있으면서 거기에 아무도 없었음을 알고 있는 이 의식은 대체 무엇입니까? 수면을 즐기는 이 의식은 누구입니까? 이 지금은 무엇입니까?

그것은 그냥 공간, 거대한 공간입니다!

훌륭합니다! 수면 상태의 '공간'과 수면 전후의 '공간' 간에는 어떤 차이가 있습니까? 꿈의 상태들이 일어나는 이 '공간'은 무엇입니까? 이 모든 '공간들' 간에 어떤 차이가 납니까?

같은 공간이 세 상태 모두에 있는 듯합니다. 공간은 모두 같습니다!

그렇습니다. 모든 공간은 같습니다! 이 손과 저 손안에 있는 공간은 같으며, 모든 사람들의 손 안에 있는 공간 역시 같습니다. 손은 다를지라도, 공간은 같습니다. 그대는 그 공간입니다! 그대는 깨어 있는, 잠자는, 그리고 꿈꾸는 상태가 일어나고 사라지는 바로 그 공간입니다. 그대는 깊은 수면 중에도 완전히 의식인 채로 있는 그것입니다. 이 오점 없이 깨끗한 스크린 위로 모든 상태와 그 상태 안의 모든 것들이 투사됩니다. 그대는 이 스크린입니다! 스크린에는 아무런 주체도 대상도 없습니다. 이 스크린, 이 공간은 객관적인 것에도, 주관적인 것에도 전혀 관심이 없습니다. 스크린이나 공간은 그냥 존재하고 있을 뿐입니다! 그대는 스크린입니다. 개들은 짖도록 내버려 두십시오. 그대에게 영향을 끼칠 수 없습니다. 폭풍, 화재, 로맨스, 슬픔, 고통, 이 모든 것들이 투사됩니다. 내버려 두십시오. 스크린은 영향을 받지 않습니다. 그 스크린이 바로 그대입니다!

(웃음) 아! 감사합니다! 마음속 깊이 감사를 드립니다!

여기는 그대의 행성입니다. 이 행성 위를 걸으십시오. (웃음) 그대는 이 행성을 얻지도 가지지도 않습니다. 지금까지 일어난 개념들이 모두 가버렸습니다. 개들이 떠나 버렸습니다. 모든 것은 개념입니다. 이것을 깨닫는다면 그대는 이 행성 위에서 매우 훌륭히 살 수 있습니다. 이 행성이 천국인 것을 알아 버렸기 때문에! 모든 것이 너무나 아름답습니다. 이 사실을 이해하면 모든 것이 너무나 아름답고 사랑으로 가득 찰 것입니다! 그대는 오직 이것을 그냥 이해해 야만 합니다! 그대는 에베레스트 산을 올라가지 않아도 됩니다. 여기 그리고 지금에 깨달음이 있습니다! 여기, 지금에 이해가 있습니다! 이것이 명상입니다. 어떤 것이 거기에 들어가든 나오든 상관없이, 이런 것들에 흔들림 없는 명상이 여기에서 시작됩니다. 이 명상은 항상 있었고 지금에도 항상 존재하기 때문입니다!

(그는 긴 숨을 내쉰다)

이제 처음으로 그대의 호흡은 자유롭습니다. 이는 이제 호흡과 마음이 완전히 일치하기 때문입니다. 마음과 호흡이 조화로울 때 평화가 오며, 오직 이 평화가 있을 때 우리는 자유 속으로 들어갈 수 있습니다. 그대는 이해하려 해서는 안 됩니다. 이해는 끝났습니다. 그대는 어느 곳에 서지 않아도 됩니다. 이해를 홀로 두십시오.

이것은 저에게서 늘 떨어져 있었습니다. 그러나 지금은 그렇지 않습니다!

모든 행성들과 다른 모든 것들이 그러하듯 이제 그것은 그대 안에 있습니다. 이것은 의식이며, 모든 것이 이 의식 안에 있습니다.

이 의식이 그대 자신의 나입니다.
이 의식은 그대로서 그대 안에 있으며
그대와 결코 떨어져 있거나 그대 바깥에 있지 않습니다.
그대가 '나'라고 말할 때 이것은 의식입니다!
'나'는 자아가 아니며 모든 것입니다! 이것이 차이점일 것입니다.
'다른 것'은 자아이며 고통일 뿐입니다.
진정한 '나'는 모든 것입니다.

노력하지 않았는데도 지금 제 마음이 어떻게 이렇게도 고요합니까? 이것은 은 총에 의한 것입니까?

구루의 은총으로 마음이 없어집니다. 수행은 몸과 마음을 움직이는 것 입니다. 어떻게 이 모든 마음의 활동 속에서 그대가 평화에 있을 수 있겠 습니까? 마음이 없다는 것은 활동도, 움직임도 없다는 것입니다. 이것은 노력하지 않음으로 얻어집니다. 한순간 동안만 바로 지금 노력하십시오. 지금껏 수행해 왔다면 이제는 이 수행을 침묵하는 데 사용하십시오. 그 대가 고요한 마음을 원한다면 수행으로 그대의 마음을 움직이지 마십시 오! 아무런 노력 없이 그냥 고요히 앉으십시오.

완벽하고 방해받지 않는 평화와 행복을 얻는 법에 대해 선명히 말해 주시겠습니 까?

이 질문은 바로 두어 단어로 답할 수 있습니다. 침묵을 지키십시오, 침 묵은 그대를 어지럽히지 않을 것입니다. 마음을 혼란시키지 마십시오. 그대가 나온 곳의 거기에 그냥 조용히 앉으십시오. 이것은 그대를 더 이 상 방해하지 않을 것입니다. 그러나 그대의 온갖 갈망들을 따라 끊임없 이 계속 움직인다면, 그대는 이번 생애에서는 평화를 얻을 수 없을 것입니다. 그러므로 그대가 왔던 곳으로 되돌아가 그곳에 머무르십시오. 그렇게 해보십시오. 성공하지 못했다면 내일 다시 나를 찾아오십시오.

고요하려고 노력했습니다. 오늘 저는 새벽 3시에 일어나서 가야트리 만트라를 반복했습니다. 그다음에 아트마 비차라를 시작했습니다. 마음을 고요히 하려고 몇 번의 심호흡을 했습니다. 그때….

깊은 호흡으로 마음을 고요히 하라고 누가 말했습니까? 나는 그대에게 그렇게 말하지 않았습니다! 마음을 말하고 있다면 그대는 마음을 고요하게 할 수 없습니다. '마음'이라는 단어를 내뱉는다면 그대는 마음을 고요하게 할 수 없습니다. 마음은 말 그 자체 속에 삽니다. 마음이라는 단어를 사용하지 않는다면 어느 누구도 마음을 보지 못합니다. 그대가 '마음'이라는 단어를 입 밖에 낸다면, 이미 마음과 연루되어 버립니다. 그렇다면 어떻게 그대가 마음을 고요히 할 수 있습니까?

그것은 원숭이를 조용히 앉히려고 꼬리를 당기는 격입니다! 원숭이 꼬리를 잡아당겨 보십시오. 이 원숭이는 어떻게 반응하겠습니까? 원숭이는 뒤돌아서 그대의 손가락을 물어버릴 것입니다. 원숭이와 마음은 같습니다!

그러고 나서 저는 마음으로 고요히 "나는 누구인가?"라는 질문을 하고는 몸, 마음을 내가 아닌 것으로 버렸습니다. 이것을 100% 확신합니다.

몸과 마음을 버렸을 때 어떤 것에 대해 이야기할 무엇인가가 남아 있습니까? "나는 몸, 마음, 감각, 자아, 지성이 아니다."라고 말한다면 무엇이 남습니까?

아무것도 없습니다.

이 무(無)의 상태에서 그대는 깊은 호흡을 해야만 합니까?

아닙니다. 노력 없이 침묵으로 머물겠습니다. 관찰자를 관찰하며, '보는 자'를 보겠습니다.

노력하지 않을 때 그대는 침묵으로 있습니다. 그대가 침묵으로 있을 때 거기에는 아무런 관찰자도, 관찰해야 할 것도, 관찰도 없습니다. 이 침묵 속에는 아무런 관찰자도, 관찰 대상도 없습니다. 그대가 지금 말하는 것은 아무런 실제적 경험이 없는 지적 체조일 뿐입니다. 어떻게 그대가 '보는 자'를 볼 수 있겠습니까? 보는 자를 본다면, 보는 자는 보이는 대상이 됩니다. 누구도 보는 자를 볼 수는 없습니다. 그것은 주체와 대상 너머에 있기 때문입니다. 그대는 대상들만을 볼 수 있습니다. 보는 자는 오직 대상만을 볼 뿐이며, 그때 그는 오직 보는 자가 됩니다. 그러나 보는 자 그 자체는 관찰되거나 보일 수 없습니다. 보는 자가 보인다면 보는 자는 대상일 뿐입니다.

제가 말씀드리려고 하는 것은 정신을 차려 주의하다가 생각들이 일어나면, 생각들을 봉오리 때에 딴다는 것입니다.

정신을 차려 살피고 있는 때에는 생각은 일어날 수 없습니다. 정신을 차려 살피십시오. 그런 후에도 생각이 보인다면 내게 말하십시오. 그리고 그것이 가능하다면, 그 생각이 무엇인지 말하십시오. 단지 방심하지 말고 주위를 살피십시오. 그러면 아무런 생각이 오지 않을 것입니다. 아무런 생각이 없다면, 깨어서 주위를 살피는 일도 필요치 않을 것입니다. 나는 늘 홀로 존재하는 까닭입니다. 나는 보아야 할 어떤 대상도 필요하지 않습니다.

생각들이 강하게 일어나면 저는 그 생각들에 무관심하거나, 아니면 존재에 있으려고 노력합니다.

훌륭한 경험입니다. 생각이 거기에 있고 그 생각에 무관심하다면 생각은 그대를 괴롭히지 않을 것입니다. 삿상 바완 밖에 서 있으면 많은 차, 사람, 동물이 그대 앞을 지나쳐 갈 것입니다. 그러나 그대는 그것들에 무관심하여 그것들이 그대 앞을 그냥 지나가도록 내버려 둡니다. 이처럼 그대는 보면서 무관심해야 합니다. 생각이 좋다고 해서 그것을 쫓아가지 마십시오. 일어난 생각이 나쁘다고 해서 그것을 가라고 하지 마십시오! 대부분의 경우 사람들은 스스로 생각의 노예가 되어 자신의 생각을 뒤따라가 넋을 잃고는 결코 돌아오지 않습니다. 이것이 어리석은 자가 스스로의 삶을 낭비하는 모습입니다. 수백만 년의 세월이 흐른 뒤 인간의 형상을 입고서도 이처럼 자신의 무지로 인해 스스로의 삶을 낭비하고 있습니다. 이 인간의 모습을 가진 삶을 감각의 즐거움 속에 낭비해서는 안 됩니다.

그대는 어떤 다른 것을 위해 왔습니다. 진정으로 그대가 누구인지를 알기 위해 왔습니다! 이 질문을 해결하지 않는다면 그대는 고통의 지옥에서 룰렛의 바퀴처럼 반복하여 돌 것입니다. 이 몸은 지옥입니다. 몸을 입고 있는 사람은 결코 행복하지 않습니다. 왕이나 수상조차 항상 암살당할까 봐 두려워합니다. 그들은 특별한 존재가 되었습니다. 그래서 두려워하며 보호를 필요로 합니다. 우리는 매우 다른 목적을 위해 왔습니다. 60억의 사람들이 세상에 있습니다. 그런데 왜 극소수의 사람들만이 삿상에 있습니까? 다른 이들은 그럴 만한 가치가 없기 때문입니다! 그들은 고통을 겪어야만 합니다. 삿상에 참석하는 것은 쉬운 일이 아닙니다. 왜 그대가 럭나우에 오도록 선택되었습니까? 삿상이 여기에서 시작되기 전, 럭나우는 지도에도 없었습니다. 이제 럭나우는 론리 플래닛(Lonely Planet; 여행 가이드북—역주)에도 존재합니다. 이제는 여행객들조차도 이곳에 와서는 다른 곳으로 가려 하지 않습니다. 그들은 여기에 영원히 정착해 버렸습니다.

직접적인 경험이 일어나기를 기다려야 합니까?

아닙니다! 기다림이란 기다리는 대상이 이미 여기에 존재하지 않고 있다는 것을 의미합니다. 어떤 것을 기다리는 것은 그것을 미래에 놓아두고 바로 이 순간에 그것을 가지지 않는 것입니다. 여기, 지금에 없는 것은 그대 자신의 기본을 이루는 본질이 아닐 것입니다!

나는 그대에게 미래를 기다리라고 하지 않습니다. 바로 지금 그대가 누구인지 그냥 말하십시오. 만약 그대가 이미 원래의 그대가 아니면, 그대는 어떤 다른 것이 됩니다. 그대는 길을 잃게 될 것입니다. 그러므로 여기에 이미 없는 것을 좇지 마십시오. 여기 지금에 있는 자를 찾아내십시오! 과거나 미래에 있는 자를 찾아내지 마십시오! 여기 지금에 무엇이 존재합니까?

의식입니다. 무(無)입니다.

지금 존재하는 것이 무(無)라면 그대는 왜 내일을 계속 보고 있습니까? 그것은 그대의 마음이 미래로 달려가고 있다는 것을 뜻합니다. 마음은 과거를 의미합니다. 마음이 움직일 때 마음은 현재에 머물지 않고, 과거의 무덤을 뒤집니다. 과거, 마음, 생각, 시간 사이에 차이는 없습니다. 그것들은 모두 같습니다. 시간을 말하는 것은 그대가 지금이 아니라, 지나간 순간을 말하는 것입니다. 그리고 이 지금은 그대가 여기에 앉는 바로 첫 순간 삿상에서 일어나야만 합니다. 그렇게 되어야 합니다. 그렇게 되면 그것은 아트만이 그대에게 은총을 준 것입니다. 지금이 이 순간에 일어나지 않는다면 아트만이 그대를 거절한 것입니다. 행복하지 않은 사람, 자유롭지 않은 사람, 깨달음을 얻지 못한 모든 사람들은 빛에 의해 거절되었습니다. 누가 그들을 구할 수 있겠습니까?

그대는 바로 지금 그대의 나를 보아야만 합니다! 뒤로 미루지 마십시오. 이 세상은 미룸의 결과입니다. 그렇지 않다면, 우주가 어디에 있겠습니까? 그대는 영원하지 않은 것들과 그냥 놀고 있습니다.

근원으로 가는 올바른 길 위에 제가 있습니까?

여전히 그대는 의심하고 있습니다. 말레이시아에서 인도로 오기 위한 길이 필요했듯이, 한 장소에서 다른 장소로 움직이려면 길이 필요합니다. 그러나 나를 깨닫는 데에는, 그대는 얼마나 여행해야 합니까? 그대의 나에 이르기 위해 어떤 길로 그대가 갈 것입니까? 비행기, 기차, 자동차가 필요합니까? 교통수단은 필요치 않습니다. 찾고 있는 것이 바로 지금 여기에 있기 때문입니다. 그대는 이 점을 바로 지금 이해해야만 합니다! 그냥 그것을 이해해야지 그것을 위한 노력은 하지 마십시오. 나는 영원하며 항상 여기에 있음을 이해하십시오! 그대가 여기에서 다른 곳으로 움직일 때에도 나는 움직이지 않습니다. 나는 항상 그대 안에 있습니다. 그대가 여기저기로 움직입니다. 나는 가슴속의 거주자입니다. 나는 가슴이라는 동굴에 삽니다. 나는 움직이지 않으며, 모든 것이 나 속에 있습니다. 이것을 그대는 바로 지금 이해해야 합니다. "나는 움직이지 않고 노력하지 않는다. 나는 어떤 것도 생각하지 않는다."고 이해할 때 나는 그 자신을 드러낼 것입니다.

어떻게 말입니까?

노력하지 않는 것이 방법입니다. 나의 말을 이해합니까? 어떤 노력도 하지 마십시오. 이 '방법'이란 그대가 어떤 다른 것을 얻기 위한 수단을 원한다는 것입니다. "거기에 이를 수 있는 방법이 무엇입니까?"라는 질문에는 지도가 필요하므로 그래서 방법을 묻고 있습니다. 이 '방법들'은 한 장소에서 다른 장소로 이동할 때 사용됩니다. 그대는 삼천 오백만 년 동안 지도를 사용해 왔습니다. 그러나 지금 그대는 삿상에 있습니다. 그대는 산 정상에 있습니다. 지도를 기다리지 마십시오. 그대는 지도가 필요 없습니다.

그대는 내가 하는 말을 다른 아쉬람에서는 듣지 못할 것입니다. 모든 아쉬람들이 상업화되었기 때문입니다. 두 사람이 만날 때는 이해관계, 비즈니스, 상업적인 것이 두 사람 사이에 있습니다. 삿상을 위해 만나는 사람을 나는 보지 못했습니다. 사람들은 단지 장사를 위해, 돈을 위해 만날 뿐입니다. 남편과 아내 사이에도 이해관계가 있습니다. 세상에서 이익 없이 말할 사람은 없습니다. 삿상에서 우리는 한 가족이며 서로를 이용하는 데는 관심이 없습니다. 이곳에서 우리는 동포, 이웃, 부모에 대한 사랑보다 더 많은 사랑을 서로에게 가지고 있습니다. 그래서 우리는 여기에 정착했습니다.

제3장

'나'를 수술하십시오.

자유롭고 싶습니다. 조언을 해 주시겠습니까?

마음을 수술하여 마음에 무엇이 담겨 있는지 찾아내십시오. 마음이 아닌 다른 것을 수술한다면 그대는 평화를 느끼지 못할 것입니다. 그대의 마음을 열어서 그 안에 무엇이 있는지 찾아내십시오. 외과 의사처럼 다른 것은 생각하지 말고 오로지 그것에만 집중하십시오. 마음의 본질이 무엇인지 찾아내십시오. 마음에 어떤 병과 종양이 있는지 알아보십시오. 마음을 바라보는 행위로 그렇게 하십시오. 마음은 오직 생각이니, 생각을 바라보십시오. 생각을 보는 자는 바로 '나'라는 생각입니다. 그러므로 '나'를 수술해야만 합니다. '나'가 나오는 곳을 찾아내십시오.

이것이 그대가 원하는 충고입니다. 온 힘을 다해, 사력을 다해 '나'가 나오는 곳에 도달해야 합니다. 그러면 그대는 성공할 것입니다.

이런 수술을 하기 위해 침묵해지는 법은 무엇입니까?

나는 침묵할 수 있는 눈과 그렇지 못한 눈을 구별할 수 있습니다. 어떤 이는 원숭이 같은 눈을 가지고 있으며 어떤 이는 신성한 눈을 가지고 있습니다. 신성한 눈을 가진 사람만이 침묵할 수 있습니다. 이것이 내가 그대에게 줄 수 있는 암시입니다. 그대의 활동들을 그만두십시오. 이것은 사랑, 행복, 니르바나라 불립니다. 삿상에서 이렇게 머무르며 삿상 밖에서도 이처럼 머무르십시오. 그대의 마음이 삿상에 오기를 원했다는 데 대해 그대의 운명의 별들에게 감사하십시오! 이것으로 아주 충분합니다. 감각들에 집착한 마음은 고통이지만, 감각들에 초연한 마음은 자유이기 때문입니다. 그러므로 삿상에서 마음이 어디로 달려가는지 지켜보십시오. 경계하십시오. 수백만 년 동안 마음이 그대를 통제했으므로 마음을 지켜보는 데는 시간이 걸릴지도 모릅니다. 그러나 지금은 그대의 차례입니다. 그대는 경계를 늦추지 않은 채 마음이 활동하는 것을 항상 지켜보아야만 합니다. 그렇게 하면 침묵과 자유가 찾아올 것입니다.

어렵지 않습니다. 그냥 지켜보기만 하십시오. 노력하지 말고 생각하지 마십시오. 주의를 깊게 하십시오. 그러면 어떤 것도 일어나지 않는다는 사실을 알게 될 것입니다. 이것이 마음을 침묵하게 하는 방법, 자유를 얻는 방법입니다.

이것을 하는 데는 시간이 들지 않습니다. 자유는 항상 여기에 있기 때문입니다. 마음이 어디에서 일어나는지를 단지 바라보기만 하십시오. 생각은 어디로부터 일어납니까? 이 생각의 근원은 무엇입니까? 이 마음과 함께 마음이 시작된 곳인 마음의 근원으로 뛰어 들어가십시오. 그때 그대는 항상 그대가 자유였음을 모든 것이 꿈이었음을 알게 될 것입니다.

자신을 발견하지 못한 사람들은 자고 있습니다. 감각들에 집착하지 않는 사람은 깨어 있습니다. 진정으로 깨어 있을 때 깨어 있음도, 수면도, 꿈도 나타나지 않습니다. 이것이 태어나지도 죽지도 않는 아트만이며 이해될 수 없는 그것입니다. 그대는 그것 그 자체입니다! 자신이 묶여 있거나 묶일 수 있다는 생각은 다름 아닌 두려움을 환영하는 것입니다. 삿상에서 이 두려움을 벗어 버리십시오. 그대가 죽음과 탄생으로부터 자유롭다는 것을 아십시오. 그대는 태어나지 않았기 때문입니다.

고통은 실재가 아닙니다. 고통은 잠이 들면 사라지고, 깨어 있거나 꿈꾸는 상태에서는 다시 나타나기 때문입니다. 수면 상태에서는 아무런 고통이 없습니다. 거기에는 대상도, 주체도, 마음도 없기 때문입니다. 관계가 있는 곳에는 고통도 있습니다. "나는 몸이다."라는 생각에 가까이 가지 마십시오. 그냥 생각하지 마십시오. 그러면 그대는 그대 자신의 궁극적 성품인 희열에 들게 될 것입니다. 시간과 마음은 같은 것입니다. 마음을 멈추십시오. 그러면 그대는 그대 자신의 희열스러운 자유와 사랑에 빠질 것입니다. 그러므로 침묵하십시오. 생각하지 마십시오. 노력하지 마십시오.

침묵을 혼란시키는 '나'를 어떻게 정말로 놓아 버릴 수 있습니까?

삿상에서 날마다 그대는 '나'를 놓는 방법을 들었습니다. 지난 3년 동안 매일 우리는 이 일, 즉 '나'를 놓는 방법을 작업해 왔습니다. '나'가 일어날 때, '나'는 틀림없이 어딘가로부터 일어납니다. 태어날 때부터 그대는 이 '나'라는 말을 사용해 왔습니다. 물론 이 '나'는 몸을 의미하였습니다. '나'는 간다. '나'는 온다. '나'는 고통 받는다. '나'는 죽어간다. 이런 '나'는 이름과 모습을 지닌 몸이었습니다. 그대가 이 '나'를 놓아줄 때 그대는 진정한 '나', 그대 자신의 진정한 의식을 발견할 것입니다. '나'를 놓아 버리는 방법은 무엇입니까? 그것이 일어나는 곳을 찾아내십시오.

그것은 '나'를 환대하는 것이지 않습니까? '나'가 누구인지 묻는 것은 '나'를 만들어 내지 않습니까?

아닙니다. '나'가 일어나는 곳을 찾아내십시오. '나'가 일어나는 곳을 찾아낼 때 그대는 침묵해집니다. 이것이 '나'를 놓아 버리는 방법입니다. 그렇게 하십시오! 그대의 얼굴 표정을 보면 아직 이해하지 못하고 있음을 알 수 있습니다. '나'가 일어나는 곳을 찾아내십시오. 대답해 보십시오. 그곳이 안경, 귀, 발, 셔츠, 바지입니까? 그것은 어디로부터 일어납니까? 그것은 그대 내면으로부터 일어남에 틀림없습니다.

그것은 자아로부터 나옵니다.

자아는 몸에 불과합니다. 몸이 없을 때 아무런 자아도 없습니다. 태어나기 전에 자아는 없었으며 60년 후에도 자아는 없을 것입니다. "나는 몸이다."를 아는 순간부터 자아가 시작됩니다. 그러면 사물이 그대에게 속하기 시작합니다. 그래서 그대는 다른 사람에게 속합니다. 이것이 자아입니다. 이 자아는 그대에게 휴식, 평화, 사랑을 안겨 주지 않을 것입니다.

언젠가는 자아가 사라질 것입니다. 몸이 사라질 때 자아도 사라질 것이기 때문입니다. 자아는 지금의 화신과 더불어 끝날 것입니다. 그러나 자아의 충족되지 못한 갈망들이 있는 한, 자아는 다시 올 것입니다. 이 자아는 새로운 몸을 입고는 주어진 곳에서 못다 한 욕망을 충족시키려 할 것입니다. 이런 일은 수백만 년 동안 끊임없이 계속될 것입니다. 이것을 끝내려면 "'나'가 어디로부터 일어나는가?"라고 질문하십시오. 경계를 늦

추지 말고 주의 깊게 살펴보십시오.

그대의 얼굴이 전에는 향하지 않았던 어떤 곳으로 돌려졌습니다. 얼굴은 일반적으로 사람, 대상, 장소로 향합니다. 그러나 이 모든 것을 그대는 언젠가 잃을 것입니다. 그러니 영원한 것을 찾아내십시오. 어떻게 영원한 것을 찾을 것입니까? '나'의 근원을 찾으십시오! 그렇지 않으면 감각들은 밖을 향하고 있습니다. 그러나 지금 당장 안을 보십시오. 그대가 집착하고 있는 사람, 장소, 대상, 이 세 가지를 그대는 보지 않으리라 믿습니다. 그대는 이것을 단 한 순간에 해야 합니다. 이 순간 동안에 '나'가 어디에서 일어나는지를 질문 하십시오. 이해하려 해서도, 산을 들어 올리려 해서도, 노력해서도 안 됩니다. 그대는 생각조차 해서도 안 됩니다.

그러면 제가 이 질문을 하면서 노력하지 않는 방법은 무엇입니까? 그것이 어려운 부분입니다.

노력하는 것은 머리에 200파운드의 짐을 이고 인디라 나가르에서 하즈랏 간지로 가는 것입니다. 그러나 나는 그대에게 어떤 짐도 주지 않습니다. 나는 그냥 침묵하라고 말할 뿐입니다. 침묵하기 위해 무슨 노력이 필요하단 말입니까? 어떤 것을 말하려면 그대는 노력이 필요합니다. 과거로 가서 그대의 기억으로부터 무엇인가를 꺼내야 하기 때문입니다. 그래서 그대는 노력이 필요합니다. 그냥 침묵하면서 아무 말도 하지 않는데는 노력이 들지 않습니다.

지적으로 이해해서 얼마 동안 그렇게 해 왔습니다. 거기에 침묵과 존재함을 어슴푸레 느꼈지만, 이것이 지속되지는 않습니다.

그대는 얼마 동안 그렇게 해왔다고 말했습니다. 나는 활동하지 말라고 말했습니다! 얼마 동안 그렇게 해왔다는 것은 과거를 의미합니다. 마음은 과거입니다. 지성은 과거입니다. 모든 것이 과거입니다. 그대가 하는 모든 말도 과거입니다. 관계는 모두 과거에 속합니다. 이 '나'가 일어나는 곳을 찾아내십시오! 이것은 그대가 어떤 다른 곳을 탐색해야 한다는 것이 아닙니다. 생각은 내면에서 일어나지 않는다는 것을 그냥 보십시오. 모든 생각은 과거에 속하기 때문입니다. 과거가 아닌 것을 그대는 생각할 수 있습니까? 과거와 아무런 관련이 없는 것을 나에게 말할 수 있습니까? 할 수 없습니다!

그러므로 한 순간 동안 과거를 생각하지 말라고 충고합니다. 그때 이제까지 말하지 않았던 어떤 다른 곳에 그대는 놓일 것입니다.

(그는 미소를 지으며 침묵 속에 앉아 있다)

이것이 순간입니다! 이것이 그대가 놓치고 있었던 순간임을 나는 알 수 있습니다. 그대는 미소 짓고 있습니다. 이는 그대가 과거, 마음, 지성, 감각들과 관련을 맺지 않기 때문입니다. 그것이 차이를 만듭니다. 이것이 여러 삶 동안 오고 가는 윤회로부터의 해방입니다. 그것을 값싸게 얻을 수 있는데, 왜 흥정하지 않습니까?

그대가 미소 지었을 때는 마음이 없는 상태입니다. 마음이 없을 때 그대는 행복합니다. 잠을 잘 경우도 그대는 마음을 수면 상태로 가져가지 않습니다. 마음을 밖에 두고서 그대는 잠을 자며 휴식을 취합니다. 그러나 마음과 함께한다면 그대는 잠을 잘 수 없습니다. 마음은 과거의 것을 생각하는 것입니다. 아침 5시부터 밤 11시까지 그대는 과거의 상태를 이미 가졌습니다.

이제 그대는 쉬고 싶어 합니다. 마음과 지성이 하루 종일 활동하여 그대는 휴식을 취하지 못했습니다. 그래서 밤 11시부터 새벽 5시까지 잠을 잡니다. 이 평화와 휴식의 잠자리에 들어가려고 그대는 어떤 노력을 합니까? 그대는 "나는 잠자고 싶다."라는 말조차 하지 않습니다. 그때 그대는 평화와 사랑 속에 있습니다. 이것이 모든 사람이 항상 평화를 가질 수 있는 방법입니다. 그리고 이 평화를 새벽 5시 1분으로 가져오십시오. 노력하지 말고 시간에 얽매이지도 않은 채 평화를 가져오십시오. 시간이 있는 곳에는 마음도 있기 때문입니다. 오늘 밤 11시 이후에 무엇이 일어나는지를 알아보십시오.

제4장
나 탐구

아트마 비차라 속으로 저를 안내해 주시겠습니까?

아트마 비차라는 "어떤 다른 것이 아니라 그대 자신의 아트만에 대해서만 전적으로 생각하라."는 의미입니다. 아트마 비차라를 할 때 그대는 무엇을 느낍니까? 오로지 아트만을 생각하십시오. 아트만은 그대 내면에서 이 비차라를 행하고 있습니다. 비차라에 대해 생각하지 마십시오. 비차라가 일어나는 곳인 아트만에 대하여 생각하십시오. 어디에서 비차라가 일어나며 거기에는 무엇이 있습니까? 그리고 누가 이 질문을 하고 있습니까?

자아가 질문하고 있습니다.

그렇습니다. 이 비차라는 오직 자아에서 일어납니다. 자아만이 해야 할 것, 가져야 할 것을 말합니다. 그러나 자아가 어디로부터 일어납니까?

나로부터 일어납니다.

그럼 그대는 자아입니까, 아니면 나입니까?

나입니다.

그러니 바다가 하듯이, 나로부터 파도들이 일어나 여행하고 쓰러지게 두십시오. 파도들은 다름 아닌 나이며, 바다입니다. 만약 그대가 나라면, 나에서 무엇이 일어나든 그대로 두십시오. 그것에 대해 걱정하지 마십시오.

나는 나입니다. 아함 아트만입니다. 그것이 전부입니다! 나는 아무런 모습도 가지지 않고 있습니다. 그것은 주체도 대상도 아닙니다. 나는 모든 것 너머에 있습니다. 그대가 나가 되면 그대는 이미 존재이며, 만들어지는 것이 아닙니다. 그대는 나이기 때문에, 어떤 비차라도, 방법도, 찬가도 필요치 않습니다.

"나는 자아다."라는 모든 이들의 믿음처럼 "나는 나다."라는 이 믿음을 가져야만 합니다. 사람들은 모두 자아를 믿으며 나는 믿지 않습니다. 있는 그대로 존재하는 것이 어떤 다른 것이 되는 것보다 쉬운 일입니다. 다른 것이 되는 바로 그 순간 그대는 고통 속으로 그냥 들어가게 됩니다. "나는 진정한 존재다."[1]라고 그대는 완전히 믿어야 합니다. 나는 나입니다. 바가바드 기타에서도 "아함 아트마 고락사르, 즉 나는 모든 존재의 가슴속에 거주하는 아트만이다."라고 말합니다.

나를 믿기는 어렵습니다.

그러나 그대는 자아를 쉽게 믿습니다. 이 믿음이 얼마나 가겠습니까? 자아는 "나는 몸이다."라는 것을 의미합니다. 그렇지 않습니까? 이 믿음이 얼마나 지속되겠습니까? 80년 내지 90년간 지속될 수 있습니까? 90년간 자아를 믿는다면 그 시간의 반은 잠으로 보내며 나머지는 학교에 가는

---

1 I am I AM

데, 아내와 지내는 데, 아이를 낳는 데 씁니다. 이것이 그대의 믿음입니다. 믿음의 결과는 어떠합니까? 믿음을 가지려면 그대에게 유익한 믿음을 가져야 합니다. 나는 항상 존재합니다. 그것을 믿으십시오!

"나는 몸도, 마음도 아니다. 나는 대상도, 감각들도 아니다. 나는 자아조차 아니다." 이것이 삿상에 참석한 사람들이 꼭 지녀야 하는 믿음입니다. 여기에서 삿상이 시작됩니다. 무엇보다도, 영원히 지속되지 않은 것들을 그대는 버려야만 합니다.

휴식을 취하지 못함은 무엇입니까?

휴식이 없는 바탕에 내가 말했던 휴식이 있습니다. 휴식이 없다고 느낄 때도 어떤 다른 곳에는 휴식이 있습니다. 매초마다 그 휴식이 보여집니다. 그러나 어느 누구도 그 휴식에 주의를 기울이지 않습니다. 어떤 사람은 호텔을 나오고 어떤 사람은 호텔에 들어갑니다. 그 나오고 들어가는 사이의 공간은 무엇입니까?

텅 빈 상태입니다.

이것이 휴식입니다. 모든 것 사이에 휴식이 있습니다. 그러나 어느 누구도 이 휴식에 주의를 기울이지 않습니다. 숨을 내쉬고 들이쉬는 그 사이에 무엇이 있습니까?

휴식입니다.

그렇습니다. 그대는 휴식을 묘사할 수는 없습니다. 아무도 이것을 모릅니다. 그러나 그대가 이것을 자각할 때, 이것이 바로 아트마 비차라입니다. 나만이 있는 것입니다. "나는 두 생각 사이에 존재한다. 나는 들어오고 나가는 두 호흡 사이에 존재한다."라는 것을 기억하는 데는 노력이 들지 않습니다. 비용도 들지 않습니다. "나는 둘 사이에 있는 그 간격이다."라고 주의를 기울이기만 하십시오. 그 사이에는 죽음도, 불만족도, 불행도 끼어들 수 없습니다. 이것이 내가 주는 간단한 안내입니다. 누구나 고요할 수 있습니다. 침묵하면 거기엔 어떤 차이도 없을 것입니다. 그러나 침묵을 진정으로 경험하기는 어려울 것입니다.

'나' 없는 침묵입니까?

'나'를 왜 말합니까? 그것은 노력으로 얻는 것이 아닙니다. 그냥 침묵하십시오! 마음이 예전의 집착들로 돌아가지 않게 하려면 노력이 듭니다. 그러나 내가 여기서 말하는 것은 아무런 노력을 하지 말라는 것입니다. 침묵을 위해서도 노력하지 마십시오. 무슨 노력이든 하지 마십시오. 애쓰지 마십시오. 그때서야 그대는 이 경험을 할 것입니다. 나는 이것을 침묵이라 하지 않습니다.

크리슈나가 아르주나에게 마음을 다스리는 방법을 가르쳤습니다. 그후 즉시 아르주나는 전쟁에서 싸웠습니다! 그는 그 침묵의 상태 속에서 아홉 사단의 군사들을 무찔렀지만 그의 침묵은 흐트러지지 않았습니다. 크리슈나는 그에게 침묵하라고 말하지 않았습니다. 대신 "개념에 불과한 그대의 혈족을 죽여라."고 했습니다. 그러므로 어떤 생각도 일으키지 말고 노력도 하지 말아 보십시오. 그러면 그대는 전쟁에서 이깁니다. 일초만이라도 노력하지 마십시오. 그리고 보십시오. 그대는 고요하지 않습니까? 노력으로는 행복할 수 없습니다. 그러니 노력하지 마십시오. 노력에서 오는 모든 혼란은 그대의 오랜 집착에서 옵니다.

리쉬케쉬의 큰 아쉬람에 머무는 동안 이 평화를 느낀 적이 있습니다.

그대가 진지했으므로 평화를 느낀 것이지 아쉬람 때문이 아니었습니다. 어디에서도 그대는 평화를 느낄 수 있습니다. 요가와 그 외 다른 것들에 대해 말하는 이 아쉬람들은 그대에게 혼란만을 가져올 것입니다. 1942년에 나도 그 아쉬람에 갔었습니다. 그곳 사람들은 요가와 찬가에 대해서 말했습니다. 그러나 아트마 비차라는 말하지 않았습니다. 그러므로 모든 아쉬람에서 그대는 그대의 삶과 시간을 낭비할 뿐입니다. 오랜 기간 머물지 않아도 이것을 확실하게 해 주는 삿상에 참석하는 것이 더 낫습니다. 나는 어느 아쉬람에서도 효과를 경험하지 못했습니다. 그곳에서는 명상하고 책만 읽을 뿐 침묵하지 않습니다. 그들은 밤낮으로 활동합니다. 이런 활동은 그대에게 도움이 되지 않을 것입니다.

그러므로 침묵하십시오! 어떻게? 내가 그대에게 말하겠습니다! 어떤 노력도 하지 마십시오! 거기에 무슨 해로움이 있습니까? 노력의 결과는 모두가 압니다. 오로지 침묵하십시오. 그리고 바로 이 순간에 침묵의 결과를 보십시오. 그때 이 순간이 그대와 사랑에 빠질 것입니다. 그대가 평화와 사랑에 빠지는 것이 아니라, 평화가 그대와의 사랑에 빠질 것입니다. 그대가 평화를 느끼지 못한다면, 이 지고의 평화가 그대를 거부했기 때문입니다. 그래서 그대에겐 기회가 없습니다. 인간이 되든 당나귀가 되든 간에, 그대는 다음번 화신을 기다려야 할 것입니다. 너무나 사용하기 쉬운 지금의 이 화신을 최대한 활용하십시오!

저는 노력하고 있습니다. 아바두타 기타를 읽는 것과 같은 지속적인 깨달음의 자극제를 주면 고요와 아함 브람마스미의 효과가 보이지만, 일단 이 자극을 주지 않으면 평범한 상태로 떨어집니다.

아함 브람마스미는 "나는 브람만이다."라는 의미입니다. 그대의 모든 호흡이 이것을 그대에게 가르치고 있습니다. 아함 브람마스미는 바로 아트만이 그대를 가르치고 있다는 부름입니다.

'나'가 어디로부터 일어났으며 '나'가 어디로 돌아갈 것인가 하는 질문이 일어나기 때문에 코함이라는 질문이 일어납니다! 코함이란 "나는 누구인가? 나는 누구인가? 나는 누구인가?"입니다. 태초부터 인간은 자신의 영혼의 근본적인 실재를 알고 싶어 하여 "나는 어디서 왔는가?", "나는 어디로 돌아가는가?", "내 주위의 이 모든 것은 무엇인가?"라는 질문에 해답을 얻으려 했습니다. 대부분의 사람들은 듣지 않지만, 이것이 듣는 사람의 징표입니다. 그러므로 앉아서 침묵하십시오. 그러면 코함에 대한 대답이 생깁니다. 그대는 그것입니다. 탓 밤 아시입니다. 그대가 그것입니다. 그러나 먼저 그대에게 코함이라는 물음이 일어나야만 합니다.

그때 아트만이 "그대는 그것이다."라고 말합니다. 그것의 말을 듣고, 그것에 매달림으로, 자유가 필요한 헌신자는 자신이 브람만이라는 사실을 받아들입니다. 이것이 자유가 일어나는 과정입니다.

그대의 말대로 "평범한 상태로 돌아왔다."는 것은 정말 행운입니다. 그대는 계단을 올라 어딘가로 오르려 했습니다. 그러나 어디에도 오르지 못했습니다. 올라갈 사다리가 있다는 개념을 버리십시오. 그러면 그대는 항상 있었던 곳에 서 있게 될 것입니다. 즉 어머니인 땅 표면에 서게 될 것입니다. 그것이 아함 브람마스미입니다!

저 자신을 마음과 동일시하고 싶지 않습니다. 이 모든 개념들과 혼란들 속으로 들어가지 않도록 도와주시겠습니까?

그대가 마음과 동일시하고 싶지 않다면 그대는 마음이 무엇인지를 알아야만 합니다. 마음을 바라보십시오. 그대는 자신과 마음을 동일시했습니다. 그대는 마음이 원하는 것을 해주고 있습니다. 그러므로 먼저 마음의 정체를 밝히십시오. 그때 그대는 마음과 그대를 동일시할 수 있는지 없는지 알게 될 것입니다. 그대는 마음을 이해하지 못하지만, 생각은 이해할 수 있습니다. 그러므로 바로 지금, 생각이 어디에서 일어나는지 찾아보십시오. 지금 하십시오. 그리고 무엇이 일어나는지 말해 보십시오.

생각들은 어떤 곳에서도 오지 않습니다!

어떤 것이 어떤 곳에서도 오지 않는다면

어떻게 그것이 어떤 것이 될 수 있습니까?

어떤 곳으로도 오지 않는데

어떻게 그것이 어떤 것이 될 수 있겠습니까?

어떤 것은 어딘 가로부터 와야만 합니다.

그것이 어떤 곳으로부터 오지 않는다면

그것은 아무리 와도 아무것도 아닙니다.

그러므로 생각이 아무 곳으로부터 오지 않으면

생각은 완전한 무(無)임에 틀림없습니다.

오직 무(無)만이 아무것으로부터 오지 않기 때문입니다.

그것은 쉽습니다.

(그는 알아차렸다)

저는 지금 스승님 곁에서 너무나 깊은 평화를 느낍니다. 스승님께 무엇을 더 물어야 할지 모르겠습니다. 그러나 제게 말씀해 주시는 스승님의 말씀을 듣거나 스승님과 더불어 그냥 고요히 앉아 있어서 저는 행복합니다.

그대가 여기에 있을 때 그냥 침묵으로 앉기만 하십시오. 어떤 질문도 하지 않아야만 합니다. 질문이 일어나면 바로 이 질문이 어디에서 일어나는지 바로 찾아내십시오. 그때 그대는 침묵으로 앉아 있을 수 있습니다. 질문이 일어나는 근원은 정지, 침묵, 그리고 평화가 있는 곳이기 때문입니다.

질문에 속아 길을 벗어나지 않도록 하십시오.

모든 질문은 과거에 속하며

그대에게 고통을 안겨 주기 때문입니다.

평화에 머물기를 원한다면

질문이 일어나고 있는 곳을 찾아내십시오.

질문이 일어나기 전의 그 장소를 보십시오.

바로 지금에 이것을 경험함으로써

그대는 침묵 속에 앉는 법을 알 것입니다.

제5장
탐구가 자유입니다.

스승님을 사랑합니다. 저에게 달을 보여 주십시오. 이것이 말씀드리고 싶은 전부입니다.

좋습니다. 어떤 달을 보고 싶은가요? 하늘에 있는 달은 누구나 압니다. 그렇지 않은가요? 낮 동안에 그대는 태양을 봅니다. 밤에는 달을 봅니다. 누구나 알고 있는 사실입니다. 그러니 어떤 달을 보고 싶은가요?

(그는 스승의 눈을 들여다보면서 고요히 있다)

알았습니다. 알았습…

달은 그대의 내면에 있습니다.

어둠 속에서도 빛을 내는 신선함, 달콤함.

그대는 그대 스스로 이 달을 보아야 합니다.

밖에 있는 어떤 대상을 보지 마십시오.

모든 것이 밖에 있습니다. 그대 육신조차 그러합니다.

만져지고, 보이며, 냄새 맡아지는 것 모두를 거절하십시오.

지금 당장 이렇게 한다면 그대는 달을 볼 수 있을 것입니다.

내 말대로 하십시오.

보이는 어떤 것도 보지 마십시오.

접촉되는 어떤 것도 만지지 마십시오.

냄새 맡아지는 어떤 것도 냄새 맡지 마십시오.

그때 그대는 달이 무엇인지 그대가 누구인지 알 것입니다.

젊은 나이에 그대가 이곳에 와서 저는 매우 흐뭇합니다. 그대는 어떤 이유로 와야만 했습니다. 무엇인가가 그대를 여기까지 데려왔음에 틀림 없습니다.

은총이 그 자신을 드러내도록 고요를 지키면서 내면으로 향하는 것이 제가 할 수 있는 모든 것이라는 것을 이해합니다.

그대의 마음을 내면으로 돌리십시오. 대상을 좇아 바깥을 향하지 마십시오. 마음이 내면으로 향해질 때 거기에는 집착될 수 있는 아무런 대상들이 없습니다. 마음을 내면으로 향하는 데 성공한다면, 그대는 마치 파도가 바다 속으로 잠기듯 사라질 것입니다. 그때 그대는 어떤 대상도, 사람도, 관념도 생각하지 않습니다. 단 한 순간이라도 이렇게 한다면, 그것이 그 자신을 그대에게 드러낼 것입니다. 지금 이 순간에는 어떤 노력도, 어떤 욕망도, 대상에도 집착하지 마십시오. 아주 짧은 동안만이라도 기다릴 수 있다면 그대는 결과를 볼 것이며, 그대의 해야 할 일이 이루어질 것입니다. 이것이 전부입니다. 그대는 할 수 있습니다.

내면을 보고 안으로 들어가 근원으로 돌아가는 방법은 무엇입니까? 기술이 필요합니까?

그대의 근원으로 돌아가는 법은 아주 간단합니다.

바깥 대상에 대한 집착은 고요히 앉는 것도,

명상도 허락하지 않습니다.

그러므로 마치 잠에서 그대가 평화로운 밤을 보내듯

모든 바깥 대상에 대한 집착들을 잠시 동안만 피하십시오.

낮 동안에도 이것을 행하십시오.

바깥 대상에 대한 그대의 모든 집착들을 잊어버리는 순간

그대는 거대한 사랑과 행복을 맛볼 것입니다.

그때 서서히 그대는 밖을 보기를 멈출 것입니다.

안과 밖이 같아져, 마침내 둘이 존재하기를 그칠 것입니다.

이 방의 안팎의 차이는 단지 2인치 두께의 문이 만듭니다. 문이 없다면, 안도 밖도 없습니다. 이 문이 마음입니다. 마음이 마음의 갈망들을 충족시키려 할 때, 그것은 밖으로 나가 버립니다. 그래서 안이 또한 만들어집니다. 마음이 침묵할 때 그대는 그대 자신의 나가 됩니다. 마음이 없기 때문입니다. 그때 그대는 전에는 결코 가져 보지 못했던 이 행복을 맛보게 될 것입니다. 비록 그대가 그것을 사랑할지라도, 그대는 무엇이 그대에게 이 마음의 평화와 희열을 주었는지 알지 못할 것입니다. 그대가 이 순간 안에 머문다면 그대는 예전의 기분은 잊어버리고 희열 속으로 녹아들어 희열 그 자체가 될 것입니다. 이것은 매우 쉬운 기술입니다.

만약 그 문을 발견할 수 있다면, 그것은 쉽습니다.

이 '만약'이 문입니다. 그대가 '만약'이라는 말을 쓰지 않으면, 어떤 일이 일어나겠습니까?

저는 문을 찾을 것입니다. 아닙니다! 아무런 문이 없습니다! 안도 바깥도 없습니다! 그것이 모두 이것This입니다!

그래요! 그래요! 그것이 모두 이것입니다!

더 이상 의문들은 없습니다. 저는 정지한 마음과 나 사이의 끈을 보고 있습니다. 그러나 저는 마음을 침묵시키는 것이 어렵습니다. 침묵하고 있으면, 배경 속에 숨어 있는 낯선 실체가 보이는 듯합니다. 이것이 나일까요? 아니면 이것은 마음의 속임수입니까?

그대가 말하고 있는 모든 것은 마음의 속임수입니다. 그대는 마음이 무엇인지 이해하지 못했기 때문입니다. 마음이 무엇인지 모르면 그대는 마음 때문에 항상 어려움에 처할 것입니다. 마음은 속임수를 쓸 것이며 다른 형태로 나타날 것입니다. 이 속임수를 볼 것이고 그래서 그대는 그것을 실재라고 생각합니다. 그대 앞에 실재로서 나타나는 모든 것은 실재가 아닙니다. 이것을 붓다가 바로 이 5월에 깨달았습니다. 모든 것들은 마음의 속임수입니다.

마음에 속지 않기 위헤 그대가 반드시 해야 할 것이 하나 있습니다. 그저 침묵하고, 노력하지 않는 것입니다.

그대의 말은 노력하는 것입니다. 어떤 노력도 하지 말고, 침묵하라고 나는 말했습니다. 나에게 침묵하는 방법을 묻는다면 나는 그대에게 생각하지 말라고 할 것입니다. 생각하지 않는 법을 묻는다면 생각이 일어나는 곳을 찾아보라고 나는 제안하겠습니다. 그대의 얼굴을 그것으로 향하십시오. 마음의 대상을 보지 말고 마음이 일어나는 곳을 보십시오. 마음과 생각 간에는 차이가 없습니다. 마음은 생각의 묶음이며 생각과 '나' 간에는 아무런 차이가 없습니다. '나'가 일어날 때 생각이 일어나고, 생각이 일어날 때 감각들이 일어나며, 감각들이 일어날 때, 모든 감각들은 감각의 대상들을 제 각기 만들어 냅니다.

눈은 보기 위한 것이며, 코는 꽃의 냄새를 맡기 위한 것이며, 귀는 음악을 듣기 위한 것이며, 혀는 맛을 보기 위한 것이며, 손은 접촉하기 위한 것입니다. 이 모두가 감각이 가지는 대상입니다. 실제로 감각과 대상은 같습니다. 감각이 있을 때, 대상이 거기에 있습니다. 이제 감각들이 일어나는 곳으로 천천히 되돌아가십시오. 감각들은 마음으로부터 일어납니다. 대상-감각-마음. 마음은 어디에서 일어납니까? 자아입니다! 마음과 자아 사이에는 아무런 차이가 없습니다.

자아가 일어나는 곳은 어디입니까? 이 말은 '나'가 일어나는 곳이 어디인지를 뜻합니다. 이것을 그대는 아직 시작하지 않았습니다. '나'가 일어나는 곳을 보십시오. 그곳을 잡으십시오. 이렇게 하면 그대는 '나'가 일어나고 사라지는 곳으로 녹아들 것입니다. 그곳은 누구에 의해서도 언급된 적이 없습니다. 스승이나 연설가, 종교 서적, 붓다의 경전에서도 여태 기술되지 않았습니다.

스승님께서는 '나'와 마음의 근원을 찾으라고 말씀하십니다. 얼마나 탐구를 지속해야 합니까?

탐구는
걸으면서, 말하면서, 잠자면서, 깨어 있으면서,
꿈꾸면서도 지속되어야 합니다.
탐구가 그대의 성품이 될 때까지

그대가 이 탐구의 근원으로 들어갈 때 그대는 바다 가까이에 있습니다. 이 탐구를 계속하십시오. 그러면 그대 편에서 아무런 노력을 하지 않아도 잠을 자는 동안에도 이 탐구가 진행됨을 알게 될 것 입니다. 대부분의 사람들은 명상을 위해 앉을 때 탐구를 시작하고 일어날 때 끝내야 하는 것으로 생각합니다. 그렇지 않습니다. 사랑에 푹 빠졌을 때 상대에 대한 생각이 마음속에 지속되듯이 탐구도 그러해야 합니다. 탐구는 그대가 무엇을 하든, 하루 종일 지속되는 두통이나 치통처럼 그렇게 지속되어야 합니다. 두통이나 치통의 아픔은 애쓰지 않아도 일을 하거나 사람들과 이야기할 때도 지속됩니다. 깨어 있거나 잠자거나, 마음이 활동할 때에도 이 탐구를 계속하십시오.

이 탐구는 호흡처럼 지속되어야만 합니다.
그러면 탐구는 호흡처럼 자연스럽게 계속될 것입니다.

탐구가 일어나 제가 찾던 것을 발견할 때, 그것은 분명해질 것입니다. 제가 그것을 마음으로 잘못 보지는 않을 것입니다. 제 말이 맞는지요?

그대는 머리로 말하고 있습니다! 제 말은 생각하지 말라는 것입니다. 생각과 머리는 차이가 없습니다! 그대의 말은 너무나 지적입니다. 그렇지 않다면, 그대는 지금과는 아주 다른 얼굴을 할 것입니다. 자신의 진정한 아름다움을 알고 있는 사람만이 정말로 아름다운 얼굴을 가집니다. 사랑하는 님의 얼굴이 너무나 아름답기에 감각들로는 이 아름다움을 묘사할 수 없습니다. 일반적으로 사람들이 말하는 아름다움은 오직 겉모습의 아름다움뿐입니다. 사랑하는 님의 아름다움을 알아보는 눈은 흔치 않습니다. 카비르, 차이타니아와 미라 같은 분들은 이 아름다움을 본 후 세상에 있는 다른 것은 보지 않았습니다. 그러므로 그것을 본 이들은 이 아름다움에 넋을 잃습니다! 그들은 아름다움 그 자체 속으로 용해됩니다.

그대는 이제껏 그 냄새를 맡아 왔을지 모릅니다. 그러나 그대가 님에게 가면, 그는 냄새 맡은 적 없는 사람을 가려낼 것입니다. 냄새 맡지 않은 꽃을 님에게 주어야 합니다. 꿀벌은 압니다. 벌은 꽃에 입 맞춥니다. 아무도 벌이 장미에게서 가져간 것을 알지 못합니다. 누군가가 그 냄새를 맡더라도 그는 그것을 표현할 수 없습니다.

이런 일이 일어나려면 마음을 완전히 없애야 합니까?

마음을 없애야 깨달음이 가능합니다. 그대에게 가장 소중한 것을 포기하여 마음을 정지시키십시오. 소중하다고 여기는 것이 혼란을 일으키기 때문입니다. 그대의 평화가 사라지고 있다면, 그대의 마음을 붙들고 있는 무엇인가가 거기에 있음에 틀림없습니다. 실재와 비실재를, 영원한 것과 순간적인 것을, 진정으로 가치 있는 것과 그렇지 않은 것을 가려내어 마음을 침묵하게 하십시오. 그대가 사랑하는 반려자의 경우에 있어서도, 그대는 나를 위해서만 그 반려자를 사랑한다는 것이 진리입니다. 스승과 함께 머물면서 늘 나를 명상함으로 마음을 침묵하게 하십시오. 기쁨 역시 마음을 없앱니다. 일단 그대가 마음을 묻었다면 다시는 마음을 파내지 마십시오.

대상에 대한 모든 집착들을 버려야만 합니다. 마음의 침묵은 나에 대한 집착을 제외한 모든 집착들을 버릴 때 옵니다. 일시적인 대상에 집착할 때 문제가 생깁니다. 따라서 일시적인 대상들이나 세상에 대해서는 잠들고, 나에 대해서는 깨어 있으십시오. 탐구하지 않는 것은 삼사라이며, 대상들에 대해 깨어 있으면 나에 대한 잠이 됩니다. 탐구는 나에게 깨어 있음이며 감각들에 대해서 잠드는 것입니다. 탐구가 자유입니다.

생각들은 태양을 가리면서 일시적으로 떠도는 구름입니다. '나'라는 생각조차도 구름입니다. 마음이라는 구름을 알아차리십시오. 마음은 이 것저것을 원하는 갈망입니다. 생각들, '나'라는 생각조차 떠도는 구름이라는 사실을 알 때, 그대는 더 이상 그것들에 영향을 받지 않을 것입니다. 마음이 침묵할 때, 마음은 더 이상 없으며, 그때 그대는 정말로 깨어 있습니다.

ॐ

어젯밤 극히 짧은 순간에, 아무것도 없는 경험을 하였습니다. 이것이 그것입니까? 그것이 나입니까? 그런 후 마음이 되돌아왔습니다.

마음이 어떻게 돌아올 수 있습니까? 이 공(空) 속 어디에 마음이 있었습니까? 호주머니에 아무것도 없을 때, 이 빈 호주머니에서 얼마나 많은 지폐가 나올 수 있단 말입니까? 공으로부터 무엇이 나올 수 있습니까?

가슴이 한때 정지하면
가슴이 한때 비면
마음은 다시 되돌아올 수 없습니다!

그러니 다시 시도하십시오. 공으로 들어가십시오. 들어가서 다시 나온다고 생각하지 마십시오. 그때 보이는 모든 것이 공 속에 있을 것입니다.

저는 종종 너무 게을러서 혼란들을 추구하게 됩니다.

그대는 게으른 것이 아닙니다. 아주 게을러야 게으른 것입니다. 이 말은 그대가 너무나 게을러서 생각조차 일으키지 않아야 한다는 것을 뜻합니다. 그대가 생각한다면 그대는 게으른 것이 아니라 매우 활동적입니다. 그대가 마음을 쓰지 않으면 마음은 그대를 떠날 것입니다. 그러니 그대는 아주 게으르거나 아주 활동적이거나 둘 중 하나입니다.

제가 그렇게 할 수 있다고 믿어지지 않습니다!

왜 할 수 없다고 생각합니까? 그대는 할 수 있다고 믿어야만 합니다! "그렇게 할 수 있다. 그렇게 해야 한다!"라고 깨우치십시오. 그대가 여기에 있다면 마음은 존재하지 않습니다. 그러나 마음이 여기에 있다면 그대는 존재하지 않습니다. 자, 말하십시오. "그대는 누구입니까? 그대는 누구입니까?"

(조용히 앉아서 그녀는 미소를 짓는다. 그리고 말한다.) 스승님께서 제게 "그대는 누구입니까?"라고 물으셨을 때, 제 마음이 갑자기 멈추었습니다. 생각들이 다 없어지고, 행복만이 충만합니다. 이런 일이 가능하다니 놀랍습니다!

그렇습니다. 확실히 이런 일은 가능합니다! 그대는 생각을 하지 않아야 합니다. 생각을 꼭 해야 한다면 "나는 누구인가?"라는 생각만을 하십시오. 이 생각만이 아무런 생각, 개념, 사람, 대상이 없는 곳, 오직 공만이 있는 곳으로 그대를 데려갈 것입니다. 이것이 '잃어버린' 그대의 궁극의 성품입니다. 그대는 집착해 온 세상의 대상들에서 즐거움을 찾고자 했기 때문입니다. 집착으로 그대는 그대에게 평화를 줄 그대 자신의 진정한 사랑스러운 성품을 알 수 있는 시간이 없었습니다.

> 1초의 반만이라도 반초의 반만이라도 반초의 반의 반만이라도
> 진정한 성자와 함께 머무르십시오.
> 그러면 그대를 구속하고 있는 것에서 놓여날 것입니다.
> 구루의 은총으로 그대는 그대가 누구인지를 알 것입니다.
> 이 은총은 지금까지 지어 왔던 그대의 모든 죄를
> 태워 버리는 불덩이입니다.
> 죄가 모두 불타 버릴 때
> 그대의 가슴과 마음이 열려 그대는 연꽃처럼 피어납니다.

'지금'이 모든 이가 수백만 년 동안 기다렸던 바로 그 시간입니다. 더 이상 시간을 낭비하지 마십시오. 그것을 지금에 가지십시오.

저 자신을 알고 싶습니다.

모든 것을 잊으십시오. 그러면 그대는 그대의 나를 알 것입니다. 무엇인가를 기억한다면 그대에게 고통이 따를 것입니다. 그러니 모든 것을

잊으십시오. 모든 갈망을 녹이십시오. 그리하면 그대는 모든 것을 가질 것입니다.

갈망이나 생각이 일어날 때, "이것이 누구에게서 일어나는가?"라고 물었습니다. 그 답은 '나에게'입니다. 그 다음의 질문은 무엇입니까?

왜 다음번 질문으로 뛰어 듭니까? 왜 첫 질문을 이해하지 못합니까? 그대가 내면을 볼 때 그대는 무엇을 봅니까?

빈 공간입니다.

빈 공간을 바라보는 자는 누구입니까? 무엇이 보입니까?

모르겠습니다.

생각을 볼 때 생각은 사라집니다. 생각이 사라지는 순간 보이는 그것이 그대입니다.

그것은 양쪽 강변에 갇힌 강과 같습니다. 양쪽 강변에 갇힌 물이 강입니다. 그러나 강물이 바다를 만나면 강물은 강의 속성을 버리고 바다가 됩니다. 이 탐구가 의미하는 바는 바로 이것입니다. 지금 한번 해보십시오. 반복하지 마십시오.

묻고, 기다리고, 찾아내서 그것 그 자체가 되십시오.

제6장

나는 누구인가?

농담을 이해하지 않고 곧바로 웃고 싶습니다.

그렇다면 그대의 가슴 안에서 웃고 있는 자를 아십시오. 그대는 오직 이 웃음을 듣기만 하십시오. 이것이 마지막 경험입니다. 항상 희열, 행복, 사랑에 있는 자를 그대는 찾을 것이기 때문입니다. 지금 일어나고 있는 일을 누군가가 듣고 있고 보고 있습니다. 그대의 가슴 안에서 웃는 자는 누구입니까? 누가 그대를 여기로 데려왔습니까? 그대가 여기 온 목적은 무엇입니까?

타인들의 행위에 대해 자기 패배적 반응을 보면서 의문이 생깁니다. 불쾌함을 주는 반응을 탐구할 것이 아니라, 그 반응을 자아의 부산물로 여겨 그냥 받아들여야 한다는 말씀인지요? 제 생각에는 자아에 대한 탐구가 우리의 삶을 더 낫게 만들 수 있는 것처럼 보입니다.

그대가 무엇을 조사하든 그런 조사는 오직 자아를 통해서만 이루어집니다. 모든 조사는 자아에서 오지, 어떤 다른 것에서 오지 않습니다. 그러므로 나의 충고를 원한다면, 그냥 침묵할 뿐 어떤 조사도 하지 마십시오. 120억 년이나 된 세상을 조사하기 위해 그대가 무엇을 할 수 있겠습니까? 어떻게 그것을 이해할 수 있겠습니까? 그대는 기껏해야 100년 동안 여기에 있을 수 있습니다. 이 120억 년이나 된 세상에 그대가 무엇을 기여할 수 있겠습니까?

오로지 침묵하십시오.

그대 앞에 일들이 일어나도록 내버려 두십시오.

그리고 그대에게 제공된 이 우주를 즐기십시오.

노력하지 마십시오. 생각조차 하지 마십시오.

그러면 그대는 그대가 누구인지 알게 될 것입니다!

과거와 미래를 생각하지 마십시오.

이 안에서 전에는 결코 발견하지 못한 것을 그대는 발견할 것입니다.

이렇게 하는 사람은 거의 없습니다.

그 대신에 오직 자아를 팽창시키는 수행으로

자신들의 삶을 낭비하고 있습니다.

그러므로 단지 침묵하십시오. 노력하지 마십시오.

그러면 그대가 누구인지 알게 될 것입니다!

'나' 이전의 알려지지 않은 자를 찾으려고 제가 여기에 왔습니다.

그대는 여기에 온 목적을 알고 있습니다.

평화에 있기 위하여 모든 존재들을 사랑하기 위하여

그대가 누구인지 알기 위하여 그대는 여기에 왔습니다.

이것이 삶의 목적입니다.

서서히 그대는 깨우쳐 나가 이것을 알게 될 것입니다.

평화가 무엇입니까?

열린 가슴으로 사물을 보십시오. 그러면 그대는 평화, 사랑, 아름다움이 무엇인지 알게 될 것입니다. 그 순간에 그대는 모든 것을 잊습니다.

성자 카비르의 말을 들어 본 적 있습니까? 그는 말했습니다. "그대가 한순간, 한순간의 반을, 한순간의 반의 반만이라도 정말로 침묵하면, 그때 온 세상이 그대의 뒤를 따라올 것입니다." 이것이 침묵할 때 그대가 갖게 될 매력입니다. 그대는 온 우주에서 가장 아름다운 이가 되며, 우주가 마음의 평화를 가지기 위하여 그대 뒤를 달려올 것입니다. 그대는 진정한 그것이 될 것입니다. 그렇게 하기는 어렵지 않습니다.

제게 그것을 보여 주시겠습니까? 평화인, 나를 제게 보여 주실 수 있습니까?

나는 베일 뒤 가슴 안에 살고 있습니다. 문을 두드릴 필요 없이, 천천히 가슴 안으로 발을 들여놓음으로써 그대는 나를 보게 될 것입니다. 어떤 메시아들은 문을 두드리면 열릴 것이라고 했습니다. 그들은 오해했습니다. 사실 아무런 문이 없기 때문입니다! 고요히 천천히 나아가십시오. 그래서 생각조차 큰 소음이 되도록 고요하십시오. 그러므로 생각하지 마십시오. 그러면 처음으로 사랑하는 연인과 함께할 것입니다. 연인을 보려면 침묵에 있어야하기 때문입니다. 지금 침묵하십시오. 그대가 나를 보지 못한다면 내게 말하십시오.

저는 보지 못합니다. (그러면서 그는 눈을 감는다)

침묵하라 했지만 그대는 이해하지 못합니다. 그대는 눈을 감아 베일을
만듭니다. 이것은 누구의 잘못입니까? 눈을 감지 말고 뜨십시오. 누구도
데려오지 마십시오. 그대는 홀로 가야만 합니다. 이것은 아주 귀중한 것
입니다.

홀로 가라고 말씀하실 때 두려움을 느꼈습니다.

그대가 그대의 친구인 님에게 가까이 다가가기를 원치 않기에 두려움
이 옵니다. 그것에 닿는 순간 그대는 불멸의 존재가 될 것입니다. 이 감로
를 바라보기만 해도 그대를 불멸로 만들 것입니다.

이 '나'는 독약입니다! '나'를 데려가지 마십시오. 홀로 가십시오. 왜
'나'를 데려갑니까? '나'는 두려움–분리–몸–죽음입니다! 이 '나'는 문젯
거리에 불과하니, 그대와 함께 데려가지 마십시오. '그것', '그대', '그', '그
녀' 없이 홀로 가십시오.

(그는 미소 짓는다. 그러면서 고요하다.)

이제야 그대는 이해합니다. 그대의 얼굴이 말하고 있습니다. (웃음) 그
대는 나의 말을 맛보았습니다. 그대는 연인을 찾아 우주 곳곳을 찾아다
녔지만 연인은 항상 여기에 있습니다. 그러므로 그대는 연인이 있는 길
을 결코 알지 못했습니다. 이것이 바로 그 길입니다.

탐구하려는 그리고 탐구하고 있는 자를 찾아내려 했습니다. 하지만 그를 발견할 수 없습니다!

정확합니다! 매우 훌륭합니다. 그대가 찾고 있는 것은 발견할 수 없는 자입니다! 그대는 찾을 수 없는 자를 찾아야만 합니다. 누구도 그것을 발견하지 못했으니 찾기를 포기하십시오. 그것을 발견할 수 없다 해도 괜찮습니다. 그것은 문제 되지 않습니다. 그것을 발견하려고 애쓰지 마십시오. 그대가 걸치고 있는 외투를 찾으려 하지 마십시오! 탐구를 포기했다고 가정하면, 그때 어떤 일이 일어날 것입니까? 그대는 매우 주의해야만 합니다. 그것은 매우 좋은 질문입니다. 이제 나에게 답해야 할 사람은 그대입니다. 그대가 발견할 수 없는 자, 그를 가게 하십시오. 탐구라는 이 개념조차 버리십시오. 발견될 수 없는 자에 대한 이 탐구를 포기한다면, 그대는 어디에 서 있습니까?

모르겠습니다!

그대가 모른다 해도, 문제가 되지 않습니다. 그냥 침묵하십시오. 침묵하면 이 답이 자신을 드러낼 것입니다. 그대는 침묵해야만 합니다. 침묵이 그대에게 말하게 하십시오. 생각의 강이 시작되는 곳에 머무르십시오. 그러면 그대는 답이 오는 곳에 있게 됩니다.

어떻게 침묵할 수 있습니까? 마음 없이 지내는 방법은 무엇이며 밤낮으로 켜져 있는 이 컴퓨터를 꺼버리는 방법은 없습니까?

매우 간단합니다. 그대는 당장 할 수 있습니다. 침묵하십시오. 침묵하려고 노력하지 마십시오. 생각하지 마십시오. 그대의 마음에 한 생각이 일어나도록 하지 마십시오. 생각은 묘지이기 때문입니다. 과거가 아닌 것을 그대는 생각할 수 있습니까? 생각하려면 그대는 묘지로 가서, 무덤을 파고, 무덤 안에 무엇이 있는지 찾아야만 합니다. 그것이 생각입니다. 묘지로 가는 것은 소용이 없는 일입니다. 생각하지 마십시오. 그러면 그대는 자유롭습니다. 단 1초라도 생각을 멈추십시오. 그 순간, 그 1초에 그대는 자유에 입맞춤할 것입니다. 잠이 들기 바로 전 마지막 호흡에 탐구가 있으면, 잠을 잔 후 첫 호흡에 답이 있을 것입니다.

지금 제가 깨달음을 얻을 수 있습니까?

이 질문을 그대는 지금에게 하고 있습니까? 지금에게 이 질문을 하십시오. 그러면 지금이 그대에게 방법을 말해 줄 것입니다. 이 질문을 과거나 미래가 아닌 지금에, 지금조차도 아닌, 정말로의 지금에게 하십시오. 농담이 아닙니다. 종종 나는 진지합니다. (웃음) 그대의 얼굴을 진정한 지금에게로 돌리고 답을 기다리십시오. 몇 푼의 팁도 주겠습니다. 이 질문을 할 때는 노력도 하지 말고 생각도 하지 마십시오.

질문이 사라졌습니다. 그러나 스승님을 떠나서도 어떻게 이 상태를 계속 유지할 수 있겠습니까?

일단 그대가 내게 왔으므로, 나는 항상 그대 앞에 있을 것을 약속합니다.

이것이 제 마지막 삿상입니다. 오늘 저는 떠나야 합니다.

떠나려고 서두른다면, 일이 되지 않을 것입니다. 머무르면서 모든 것들을 선명히 해야 합니다. 그것은 시장에 가는 것과 같습니다. 시장을 떠나기 전 그대는 아무것이나 삽니다. 이렇게 하는 것은 시간 낭비입니다. 확실한 이유를 가지고 갈 곳을 정해야만 합니다. 처음의 이유와 목적을 이루겠다고 결심해야만 합니다.

소수의 사람들만이 이렇게 결심했고, 나머지 사람들은 삿상이라는 이 에덴동산을 버리고 생선 가게로 가버립니다. 이 동산에서 단 일 초를, 아니면 그 반이라도 보내야 합니다. 그대가 다른 것에 몰두한다면, 그때는 4분의 1초가 들 것입니다. 과거에 대한 집착의 끈 없이 나와 더불어 온전히 시간을 보낸다면, 이 4분의 1초 동안에 그대는 모든 것을 얻을 것입니다.

그대에게 계속해서 다시 상기시킵니다. 그대는 분명한 목적을 갖고 이곳에 왔습니다. 따라서 그대가 원치 않아도 내가 그 목적을 성취시키도록 하겠습니다. 그대가 주먹을 꽉 쥐고 있더라도 나는 온 힘을 다하여 그 주먹을 풀고 그대 손안에 코히누르 다이아몬드를 놓아줄 것입니다!

라마나 마하리쉬님은 깨달음을 얻기 전 "나는 누구인가?"를 묻는 데 여러 해를 보내셨습니다. 제가 그렇게 해야 합니까? 깨달음에도 수준이 있습니까?

라마나 마하리쉬님은 이 질문에 많은 시간을 보내지 않았습니다. 그는 티루반나말라이에 오기 전 한 번 그것을 물었을 뿐입니다. 그는 자기가 죽어간다는 것을 느꼈습니다. 그때 "누가 죽어 가는가?", "나는 누구인가?"라는 질문이 일어났습니다. 이 소년은 답을 발견하였습니다. 그는 자신이 몸, 감각, 마음, 지성이 아니라는 것을 알았습니다. 비록 이러한 것들이 죽더라도 그 자신은 죽지 않는다는 사실을 깨달았습니다. 그 후 그는 아루나찰라로 가서 마지막 호흡의 순간까지 침묵을 지키면서 그곳에 머물렀습니다. 이 침묵은 모든 이의 진정한 성품이며, 이 질문을 하는 사람 또한 침묵해질 것이라고 그는 말했습니다.

깨달음에 수준이 있는 것이 아니라, 그대의 접근하는 방식에 수준이 있습니다. 진지한 접근, 평온한 접근, 그리고 세 번째 접근이 있는데, 세 번째는 노년에 하는 접근입니다.

이 소년이 그 사실을 알았을 때 그는 곧바로 쉬바 신이 있는 곳으로 가서 그의 예전 환경으로 되돌아오지 않았습니다. 수준은 결심에 따른 것입니다. 이들 수준은 자아의 것이지, 깨달음의 것은 아닙니다. 빛이 거기에 있습니다. 눈을 반만 뜨면 그대는 태양을 보지 못할 것입니다. 태양은 늘 거기에 있으며 지구에 등을 돌리지 않습니다. 지구가 태양에 등을 돌리면, 그 결과가 밤입니다. 태양에는 아무런 밤도, 수준도 없습니다. 의식에는 수준이 없습니다. 왕의 자아가 수피 성자 피르로부터 멀어지게 합니다. 자아가 사라질 때, 왕은 즉시 피르에게로 돌진합니다. 그대 자신의 빛과 지혜가 그대를 기다리고 있지만 그대는 빛과 지혜를 수백만 년 동안이나 지연시켜 왔습니다.

물론 수행도 필요치 않습니다. 옛날 사람들은 늑대처럼 동굴에 숨어 지내야 했지만 그대에겐 동굴이 필요치 않습니다. 그대는 인간입니다. 그대는 질문하려고 이곳에 있습니다. 그러므로 답을 발견하십시오. 노력도 하지 말고 생각도 하지 마십시오. 생각의 근원을 발견하십시오. 지금은 그대가 얼마나 진지한가를 찾아야 할 때입니다.

지적으로는 생각의 근원을 의식하고 있습니다.

그냥 침묵으로 앉으십시오. 선술집으로 가지 마십시오. 달려가지 마십시오. 그냥 침묵으로 앉으십시오. 그러면 희열이 올 것입니다. 침묵하십시오. 생각하지 마십시오. 그러면 희열이 있을 것입니다. 그렇지 않으면, 그대는 고통스러울 것입니다. 다른 방법이 없습니다. 그대가 생각을 하지 않는다면 무엇을 잃겠습니까? 그대가 잠잘 때 생각은 없습니다. 그때 무엇을 잃습니까?

베일을 걷고 싶습니다. 매 순간 자유이고 싶습니다. '나'를 공(空) 속으로 녹이고 싶습니다. 저는 영원을 목격하고 싶습니다.

영원에 대한 목격은 없습니다! 누가 이 영원을 목격합니까? 누가 목격을 합니까? 목격의 이 개념이 목격을 낳습니다! 그러므로 목격 너머로 그대의 얼굴을 돌리십시오. "어떤 목격이 있다는 것을 누가 압니까?"로 얼굴을 향하십시오. 그때 목격은 끝날 것입니다. 이것을 한계 없음, 영원이라 부릅니다. 영원에 대한 단어는 없습니다. 영원의 경험을 말하는 자도 없으며, 영원히 그대와 함께 할 시간조차 없습니다. 그 침묵은 경험될 수 없습니다. 그러므로 그대는 내가 말하는 그것이 아닙니다. 오로지 침묵하십시오. 그대의 침묵을 혼란시킬 어떤 것도 일어나게 하지 마십시오. 이것이 내가 말하는, 목격을 초월한 침묵 홀로입니다. 그 바다에는 파도들이란 전혀 없습니다.

스승님의 가르침에 감사드리며 스승님과 함께 이렇듯 침묵에 앉을 수 있어 정말로 감사를 드립니다. 그러나 아직도 질문이 사라지지 않습니다.

그대의 질문이 이 침묵에서 일어납니까?

제 마음에서 일어납니다.

누구의 마음입니까? 이 마음이 어디로부터 일어납니까? 그대는 입고 있는 옷을 압니다. 그렇지요? 그럼 그대가 입고 있는 이 마음은 어디에 있습니까?

그것은 거기에 일어나는 '나의'라는 느낌일 뿐입니다.

마음은 '거기'에 있습니다. 그러므로 이것을 알기 위해 그대는 '여기'에 있어야만 합니다. 여기에 머무르며 몸, 마음, 감각, 현상계가 어디에 있는지 말해 보십시오. 시장에 있지 말고 집에 머무르십시오.

그것은 그냥 무(無)인 듯 느껴집니다.

그대의 질문이 이 무(無)에서 일어나게 하십시오. 그리고는 그것이 무엇인지 말해 보십시오.

아무런 질문이 없습니다.

그대는 그것을 찾았습니다! 이곳에 머무르십시오. 거기에는 아무런 질문도, 의심도, 고통도, 어려움도 전혀 없을 것입니다. 집에 머무르십시오. 이것이 그대의 성품입니다. 모든 개념들을 버리십시오. 이 일시적인 것은 그대의 성품이 아니기 때문입니다. 그대는 모든 개념들로부터 자유롭습니다. 그대의 성품인 여기에 머무르십시오. 그리하면 그대에게 어떤 고통도 없을 것입니다. 이것이 영원한 사랑과 아름다움입니다. 그러나 그대가 개념들을 초대하거나 개념들을 따른다면, 그 순간 고통의 수레바퀴 속으로 빠져들 것입니다. "나는 몸이다!"가 모든 개념의 시작입니다. 몸은 시간, 현재, 과거, 미래, 탄생과 죽음이라는 끝없는 윤회를 만듭니다. 그러므로 여기 지금인, 집으로 돌아오십시오. 여기에서는 어떤 것도 할 필요가 없습니다. 이곳으로 돌아오는 데는 시간이 들지 않습니다. 아마 1초도 걸리지 않을 것입니다. 바로 이 순간 안에서 여기 지금인, 그대의 나를 발견할 수 있습니다. 그것을 미루지 마십시오.

바로 이 순간에 바로 이 순간을 보십시오. 이 순간이 그대의 진정한 얼굴입니다. 이 순간 안에는 아무런 과거도 미래도 없습니다. 이 순간 안에서 영원한 것을 보십시오. 이 순간 안에서 이 순간 안에 존재하기 위해 무슨 노력이 필요합니까?

그대가 지금 그것을 보고 있다는 것을 나는 압니다. 이제 그대는 그것을 느낄 수 있습니다. 그대는 평화입니다. 그대는 매우 아름답습니다. 분명히 그대는 고통을 벗어나 있습니다. 즉시 그대는 안과 밖 그리고 모든 곳에서 느낄 것입니다. 자, 방금 전에 했던 질문을 다시 하십시오.

무슨 질문이었는지 완전히 잊었습니다. 그리고 무엇이 질문될 수 있는지 조차 모르겠습니다!

이것은 매우 훌륭한 망각입니다! 극소수의 사람들만이 그들을 분리시켜 묶어 버리는 개념들을 망각합니다. 그대가 개념을 망각한다면 죽음의 개념조차도 그대를 넘보지 못할 것입니다. 이것이 영원한 사랑입니다.

(웃고 또 웃는다)

가까이 오십시오. 망각한 얼굴을 보여 주십시오. 내면을 보십시오. 그러면 그대는 거기에 굴레가 없음을 발견하게 될 것입니다. 굴레라는 개념이 사라졌기 때문입니다. 그때 그대는 그대 자신의 자연스러운 상태로 돌아올 것입니다. 이 상태에 다른 이름을 붙이지 마십시오. 이름을 붙이면 해방과 자유라는 또 다른 개념이 생기기 때문입니다. "나는 묶여 있다."를 그냥 사라지게 하십시오. 그러면 그대는 집으로 돌아오게 될 것입니다. 자유에 대한 어떤 질문도 없습니다. 묶여 있다는 생각인 이 '나'가 어디로부터 일어나는지를 그냥 찾아내십시오.

ॐ

제가 만든 모든 조건들을 벗어 버리고 싶습니다. 도와주십시오.

그대는 운이 매우 좋습니다. 자유를 향한 갈망을 갖고서 그대는 육신에 너무나 아름답게 자리 잡고 있으며 또한 그대는 삿상에 있기 때문입니다. 이 세 가지가 함께 할 때 아름다운 어떤 일이 일어날 것입니다. 이 세 가지가, 이 세 부분이 성스러운 합류입니다. 그대는 잘 해냈습니다.

이제 그냥 침묵하고서 그대의 질문들이 일어나는 곳을 찾아내십시오. 그대는 해답을 얻을 것입니다. 산 같은 미덕을 쌓았기에 이 세 가지가 합류하는 곳에 그대가 있습니다. 그대는 매우 잘 해냈습니다. 이제 그냥 침묵하십시오. 그리고는 다른 것이 그대 앞에 나타나기를 기다리십시오. 생각하지 마십시오. 어떤 노력도 하지 마십시오. 그러면 그것이 그대 앞에 나타날 것입니다. 오직 침묵하십시오. 그것이 무엇이든 간에 그것이 나타나게 하십시오!

그것은 깨달음입니다. 저는 깨달음을 원합니다!

이 깨달음은 어디에 있으며 그대는 어디에 있습니까? 깨달음을 원하는 자는 누구입니까? 깨달아지기를 원하는 자가 누구입니까? 이것을 찾아내십시오. 깨달아지기를 원하는 이 '나'는 도대체 무엇입니까!

자아입니다.

이 자아는 어디로부터 일어납니까? 그것은 어딘 가로부터 일어나고 있음에 틀림없습니다. 그렇지 않습니까? 우리는 이 자아에 대해 할 수 있는 것이 무엇인지 보기 전에, 먼저 자아가 어디로부터 일어나고 있는지 찾아봅시다. 자아를 찾기 위해 생각할 필요는 없습니다. 신경 쓰지 말고, 보기만 하십시오.

자아는 그저 조건 지어진 것일 뿐입니다.

그렇습니다. 자아는 조건 지어진 것입니다. 조건이 지어지려면 '조건이 지어지지 않는 것'이 있음에 틀림없습니다. 이 '조건 지어진'이라는 개념이 어디로부터 일어납니까? '그대', '나', 그리고 '타인'이라는 개념들이 어디에서 일어나는지 찾아내십시오. 해답을 찾으려 생각해도 안 되며, 생각하지 않으려 해도 안 됩니다. 그것은 지금 여기에 있습니다. 찾아내십시오! '나'라는 생각을 일으키지 말고 무엇이 있는지 말하십시오. '나' 이전에 무엇이 있습니까? 그대가 '나'를 사용하기 전의 지점으로 가십시오.

그곳은 거대한 땅, 텅 빈 거대한 사막처럼 보입니다.

이제 '나'에 매달리지 말고 이것으로 머무르십시오. 거대한 공간으로 머무르십시오. 이 거대한 공간에서 그대는 무엇을 봅니까?

빛입니다.

아주 훌륭합니다. 자, 이 빛과 공간을 거절하십시오.

한계가 사라졌습니다.

매우 훌륭합니다. 한계도, 빛도, 공간도 없습니다. 이 모든 개념들이 끝났습니다. 이것이 무조건적인 것, 한계 없는 것입니다. 그것은 말해질 수 없습니다. 말조차 거친 한계이며, 생각이 한계이며, 그대가 그대에게 가져오는 어떤 것도 한계이기 때문입니다. 이제. 여기에서 말하십시오! 한계, 생각, 개념, 조건들이 없는 여기에 머무르십시오. 거기에 어떤 첫 번째 사람이 있으며 두 번째, 세 번째 사람이 있습니까? 거기에 어떤 나타남이나 신들이나 천국이 있습니까?

(웃다가 운다) 공간이 있고 그것이 계속 확장됩니다!

계속 확장하십시오. 확장 그 자체가 되십시오!

확장이 그냥 계속됩니다!

모든 사람이 모든 사람을 접촉하고 있습니다. 무지개의 모든 색깔들이 함께 달려가고 있습니다. 수백만 년 동안 그대는 사방에서 이 아름다움을 찾고 있었지만 그대가 그것을 잃어버렸던 바로 그곳을 그대는 찾지 못했습니다. 이제 그대는 그것이 되어 사방으로 퍼져 나갑니다! 아름답습니다. 이것은 아름답습니다. 이것이 진정한 사랑과 진정한 아름다움입니다. 이것이 그대의 진정한 존재입니다. 언제나 그대는 그것입니다. 그대는 원하는 무엇이나 할 수 있습니다. 이 모든 것이 그대의 게임, 그대의 유희, 그대의 춤이기 때문입니다!

춤을 추십시오! 여기에는 죽음도, 고통도 없으며, 어떤 것도 이것 안으로 침범할 수 없습니다. 말이나 마음은 이곳에 들어올 수 없습니다. 그것에 닿을 수 있는 것은 아무것도 없습니다. 그것을 오염시킬 수 있는 것도 없습니다. 이것이 그대의 자리이며, 그대의 본질입니다. 여기에 도달하는 데 필요한 과정이나 방법은 없습니다. 여기는 너무나 거대하여 이 우주는 그것의 작은 구석에 불과합니다. 그대 자신을 과소평가하지 마십시오. 그대의 존재에 충분한 가치를 주십시오. 그것이 진리입니다. 그것은 그대의 본 모습으로 항상 존재하고 있습니다.

마음이 평화롭다면, 그대는 모든 사람에게서 평화를 찾을 수 있을 것입니다. 마음이 혼란스러우면, 그대는 모든 곳에서 혼란을 보게 될 것입니다. 그러므로 우선 내면에서 평화를 발견하십시오. 그러면 그대는 이 내면의 평화가 모든 곳에 비치고 있음을 보게 될 것입니다. 그대는 이 평화입니다! 그대는 행복입니다. 찾아내십시오. 자신 안에서 평화를 발견할 수 없다면, 어디에서 평화를 발견하겠습니까? 단지 침묵하십시오. 한 생각을 휘젓지 마십시오. 그러면 그대는 자유입니다. 어떤 개념도 부르지 마십시오. 특정한 한 개념을 초대하지만 않으면 그대는 자유로울 것입니다. 이 개념은 "나는 몸이다."입니다. 이것이 그대를 정말로 괴롭히는 개념입니다. 그대는 하루의 매 순간 다른 몸이나 대상과의 모든 관계에서 "나는 몸이다."라는 개념을 가져가서는 이것을 계속 재확인하고 있습니다. 이 개념이 더 이상 거기에 없을 때 그대는 자유로울 것입니다.

이 자유 속에서 그대는 온 우주를 볼 것이며, 모든 몸들이 그대이며 그대가 이 모든 몸들임을 알게 될 것입니다. 변화하지 않을 것입니다. 산은 산일 것이고 강은 강일 것입니다. 그러나 그대의 관점은 변할 것입니다.

그러므로 "나는 자유다."라는 개념을 집어 드십시오. 그러면 굴레와 자유라는 두 개념이 그대를 떠날 것입니다. 그대는 묶여 있지도 자유롭지도 않습니다. 그대는 그냥 있는 그대로의 존재입니다. 이것을 아십시오. 그러면 모든 개념들이 그대를 떠날 것입니다. 그대는 몸도, 마음도, 지성도, 세상도 아닙니다. 그대는 어떤 다른 것입니다. 찾아내십시오! 이것이 무엇입니까? 그냥 침묵한 채로 보십시오. 그때 그것이 그것 자신을 펼칠 것입니다. 그것이 그것 자신을 드러낼 것입니다. 먼저 침묵하십시오.

제7장
찾기를 포기하십시오.

과거와 생각으로 인해 떠내려가지 않으려면

불굴의 노력과 결심을 해야만 합니다.

그렇지 않으면 마음은 불순과 잘못에 다시 빠질 것입니다.

이 자기 노력이 없이는 아무것도 얻을 수 없습니다.

이 거대한 노력은 노력이 아니기에 쉽습니다.

마음의 습성을 일어나게 하는 환경이 올 때

잠자던 마음의 습성 역시 일어날 것입니다.

그러므로 자기 노력에 전적으로 그대 자신을 바치십시오.

성스러운 믿음이 그대로 하여금

바다 속으로 뛰어들도록 도울 것입니다.

그러면 그대는 내면으로부터 도움을 받을 것입니다.

'나'는 탐구로써 파괴될 환영입니다.

그대가 무엇을 하든 노력 없이 항상 '나'라는 생각을 쫓아가십시오.

항상 바른 방향을 보십시오.

그대는 그것 속으로 들어가는 오직 반걸음이 필요할 뿐입니다.

완전한 한걸음은 이름을 가진 활동입니다.

구름이 태양을 가릴 수 있듯이

'나'라는 생각도 나를 가릴 수 있습니다.

그러므로 탐구하여 이 생각의 근원을 발견하십시오.

탐구하는 동안에 생각하지 마십시오.

'나'라는 생각조차도 하지 마십시오.

'다른 것들'에 대한 그대의 몰두를 포기하십시오.

그러면 그대는 그것을 보게 될 것입니다.

매일 마음의 경향성들을 부지런히 점검하십시오.

무엇인가를 생각하면 그대는 그렇게 될 것입니다.

따라서 생각 없이 하십시오.

그러면 그대는 자연스러운 상태로 돌아올 것입니다.

생각에 접촉하지 않은 상태로 머무르십시오.

경계하여 살펴보는 것은

마음의 집으로 들어오는 것들을 자각하는 것입니다.

일어나는 생각들과 싸우지 말고

조용히 그것들을 지켜보십시오.

그대의 마음을 혼란시키지 마십시오.

마음을 나누지 마십시오.

이 바라보는 것조차도 마음을 통해서 합니다.

그러므로 "누가 생각들을 바라보고 있는가?"를 탐구하여

환영의 뿌리를 치십시오.

그렇지 않으면 '행위자'가 바라보는 자로 살아남습니다.

이것이 마음입니다.

마음을 죽이려 한다면 저절로 '살인자'가 생깁니다.

그것은 오직 노력, 움직임이며 마음 그 자체일 뿐입니다.

그러므로 그냥 침묵하고, 그냥 침묵하고, 그냥 침묵하십시오.

아무런 노력을 하지 마십시오.

'나' 라는 생각을 운반하려는 노력조차도 하지 마십시오.

끊임없이 무(無)를 지키십시오.

이보다 더 훌륭한 파트너는 없습니다.

활동에 관여하지 않고 있는 그것과 친구가 되십시오.

덧없는 하찮은 쾌락이 아니라 줄지 않는 그것을 열망하십시오.

부지런함과 경계가 그대의 습관이 되어야만 합니다.

일어나는 생각은 삼사라입니다.

그러나 일어나는 생각을 보는 것은 니르바나입니다.

이것은 아름다운 춤이며 로맨스입니다.

그것이 그것 자신을 드러내지 않는다면

일시적인 것을 사랑하는 데 사용한 '나'로

그것을 그대가 감추었기 때문입니다.

이 무지를 버리십시오.

그러면 진리가 그 자신을 드러낼 것입니다.

이 몸과 마음은 그대에게 속하지 않습니다.

현명하십시오. 오직 그대의 것만 지니십시오.
님인, 미지의 존재로부터 달아나지 마십시오.

집착의 대상들을 좇아 바깥으로 가려는 경향성을 점검함으로써
환영을 환영 없음으로 데려가십시오.
대상들에 깊이 뿌리내린 습성들을 버리고 근원으로 돌아오십시오.
침묵으로부터 일어나는 모든 것들을 관찰하는 데 부지런하십시오.
그리고 노력하지 마십시오.

좋아함과 싫어함은 첨가물입니다. 그러므로 그 사이를 보십시오.
활동하고 있는 마음의 노예가 되지 마십시오.
과거를 바라보면 그대는 잃습니다.
마음이 정말로 배고프다면 하루 24시간
탐구의 음식을 마음에게 주십시오.
그리고 그대의 나에게로 사랑으로 향하십시오.

"나는 누구인가?"를 탐구하십시오.
꾸준히, 현명하게, 정직하게 탐구하십시오.
그대의 얼굴을 내면에 있는 자각에게로 돌리십시오.
나를 마주할 때, 오직 침묵하십시오.

이 침묵은 마음 작용이 아니며,

'나' 라는 생각을 휘젓는 것도 아닙니다.

이 침묵은 "거기에 평화가 있어라."의 평화입니다.

이 침묵이 영원한 거주처입니다.

물어봐야 할 것 같은 질문들이 계속 마음에 떠오릅니다. 이 질문들은 마음에서 옵니다. 마음의 근원은 텅 빔인데도 말입니다.

그대는 마음의 근원을 텅 빔이라고 했습니다. 이것을 경험해 보았습니까? 그대는 마음의 근원을 피하려고 이 질문, 저 질문으로 옮겨 다니고 있습니다. 그대는 마음과 함께 여행하고 있습니까? 어떤 기차는 럭나우에서 곰티, 사답티, 혹은 델리로만 갑니다. 기차가 서는 종착역에 다다랐다면, 그대는 계속해서 기차 안에 머물러야겠습니까? 기차 안에 계속 앉아 있다 해도 기차는 떠나지 않을 것입니다. 기차가 종착역에 도착했기 때문입니다. 이와 마찬가지로 텅 빔은 종착지입니다. 거기에서 무엇이 일어났는지 말해 보십시오. 기차는 멈췄습니다. 그것은 생각이 멈췄다는 의미입니다. 그러므로 그대는 기차에 앉아 있겠습니까, 아니면 기차가 더 가도록 밀겠습니까?

무슨 일이 일어났는지 알 것…

(화를 내며) 우선 이해부터 하십시오! 시간을 낭비하지 마십시오! 그대는 텅 빔으로 돌아갔다고 말했습니다. 무엇을 봅니까? 무엇을 찾고 있습니까? 거기에 무엇이 있습니까?

아무것도 없습니다.

아무렇게나 질문하지 마십시오. 마음은 질문들 속에 숨어 있습니다! 그대는 하나의 질문과 씨름해야 하고 자신이 원하는 것에 매우 신중해야 합니다. 여기저기서 질문을 끄집어내는 것은 시간 낭비입니다. 그대가 텅 빔에 도달할 때 그곳은 종착지이며, 이 텅 빔에는 사람을 포함한 어떤 것도 존재한 적이 없습니다. 그렇다면 누가 거기에 있습니까? 어떤 질문의 근원을 찾으면 그 질문은 숨이 막힐 것입니다. 그러므로 '그러나', '…할 때', '…한다면'과 같은 말을 사용하지 마십시오.

그런 질문들만이 그냥 계속 나옵니다.

텅 빔에서 나에게 질문하십시오!

파파지, 당신은 그냥 "침묵하십시오, 생각이 떠오르면 그것을 보십시오, 그 생각이 가버린 후에는 다시 침묵하십시오."라고 말씀하십니다.

그렇습니다. 이것이 내가 말하는 것입니다. 그것에 대해 무슨 할 말이 있습니까?

당신의 말씀을 저는 이해합니다.

이해는 필요치 않습니다. 그 이상의 것이 필요합니다. 그대가 뉴욕에 있는데 내가 지도를 한 장 주면서 델리로 가는 비행기를 타고, 델리에서 럭나우로 가는 또 다른 비행기를 타라고 한다면 그대는 무엇을 이해하겠습니까? 이 이해만으로는 충분하지 않습니다. 비행기에 올라타야만 합니다! 비행기가 그대를 태우고 날아야만 합니다!

그렇게 해왔습니다.

그대의 행위는 필요하지 않습니다. 비행기 안에서 무엇을 하겠습니까? 그 비행기를 밀겠습니까? (웃음) 단지 침묵하십시오. 비행기 안에서는 "착석하시고 안전벨트를 매십시오."라고 안내까지 해줍니다. 그뿐입니다! 그대가 비행기를 밀겠습니까? 그저 조용히 있으면 그것은 저절로 움직일 것입니다. 그리고 누군가가 그대에게 음식까지 가져다줄 것입니다. 이것이 그 의미입니다. 어떤 노력도 하지 마십시오. 기장이 그대를 데리고 갑니다. 그대는 기장에게 충고할 수도 없고 조종실 안에 들어갈 수도 없습니다.

침묵함은 생각들이 일어나는 곳을 관찰한다는 것입니다. 이것을 영어로 번역하면 "Who am I?"입니다. 마음속에서 "나는 누구인가?"를 물어보십시오. 이것 또한 관찰입니다. '나'의 근원을 찾든, 생각이 일어나는 곳을 찾든 거기엔 아무런 차이가 없다고 생각합니다. 단지 관찰하십시오. 깨어 있으십시오. 어떤 노력도 하지 마십시오.

제가 침묵으로 있을 때조차 개별적인 '나'라는 감각이 여전히 있습니다.

조용히 있을 때, 누군가가 조용히 있는 것을 그대는 압니다. 이 '나'가 어디로부터 일어나는지 관찰해야만 합니다. 이 개인적이며 개별적인 '나'는 어디에서 일어납니까? 그것을 보고 그대가 무엇을 보는지 내게 말하십시오. 이것은 아주 좋은 질문입니다. 이 질문은 이해가 아닌 경험이 필요합니다. 그러니 '나'를 볼 때, 그것이 어디에서 생기는지 찾아보고 난 뒤에 있는 것을 나에게 말하십시오. 그대는 관찰자나 관찰 대상을 보는 것이 아닙니다. 개별적인 '나'의 개체성이 어디에서 일어나는지에 집중하십시오. 무엇이 보입니까?

지금은 아무것도 없습니다. 그러나 어떤 것이 뛰어오를 준비를 하고 있는 것이 보입니다.

무엇이 뛰어오를 준비를 하고 있는지 다시 관찰해야만 합니다. 다시 '나'를 관찰하십시오. 그것을 다시 관찰하십시오. 어서 하십시오.

하지만 당신은 노력 없이 관찰하라고 말씀하셨습니다. 저는 관찰한 것을 기억하려고 노력해야만 합니다. 그렇지 않으면 저는 생각 속에서 다시 길을 잃고 맙니다.

자신의 코를 보는 데 무슨 노력을 합니까? 아주 가까이 있는 것을 볼 때에는 노력할 필요가 없습니다. 멀리 있는 것을 볼 때, 그대는 노력을 해야 합니다. 이제 문제는 그대가 그대 자신의 나를, 그대 자신의 가슴을, 그대 자신의 아름다움을 찾고 있다는 것인데, 그것은 자신의 망막을 찾는 것과 같습니다! 자신의 망막을 보는 데 무슨 노력이 필요합니까?

불가능합니다.

불가능합니다. 옳습니다. 옳습니다. 망막조차도 떨어져 있습니다. 그것은 망막 이전에 있습니다. 이것이 망막이 볼 수 있도록 만듭니다. 그러므로 그것을 보는 것은 불가능합니다. 그래서 침묵하라고 나는 말합니다. 그것을 그대의 눈으로 찾으려 하지 마십시오. 그대는 그것을 볼 수 없습니다. 하지만 그것을 통해 그대의 눈이 보며, 그것을 통해 그대의 마음은 이해합니다. 그것을 통해 그대는 보고 그것을 통하여 그대는 생각하므로, 그것을 보기 위해 무엇을 할 것입니까? 단지 의식이 되십시오. 무슨 노력이 필요합니까? 바다 속에서 그대는 파도가 되어야만 합니다. 파도가 일어나도록 놓아두십시오. 파도 역시 바다의 한 부분입니다! 파도가 일어날 때 파도들은 바다에서 얼마나 멀리 가겠습니까? 파도는 여전히 바다의 한 부분입니다. 바다가 있는 곳에 파도가 있습니다. 자, 다른 질문이 있습니까? 물어보기 전에는 말하지 않겠습니다!

선(禪) 수행 중에 저는 침묵해집니다. 하지만 그때 저의 안과 제 주위에 진행되고 있는 모든 것을 더욱 의식하게 되어 머리와 가슴에서 고통스러운 압박감을 느낍니다.

하지만 선 수행 중에 관찰자는 어떠합니까? 관찰자를 관찰하라고 말하지 않습니다! 관찰자를 관찰해야만 합니다. 이제 관찰자를 관찰하라고 말하니 이것을 하기 위해 무슨 노력을 해야 합니까? 노력한다면, 보상과 결과들은 무엇입니까?

이를 위해 그대의 얼굴을 내면으로 향해 관찰자를 대상이 되게 하십시오. 그리고 지고의 의식이 이 관찰자를 보게 하십시오. 이해하려 애쓴다 해도, 이해가 되지 않을 것입니다. 그대는 이것을 결코 이해하지 못할 것입니다. 이해는 주체와 대상 사이의 관계입니다. 그대의 마음에서 대상을 지운다면 무엇을 이해할 수 있습니까? 그대는 무엇을 하겠습니까?

모든 가르침의 방법에서는 항상 대상을 다루게 합니다. 이것은 그대에게 어떤 열매도 주지 않을 것입니다. 따라서 나는 침묵하라고 말합니다. 그러면 침묵이 스스로 알아서 할 것입니다. 단지 생각들이 지나가는 것을 보고, 그리고 그것들이 어디에서 오고 있으며 어디로 가는지 보십시오. 그대는 목격자로 남습니다. 단순한 목격자 말입니다. 무슨 일이 일어나든지 목격자가 되십시오. 좋거나 나쁜 상황은 오고 갑니다. 상황은 머물러 있지 않습니다. 그저 관찰하십시오! 좋은 상황은 오고 머물다가 갑니다. 오고 감이 없는 것이 목격자입니다! 이것을 잘 하면, 그때 이 목격자는 어떤 다른 존재 앞에서 오고 갈 것입니다! 목격자가 아무런 이름이 없는 것 앞에서 춤을 추도록 하십시오. 이 목격자가 하나의 대상처럼 오고 가도록 하십시오. 그 위치를 보는 방법은? 관찰자를 관찰하는 방법은? 목격자를 목격하는 방법은 무엇입니까?

　　그냥 의식으로 있는 것입니다.

　　그렇습니다. 그것입니다. 성자 카비르의 이야기가 기억납니다. 카비르가 자신의 흙집에서 막 나오자마자 두 사람이 싸우는 것을 보았습니다. 경찰이 와서 그들을 체포했습니다. 한 사람이 말했습니다. "그가 나를 공격했어요." 다른 사람도 같은 말을 했습니다. 그래서 둘 다 법정으로 불려갔습니다. 그러나 법정은 증인 없이는 심판할 수 없습니다. 그때 경찰이 말했습니다. "카비르만이 이 사람이 상대방의 손을 칼로 치는 것을 목격한 사람입니다."

　　그래서 카비르는 법정에 불려갔고 그가 나타나자 치안판사가 물었습니다.

　　"그대가 거기에 있었는가?"

　　"예, 제가 거기에 있었습니다."라고 그가 대답했습니다.

　　"무엇을 보았는가? 누가 먼저 공격했는가?" 판사가 물었습니다.

　　"본 사람은 말할 수 없습니다. 말하는 사람은 볼 수가 없습니다."라고 그는 말했습니다.

　　이것이 무슨 뜻입니까? 판사는 당황했습니다. 이것이 무슨 뜻입니까? 눈은 보았으나, 눈은 말할 수 없습니다. 혀는 말하나, 혀는 볼 수가 없습니다. (웃음) 그러므로 눈은 목격자로서 말할 수 없습니다. 혀는 말하고 있으나 보지 않았습니다. 그러므로 혀는 믿을 수 없습니다. 판사는 매우 당황하여 두 사람을 풀어 주었습니다. 그래서 그대는 목격자가 필요합니다. 그러므로 그대는 말할 수 없습니다.

(웃으며) 저는 생각도 할 수 없습니다.

그렇습니다. 볼 때 그대는 목격자가 됩니다. 이것은 그대에게 하는 농담입니다!

저는 장벽을 없애고 싶고, 나에 복종하고 싶습니다. 그러나 자아 때문에 나에 복종할 만큼 겸손하지 않습니다. 당신의 빛으로 이 초에 불을 붙여 주십시오.

그대는 자아를 말하고 있으며 자아를 부수기 시작했습니다. 모든 사람들이 자아를 좋아하는데도 말입니다. 그대는 자아를 없애려 열심히 애써 왔지만, 이것은 오히려 자아를 부추기게 됩니다. 사람이 하는 모든 것은 그저 자아를 마사지하고 팽창시키는 것입니다. 이것은 행복해지는 길이 아닙니다. 행복해지려면 그대의 평화를 위협하는 어떤 것을 없애야만 합니다. 그래서 나는 매일 사람들에게 생각이 어디로부터 일어나는지 찾아내라고 합니다. "이 물건이나 이 사람을 얻으면 나는 행복할 거야."라고 하는 것은 자아의 속임수입니다.

세상에서는 어느 누구도 그대에게 행복을 주려고 하지 않습니다. 누구도 그대에게 행복을 주지 않을 것입니다. 행복해지려면 침묵해야 합니다. 어떤 관계도 그대에게 행복을 주지 않을 것입니다. 소중한 사람조차 그대에게 행복을 주지 않을 것입니다. 그들 모두는 그대의 피를 뽑니다. 피가 다 없어지면 그들은 그대를 떠날 것입니다. 이것이 세상의 방법입니다! 하지만 이 삶에서 그대가 의식으로 있을 수 있다면 그대에게 자유의 기회가 있습니다. 이 목적 때문에 그대는 여기로 왔습니다. 마침내 삿상에 올 수 있는 행운을 지닌 지적 인간으로서 그대는 여기에 왔습니다. 그대는 모든 좋은 점들을 지녔습니다. 그러나 분명히 이해해야만 하는 것은 그대의 자아가 머리를 들 때, 그 뿌리를 쳐서 침묵해야 한다는 것입니다.

그대는 이제 그것을 쫓고 있으므로, 그대는 그렇게 될 것입니다. 낙심하지 마십시오. 무엇이 일어나는지 지켜보기만 하십시오. 그리고 누가 영원히 그대 편에 서서 도망치지 않을 것인지 식별하십시오. 모든 사람은 도망갈 것입니다.

파파지, 저는 그러한 경험을 했습니다. 아무런 시간이 없었으며, 서늘하고 고요한 희열이 있었습니다. 하지만 순간 제 모습을 본 후 저는 너무나 큰 심적 고통, 너무나 많은 '나'에 대한 생각과 너무나 큰 무가치함 속에 있습니다.

이 마음의 지껄임이 그대에게 도움이 되지 않으리라는 것을 그대는 알아야만 합니다. 이 무가치함이 그대를 돕지 않을 것이라는 점을 알아야 합니다. 일어나는 어떤 생각도 그대를 돕지 못할 것입니다. 그냥 이것을 계속하십시오. 왜 그대는 시간 없음을 말하면서 '있었다.'라는 말을 사용합니까? '있었다.'는 시간 안에 있습니다. '있었다.'는 과거를 의미합니다.

이것은 좋은 경험입니다. 왜 그대는 그것을 내다버렸습니까? 왜 그것을 과거에 두었습니까? 왜 그대는 그것을 강에 내다버렸습니까? 그대의 손에 다이아몬드가 있었는데, 왜 그것을 강에다 버렸습니까? 이제 그것은 떠내려갔으니 그대는 찾을 수 없습니다!

인도의 비하르 지방에 파드마라는 강이 있습니다. 사람들은 루비를 캐러 그곳에 갑니다. 그들은 파낼 수 있는 10평방피트의 공간을 얻으려고 정부에 로열티를 지불합니다. 어쩌면 10피트 밑에서 루비를 찾을 수도 있고, 50피트 혹은 더 깊은 곳에서 찾을지 모릅니다. 그러나 그들은 그렇게 합니다. 어떤 사람이 로열티를 지불하고 강바닥으로 들어가던 중 발가락에 돌 하나가 채였습니다. 그는 이 돌을 보고 강에다 던져 버렸습니다. 잠시 후 한 남자가 춤을 추면서 "나는 부자다. 부자야! 아내도, 궁전도 얻을 수 있다. 내가 루비를 찾았다!"라고 외치는 것을 그는 보았습니다. 이 남자의 루비를 보고 자기가 강에 버린 것이 루비임을 깨달았습니다. 그러나 이제는 어쩔 수 없는 일입니다.

이렇게 아름다운 경험을 하고서 어떻게 그것을 잃어버릴 수 있습니까? 이것이 그대가 온 목적이 아니었습니까! 그대는 이미 이번 생을 살 수 있는 로열티를 지불했습니다. 그대는 그대 자신의 샨티 즉 평화를, 그리고 그대 자신의 사랑을 찾겠다고 결심하지 않았습니까? '있었다.'라는 단어를 사용하지 않는다면 그대는 무엇을 잃겠습니까?

그렇다면 그것은 존재입니다.

어떻게 그대가 존재를 잃을 수 있습니까? 마음은 항상 그대를 속이려 들 것입니다. 이 몸-마음은 내 것이 아니라고 말한다면, 그때 그대는 마음을 속이고 있습니다. 그러나 그대가 아니라 마음이 성공했습니다. 마음은 생각을 의미하고, 생각은 '나'를 의미합니다. 그렇지 않습니까? 그대가 '나'를 그냥 보기만 하면, 그때 '나'는 그대를 건드릴 수 없습니다. 이해됩니까? 그것이 언제 어느 곳에 있든지 그저 '나'를 보기만 하십시오. 그대가 '나'를 보지 않으면 '나'가 그대를 공격할 것입니다.

제 마음은 없었는데…

아주 형편없는 문법이군요! 왜 '없었다.'라는 과거 시제의 단어를 씁니까? 마음은 과거를 뜻합니다. 왜 이중으로 과거 시제 '없었다.'를 씁니까? 마음을 말할 때 그것은 과거를 의미합니다. 1초면 충분합니다. 이 1초는 시간과 아무런 상관이 없습니다. 그것은 60초 중의 하나가 아닙니다. 이 1초는 시간을 벗어난 한순간입니다. 시간을 보지 마십시오. '없었다.'도 쓰지 말고 '있다.'조차도 쓰지 마십시오. 현재의 '있다.'조차 쓰지 마십시오. 이해하겠습니까? '있다.'조차도! 그대가 '있다.'를 쓰지 않으면, 그대는 누가 누구인지를 찾아낼 것입니다.

리쉬케쉬에 머무는 동안 많은 사람들로부터 당신에 대한 얘기를 들었습니다. 그래서 럭나우에 오기로 결심했습니다. 그런데 당신의 삿상에 처음 왔을 때 사람들이 당신께 자신들의 경험에 대해 말하는 것을 듣고 놀랐습니다. 나 탐구는 생각과 정서와의 동일시를 그만두게 하는 것이라 생각했기 때문입니다.

그렇습니다. 모든 사람들이 자신들의 경험에 대해 쓰고 있습니다. 이 것은 놀랄 일이 아닙니다. 처음으로 새롭고 신선한 것을 보고 있을 때, 분명 어떤 경험이 있습니다. 결혼 첫날밤의 경험이 있지 않습니까? 그러나 그대의 눈, 얼굴, 말은 그대에게 아직 어떤 경험도 없음을 보여 줍니다. 얼굴에서 알 수 있습니다. 경험한 사람은 안과 밖으로 한 사람의 온 존재를 변화시킬 것이기 때문에 그대의 목소리와 몸조차 경험의 상태를 보여줄 것입니다. 여하튼, 그대는 지금 여기에 있습니다. 사람들의 글에 대해 놀라지 마십시오. 그대도 언젠가는 그 맛을 볼 것입니다. 그대의 일이 끝나고 모든 질문들이 사라질 때, 이것이 그 경험입니다.

그대는 탐구조차 하지 않은 듯 보입니다. 비록 탐구에 대해 말하지만 그대는 탐구하지는 않았습니다. 그렇지 않다면 이런 질문들을 하지 않았을 것입니다.

생각 및 정서와의 동일시를 멈추게 할 방법을 가르쳐 주실 수 있습니까?

다시 말하지만, 탐구로 모든 것이 멈춥니다. "나는 누구인가?"라는 탐구를 하면 모든 것이 멈출 것입니다. 그냥 고요하십시오. 그대의 명상을 멈추고, 명상하는 자를 찾아내십시오!

당신께서 '침묵하라' 하시니, 곧 제 마음은 방법을 묻습니다.

여기서 그대는 어떤 것도 하지 마십시오. 그냥 침묵하십시오. 문제가 있으면 그냥 내게 물으십시오. 어떤 것도 하지 말고, 어떤 것도 생각하지 마십시오. 한 순간이라도 어떤 것도 하지 마십시오! 사람이 생각하는 모든 것은 과거에 속해 있음에 틀림없습니다. 죽은 것과 무덤 속에 있는 것을 생각해서 이로울 것이 없습니다. 그것은 아무런 소용이 없습니다. 그러므로 그대의 마음을 과거에 가도록 하지 마십시오. 마음은 과거를 뜻합니다. 어떤 것이 일어날 것이라면 그것은 과거가 아닌 바로 이 순간 안에 일어날 것입니다. 그대의 마음을 과거에 대한 생각으로 떠다니게 하지 마십시오. 그러면 그대는 그대가 고요하다는 것을 보게 될 것입니다. 모든 사람은 항상 과거를 생각하고 있습니다. 그래서 그들은 근심 속에 있습니다. 그래서 그렇게 하지 말라고 나는 그대에게 충고합니다.

제 마음은 자기 머리를 벽에다 계속 부딪치고 있는 고집 센 염소 같습니다. 하지만 생각과 생각 사이에 평화가 있습니다.

두 생각들 사이의 공간은 자유를 즉시 가질 수 있는 또 다른 방법입니다 두 호흡들 사이도 마찬가지입니다. 내쉬는 호흡과 들이쉬는 호흡 사이에는 아무런 시간이 없습니다. 이것은 분당 16번 일어납니다. 모든 생각은 이 빈 공간으로부터 와야만 합니다. 그대의 들이쉼은 어디로부터 일어납니까?

아무 데도 아닙니다.

그렇습니다. 생각도 마찬가지입니다. 이 생각은 텅 빔으로부터 옴에 틀림없습니다. 생각하기 전에는, 그대는 생각하지 않습니다. 따라서 모든 생각들이 일어나는 곳까지 간다면, 그것이 바로 탐구가 텅 빔을 만나는 방법이지만, 그것은 설명되지 않습니다. 그러나 그것은 설명되어야만 합니다. 이 탐구는 어디로부터 옵니까? 텅 빔! 생각 이전에, 탐구 이전에, 호흡 이전에. 내가 그대에게 그것은 아무 데도 아닌 곳으로부터 오며 그대는 아무 데도 아닌 그것이며 생각도 아니라고 말한다면, '나'라는 생각은 사라질 것임에 틀림없습니다. 이것을 나는 그대에게 거듭 말하고 있습니다. 그대는 이것을 소중히 여겨야 합니다. 그대는 그대의 기원, 즉 그대가 어디에서 왔는지를 소중히 여겨야 합니다. 그러면 그대는 그대가 결코 사라진 적이 없으며, 항상 여기에 있었음을, 그리고 모든 것이 그대에게 속해 있음을 알게 될 것입니다.

모든 것이 그대요, 그대의 나입니다! 이것은 수행할 것이 아니라, 그냥 이해해야 하는 것입니다. 나는 어떤 수행도 믿지 않습니다. 그대는 "나는 그것이다."를 느껴야 하며, 이것은 어떤 수행을 통해서 오지는 않을 것입니다. 그대는 이미 그것이기 때문에 그대의 나가 되기 위해 수행하지 않아야 합니다! 이처럼 이 그것은 아무런 한계도, 경계도 없습니다. 이 그것은 항상 현재이며, 영원합니다. 그러므로 그대는 그것이 되는 것이 아니라 그것이어야만 합니다!

저는 명상자를 찾음으로 그것이 되기 위해 수년간 애써 왔습니다. 하지만 찾을 수가 없습니다.

그렇다면 그것을 찾지 마십시오. 찾는 것을 포기하십시오. 지쳤다면 찾기를 포기하고 이렇게 질문해 보십시오. "찾아 왔지만 찾을 수 없었던 거기에는 무엇이 있는가?" 이제 누구도 찾지 마십시오. 명상과 찾기를 포함한 모든 것을 포기하십시오. 그러면 무엇이 남을 것인지 말해 보십시오.

파파지, 이해가 잘 안됩니다. 저는 아직 흠뻑 젖지는 않았지만, 그것이 곧 다가올 은총이라고 느낍니다!

그대는 은총을 왜 미래로 미룹니까? 그것은 그대가 침묵하지 않다는 것을 의미합니다. 침묵이 마지막 경험이며 그대는 더 이상 아무것도 필요하지 않습니다. 미래에 뭔가를 해야 할 것이 남아 있다면, 그것은 그대가 침묵하지 않다는 것을 의미합니다. 침묵은 내면의 침묵을 의미합니다. 그대의 입술이 아니라 그대의 마음이 침묵해야만 합니다. 그러므로 항상 내적으로 침묵하도록 하십시오. 어떤 생각이 떠오르면, 그대는 침묵하지 않은 것입니다. 그러므로 어떤 생각도 일어나지 않도록 하십시오. 침묵하는 데는 어떤 노력도 필요하지 않습니다. 노력하지 마십시오. 어느 곳에서도 생각이 꿈틀거리게 놔두지 마십시오. 이것이 침묵이라고 하는 것입니다. 성공한다면, 그대는 마친 것입니다. 그대는 더 이상 해야 할 것이 없습니다.

(그는 파파지에게 방망이로 크리켓 공을 매우 세게 치고 있는 한 남자의 그림을 준다)

나는 어린 시절부터 크리켓을 해왔고, 이 게임을 아주 좋아합니다. 지금까지도 나는 크리켓을 구경하기 위해 때로 삿상에 빠집니다. 중요한 것이 무엇입니까? 항상 나는 방망이 하나를 손에 쥐고 있습니다. 그래서 어떤 공이, 어떤 자아가 오면, 나는 그것을 칩니다. 내가 그것을 놓치면, 나는 관람석으로 가야 합니다. 하지만 내가 세게 치면 자아는 구장의 경계선까지 갑니다. 그러면 나는 6점 타를 기록합니다. 나는 항상 6점 타를 기록해 왔습니다!

방망이를 늘 준비하십시오. 공이 그대에게 오면, 그것을 세게 치십시오. 이것은 침묵을 지키는 아주 좋은 방법입니다. 어떤 생각이 올 때, 그것을 세게 쳐서 관람석으로 돌려보내십시오. 나는 항상 게임을 이런 식으로 했습니다. 항상 손에 방망이를 드십시오. 방망이를 들고서 꿈꾸고, 방망이를 들고서 잠자고, 방망이를 들고서 깨어남으로, 항상 방망이를 손에 들고 있으십시오. 그러면 그대는 내가 크리켓 하는 것을 볼 수 있습니다! (웃음)

마음이 마음 그 자체로 향하는 과정을 묘사할 수 있습니까?

마음을 돌려보내십시오. 그러면 무슨 일이 일어나는지 알게 될 것입니다. 박혀 있든 붙어 있든 간에 마음을 거기에서 돌려보내십시오. 대상들이 있는 곳에서 대상이 없는 곳으로 마음을 돌려보내십시오. 대상이 없다면 마음은 마음일 수 없습니다! '공'이 없다면 '방망이'는 의미가 없습니다. 마음이 어떤 대상에도 접촉하지 않도록 마음을 돌려보내십시오. 그러면 무엇이 일어날 것입니까? 그대의 마음을 마음의 대상에게로 돌려보낸 뒤, 마음의 상태가 어떤지 묘사해 보십시오. 내가 그대를 대신하여 마음을 돌려보낼 수는 없습니다, 그대가 그대 스스로 마음을 돌려보내야 합니다. 매일 밤 잠들 때 그대는 마음을 돌려보냅니다. 마음을 내면으로 돌려보낼 때 그대는 어떻게 느낍니까? 잠들 때 그대의 마음은 돌려보내졌습니다. 어떻게 그대는 이것을 설명하겠습니까?

그대의 마음을 보내 버린다면 그대는 다른 얼굴을 보여 줄 것입니다. 그대가 무엇인가를 묘사한다면, 그대의 마음은 여전히 작용하고 있습니다. 아직 돌려보내지 않은 것입니다. 그대의 마음을 보내 버리면 마음도, 묘사하는 자도, 묘사도, 묘사될 것도 없습니다. 이것은 그대의 마음을 안으로 보내 버린 후입니다. 그렇게 하십시오. 말만으로 그렇게 하지는 마십시오.

탐구는 너무나 간단합니다. 그대가 좋아하는 곳 어디서든 할 수 있습니다. 그대는 탐구를 집에서도, 사무실에서도, 시장에서도 할 수 있습니다. "이 모든 것은 무엇인가?" "이 세상은 어디로부터 일어나는가?" "누가 고통 받고 있는가?" "고통을 어떻게 없앨 것인가?"라는 이 생각을 항상 지니고 다니면서 이해하기 위해 노력하십시오. "나는 누구인가?"를 탐구하십시오. 그대가 어디에 가든지 이것을 하는 데 많은 노력이 들지 않습니다. 어느 날 삿상에 참여하라 는 권유를 받을 것이고, 그러면 그대의 탐구는 끝날 것입니다. 매일 사람들은 여기에서 단지 몇 시간만을 보내고도 도움을 얻고는 그들의 나라로 돌아갑니다.

제8장

'나' 너머에 있는 것

저의 에너지가 이틀 동안 올라오고 있습니다.

그대의 알러지(allergy)가 지금 올라오고 있다고 했습니까? 그대는 에너지라고 했습니까, 알러지라고 했습니까? (웃음) 이 에너지로 그대가 행복하다면, 유희하도록 놔두십시오. 계속 그것을 유지하십시오. 이 에너지가 문제를 일으키면, 돌봐 주십시오. 이 에너지를 유용하게 쓸 수 있는 방법을 설명하겠습니다. 에너지를 댐으로 막고, 수로를 틔우라고 나는 권합니다. 우기에는 강물이 넘쳐 홍수가 나니, 그것에 댐과 수로를 만드는 것이 좋습니다. 이 수로들은 그대와 모든 사람에게 유용할 것입니다. 수로라는 것은 "나는 누구인가?"를 찾아내는 것입니다. 에너지가 마음대로 흘러가도록 내버려 두지 마십시오. 수로를 만들어 흐르게 하는 것은 그대에게 달려 있습니다. 그대가 댐으로 막아 놓았으므로, 이 에너지는 그대의 통제 아래에 있을 것입니다. 그래서 그것은 그대가 원하는 곳으로 흐를 것입니다. 그대가 이 에너지를 평화에게로 가져오면, 그대는 에너지를 가슴으로 흐르게 하여 이 수로가 무엇에 유익한지 물어볼 수 있습니다. 단지 침묵하십시오. 이 또한 에너지입니다. 에너지를 가장 잘 사용하는 것은 이것, 즉 침묵하고 있는 것입니다! 침묵하고 있는 데 엄청난 에너지가 들 것입니다.

"나는 누구인가?"라는 질문을 할 때, 저는 침묵하고 있을 수가 없습니다! 의심이 생깁니다. 그러나 저는 평화를 원합니다.

그대는 침묵하지 않습니다. 그러므로 그대는 아직도 이 질문을 하지 않았습니다. 그대는 이 질문을 마음 그 자체에게 해야만 합니다. 이 질문을 이 생각의 근원에게 하십시오.

우선 "나는 누구인가?"라는 질문을 이해하십시오. 그것은 어디로부터 옵니까? 벽에서? 책에서? 이 '누구'는 어디로부터 옵니까? 이 질문을 이 '누구'에게 하십시오! 그대가 침묵 아닌 것을 말할 때, 이것 그 자체가 그대를 침묵으로부터 나오게 합니다. 탐구는 그대를 집으로 데려가야 합니다. 탐구는 그대를 밖으로 데리고 나오지 않아야 합니다. 자, 질문하십시오. '누구'는 어디로부터 옵니까? 그대의 얼굴을 뒤로 돌리십시오. 모든 사람의 마음은 앞으로 작용하고 있습니다. 그러므로 그들은 고통을 겪습니다. 하지만 그대는 거꾸로 작용해야만 합니다. 거꾸로 돌아가서 '누구'가 어디로부터 일어나는지 찾아내십시오.

저는 근원을 찾을 수 없습니다!

'누구' 이전에 무엇이 있습니까? 해야 할 것은 없습니다. 단지 이 컵이 (그는 자신의 물 컵을 가리킨다) 테이블로 올라올 때, 어디에서 올라오는지 찾아내십시오. 자, 이 질문은 어디로부터 일어납니까?

저는 그것을 찾을 수 없습니다.

그것을 발견할 수 없다는 이 '나'는 무엇입니까?

제 마음입니다.

마음과 '나'는 같은 것입니다. 마음 이전에 무엇이 있습니까? '나'가 일어날 때, 그것은 어딘가로부터 일어납니다. 그것은 어디로부터 일어납니까? 바다의 근원은 어디로부터 일어납니까? 이처럼, 아래쪽을 보면서 '나'가 일어나는 곳을 찾아내십시오.

저는 볼 수 없습니다.

바깥에 있는 대상을 볼 때는 '보는 자'가 필요합니다. 그러나 그대가 대상에 접촉하기를 나는 바라지 않습니다. 그대가 되돌아왔으면 합니다. 그냥 '나'의 근원을 보십시오. 그것은 어디로부터 일어납니까? 그대는 대상들을 보는 습관에 길들여져 있습니다. 그러나 우리가 말하는 이 유일자는 대상이 아니기 때문에 대상화될 수 없습니다. 대상이 아닌 그것에게로 그대의 마음을 되돌리십시오! 대상들은 사라졌다가 다시 나타납니다. 그대의 몸은 대상입니다. 그것은 대상이 아닙니다.

저는 그것을 지각할 수 없습니다.

그것은 '나' 이전에 있습니다. 그러므로 물론 '나'는 그것을 지각할 수 없습니다. 그러므로 이 '나'에 접촉하지 마십시오. '나'는 마음이고 생각입니다. 그것에 접촉하지 마십시오. 내 말에 대답하되 '나'에 접촉하지 마십시오.

저는 할 수가…

'나'에게 접촉하지 말라고 하였습니다!

이 나 탐구를 계속 유지할 수가…

탐구를 계속해서 할 필요는 없습니다. 단 한 번 그대는 탐구할 필요가 있습니다. 반복할 필요는 없습니다. "나는 누구인가?"를 찾아내기만 하십시오. 그러면 지금 대답을 얻게 될 것입니다. "나는 누구인가?"를 물으십시오. 그리고 귀 기울여 들으십시오. 그것에 대하여 생각하지 마십시오. 그저 한 번만 질문하고 그것에 대해 생각하지 마십시오. 그 대답을 찾으려는 어떤 노력도 하지 마십시오. 내말을 이해합니까?

마음속에 생각을, 심지어 이 나 탐구에 대한 생각조차 하지 마십시오. 그것 또한 생각입니다. 그러니 어떤 노력도 하지 마십시오. 이 탐구를 지속하는 것은 교만입니다! 단 한 번 물어보십시오. 그러면 답이 저절로 올 것입니다. 이것을 명령하거나 요구할 수 없습니다. 그것이, 그것 자신을, 그것 자신에게 드러내도록 시간을 허락하십시오. 이것은 대상도 주체도 아니니, 그대 마음속에 대상을 두지 마십시오. 그대는 왜 이 사건을, 이 드러냄을, 이 실재를 일어나도록 강요합니까? 그것이 그대를 돌보도록 하십시오. 그대는 이 실재에 복종하고는 고요하십시오.

침묵하고 그리고 그것이 그 스스로를 드러내도록 두십시오. 그대가 침묵하지 않을 때 그것은 그 자신을 드러내지 않을 것입니다. 그것은 드러나는 것이지, 'show up'하는 것이 아닙니다.

그것은 존재인 듯합니다.

그것이 무엇이든, 존재는 드러남입니다. 그대는 이 존재에게 어떤 것을 하라고 강요할 수 없습니다. 그대가 침묵할 때 이 존재는 그 스스로를 드러냅니다. 그것의 이름은 존재이지 '존재했던 것'도 아니고, '존재할 것'도 아닙니다. 그것은 존재입니다!

ॐ

스승님께서는 노력할 필요가 없다고 말씀하십니다. 하지만 저는 너무 게을러서 시작하는 데 노력이 필요합니다.

그것은 항상 여기에 있으며, 시작이라는 것은 없습니다. 잠자는 동안에도 그대는 그것을 할 수 있습니다. 그것은 시작해야 하는 것이 아닙니다. 그대는 하루 24시간 동안 그것으로 있어야 합니다.

스승님께서 말씀하신 것을 하는 데 노력이 필요한 것 같습니다.

어떤 것을 떨어뜨리는 데 무슨 노력이 필요합니까? 그대 머리에 오는 어떤 대상도 그냥 떨쳐 버리십시오!

어떤 남자가 더운 여름날 머리 위에 100kg의 바위를 이고 있었습니다. 그는 다른 남자에게 가서 도움을 청했습니다. 그 남자는 "여기에 있는 10kg짜리 쇠를 가지십시오. 쇠가 바위보다 나으니까요."라고 했습니다. 그래서 이제 110kg이 되었습니다. 또 다른 남자가 쇠보다 낫다며 놋쇠를 주었습니다. 이제 그는 머리에 120kg을 이고 있습니다.

이런 것입니다. 그대가 어디를 가든지 그들은 그대의 머리에, 그대의 마음에 무거운 것을 얹을 것입니다. 그대의 머리에 아무것도 올려놓지 않을 스승이 누구입니까? 모두들 "이 책을 읽으시오", "이 수행을 하시오."라고 합니다. 그래서 그들은 그대의 마음에 무거운 짐만 얹을 뿐입니다. 짐, 생각, 수행, 위파사나, 우파사나를 주는 스승은 받아들이지 마십시오. 그를 스승으로 여기지 마십시오. 스승은 어떤 무게도 지우지 않습니다. 설교자만이 짐을 줄 뿐입니다. 그대도 전에 틀림없이 설교자와 함께 있었을 것입니다.

그냥 침묵하십시오. 태어나기 전 그대는 침묵했습니다. 죽은 후에도 그대는 침묵해질 것입니다. 그런데 왜 그대는 바로 지금 침묵하지 않습니까? 참된 이완은 침묵으로 있는 것입니다. 고통이 있다고 생각하면, 그대는 이완할 수 없습니다. 행복하고 긴장을 풀 때, 그대는 생각하지 않습니다. 욕망의 대상을 얻고 나면 그대의 행복은 더 이상 그 대상에서 오지 않습니다. 행복은 대상에 대한 욕망을 멈추는 데서 옵니다. 더 이상 욕망이 없을 때, 아무런 생각이 없으며 그래서 행복이 있습니다.

대부분의 사람들은 자신의 생각들을 알아채지도 못한 채 강의 흐름 속으로 씻겨 버립니다. 정신을 똑바로 차리십시오! 생각이 올 때마다 그것을 지켜보십시오. 그러면 생각은 사라질 것입니다. 생각 없이 일상을 살아갈 때 그대는 그 삶을 진정으로 즐기게 될 것입니다. 오면 오게 하고, 가면 가게 하십시오. 그대는 단지 지켜보기만 하십시오.

명상은 마음이 자유롭고 생각을 붙잡지 않은 순간입니다. 생각이 오고 가게 내버려 두십시오.

생각을 쫓아가지 마십시오.

고개를 돌려 누군가가 거리를 내려가고 있는 것을 본다면, 그대는 길을 잃습니다. 그저 가도록 놔두는 것이 더 좋습니다. 이것이 행복한 삶의 방법입니다. 기차들을 역 구내로 오고 가도록 내버려 두다가 그대가 원하는 방향으로 가는 기차가 오면 올라타십시오. 대합실에서 친구들을 사귀지 마십시오. 그들은 그대가 가는 곳으로 가지 않으며, 그대의 마음만 산란하게 할 뿐이기 때문입니다. 이 세상은 사람들의 대합실이고, 그대의 마음은 생각의 대합실입니다. 그것은 그대의 영원한 고향이 아닙니다. 그러므로 이런 사라질 사람들과 사귀지 마십시오. 같은 차를 타고 함께 여행할 사람들을 사귀십시오. 그것(That)과 친구가 되십시오.

행복해서 계속 춤추고 싶습니다. 하지만 제 마음과 가슴이 서로 싸우는 것을 막을 수가 없습니다.

그대는 가슴이 아니라 마음하고만 싸울 수 있기에, 이런 싸움은 생길 수 없습니다. 가슴이 있을 때 싸움은 없습니다. 거기엔 마음이 없기 때문입니다. 그대 자신의 나와 관계하지 못할 때 그대는 오직 싸울 것입니다. 마음만이 생각이라는 군대의 총사령관이 됩니다. 그러므로 가슴을 보며 다시 시도하십시오.

가슴을 보려고 애쓰지만, 감각들의 작용으로 쉽게 공격당해 함정에 빠집니다. 그냥 가슴을 보기에 충분하도록 마음의 작용을 그만둘 수 없습니다.

감각들의 작용은 오감 가운데 하나를 통해 대상들을 관찰하는 것입니다. 감각이 대상을 볼 때, 누가 그 감각을 자각합니까? 그대는 틀림없이 감각을 지각했습니다. 누가 감각들을 자각합니까? 그것을 지성이라 부를 수 있습니다. 지성 즉 붓디는 감각의 작용을 압니다. 누가 지성을 자각합니까? 마음은 일을 결정하는 지성을 자각합니다. 그리고 감각들이 오고, 그 다음에 대상들이 옵니다. 누가 마음을 자각합니까? 그것을 '나'라고 부르십시오! '나'는 지성을 자각하고, 지성은 마음을 자각하고, 마음은 감각들을 자각하며, 감각들은 대상들을 자각합니다. 누가 '나'를 자각합니까?

이제 그대는 생각 없음으로, 침묵으로, 평화로, 근원으로 돌아가고 있습니다. 이것이 모든 것의 작용을 멈추는 방법입니다. 즉 에너지가 어디로부터 오고 있는지, 항상 평화에 있는 것이 무엇인지, 결코 방해받지 않는 것이 무엇인지 찾아내십시오.

그대가 자각하고 있다는 것을 그대는 어떻게 압니까? '나'가 자각이라는 것을 그대는 어떻게 압니까? 그대는 '나'라는 생각보다 더 깊이 나아가야 합니다. '나'보다 더 앞설 수 있는 것은 무엇입니까? 그대가 '나'라고 누가 결정합니까?

그대는 감각들의 뒤에 있는 다섯 단계의 지점에 있습니다. 그곳은 누구도 아무 때나 갈 수 없는 곳입니다. 이곳은 평화의 근원이며, 그대의 집입니다. 이것은 자유 혹은 의식이라고도 불립니다. 우리는 심지어 의식 전의 단계로까지 갈 수도 있습니다. 이것이 생각을 멈추는 방법입니다. 즉 그대 자신의 근원으로 가서, 그대가 어디로 가고 있는지, 그대의 장소가 어디인지 찾아내십시오. 이것이 그대를 침묵하게 할 것입니다. 감각, 마음, 지성, 그리고 '나' 너머에 누가 있는지 찾아내십시오. '나' 너머의 것이 의식입니다.

마음 너머로 가기 위해, 이 의식인 가슴을 찾기 위해, 저는 항상 "나는 누구인가?"를 묻습니다.

'항상'이라는 말은 무슨 뜻입니까? 그것은 매일 음식을 먹는 것과 같은 것이 아닙니다! 단 한 번만 물어서 답을 찾아야 합니다. 항상 그 질문을 하는 데 답을 얻지 못한다는 것은 무슨 의미입니까? 어떤 학생이 시험장에 가서 세 시간 동안 계속 문제만 쓰고 나오면, 그는 몇 점을 받겠습니까? (웃음) 그대가 답을 내야 합니다. 문제는 단 한 번만 읽고 나머지 시간은 답을 찾는 데 사용하십시오. 이것이 그 학생이 성공하는 길이지, 페이지에 질문만 가득 채우는 것으로는 성공하지 못합니다! 그러니 이 질문이 그대의 마음속에 있을 때 답을 찾으십시오. 오직 단 한 번 '누가' 탐구하고 있는지를 탐구해야만 합니다.

저는 항상 같은 답을 얻습니다.

(웃음) 그것은 바로 그대가 똑같은 질문만 하기 때문입니다! 진정한 답

을 얻고 나면, 그대는 평화 안에 있을 것이고 더 이상 필요한 것은 없게 될 것입니다.

하지만 니사르가닷타 마하라지의 스승은 그에게 계속 "나는 존재이다(I am)."를 생각하며 다른 것에는 관심을 두지 말라고 하였습니다. 저도 그렇게 했고 잠깐 동안 안식을 얻었습니다.

그의 경우에는 그것은 잠깐이 아니었습니다. 그것은 그의 전 생애였고, 그의 전 존재였습니다!

> "나는 존재이다(I AM)."에 모든 주의를 기울이고
> 다른 어떤 것에는 주의를 주지 마십시오.
> 모든 것을 뒤로하고 위대한 사랑과 함께 가십시오.

그대의 관심은 두려움과 섞여 있기에 그대의 휴식은 한순간일 뿐이었습니다. 니사르가닷타 마하라지의 관심은 온통 자신의 스승에 대한 믿음에 고정되었기에 그의 휴식은 영원합니다.

제9장
누구에게도 의지하지 마십시오.

누군가와 마주 앉아서 "그대는 누구인가?"를 계속 물어보는 수행이 있습니다. 어떻게 생각하십니까?

그대는 어떤 것에도, 누구에게도 의지하지 않아야 합니다. 이것이 진정한 경험입니다. 그대는 어떤 도움도 필요치 않습니다. 사람들은 모두 자신의 반려자와 시간을 보냅니다. 심지어 동물들도 그렇게 합니다. 모든 사람들이 마음의 평화를 얻으려 그렇게 한다 해도, 그것의 결과로 평화에 이른 사람을 나는 본 적이 없습니다. 왕조차도 평화에 있지 못했습니다.

잠잘 때 그대가 누구인지를 찾아내는 것이 더 낫습니다. 잠잘 때 찾아진 바로 그 사람이 다음 날 아침 일어날 것입니다. 이 잠든 상태를 깨어 있는 상태로 가져오기를 연습하십시오. 다른 사람들이 깨어 있을 때 그대는 잠들고, 다른 사람들이 잠들 때 그대는 깨어 있습니다. 사람들은 다른 사람의 몸에 대한 욕망을 지닌 채 잠들지 만, 이런 욕망에 대해 잠들고 그대는 나와 머물러 있기로 결심합니다. 그들의 잠은 그대의 깨어 있음이고, 그들의 깨어 있음은 그대의 잠입니다. 그것이 그 의미입니다. 아침 5시부터 저녁 10시까지 누가 잠 들어서 행복했는지 탐구하십시오. 이 탐구는 저녁 10시에 끝날 것입니다. 깨어 있는 동안, 말하는 동안, 사무실이나 집에서 일하는 동안, 이 탐구를 끊임없이 항상 계속하십시오. 이 내면의 탐구는 이런 식으로 해야만 합니다. 치통을 앓을 때처럼 그대는 탐구해야만 합니다. 치통을 앓을 때, 그대는 사무실에 있건, 집에 있건 혹은 다른 사람과 대화하건 항상 치통을 느낍니다. 그대에게 치통이 있다는 것을 그대는 잊지 않습니다. 그렇게 이 탐구를 하십시오.

그렇게 하겠습니다.

아주 좋습니다. 그대는 이 수행에 관해 다른 아쉬람에서 들어서 그것을 믿게 되었음에 틀림없습니다. 다른 사람이 하는 말을 믿지 않게 되었을 때 그대는 "나는 누구인가?"라고 질문할 수 있습니다. 다른 사람이 한 말을 믿거나 신뢰하지 않을 때만이 그대는 가서 스스로 그대 자신을 찾아낼 것입니다. 나를 믿지 마십시오. 오직 그대 자신을 믿으십시오. 그러면 무슨 일이 생기겠습니까?

모르겠습니다.

아, 그렇습니다. 이것은 알려질 수 없기에 그대는 알지 못합니다. 이제 이 농담을 알겠습니까? 이것은 알려질 수 없는 것입니다!

제가 성숙되었다고 느끼신다면 제가 이 농담을 지금 알 수 있도록 도와주시겠습니까?

그대의 성숙을 시험하기 위해 나는 질문을 하나 하겠습니다. 1초 동안 침묵을 지킬 수 있습니까? 이것이 그대의 성숙을 알기 위한 나의 시험입니다. 단 1초 동안 생각하지 말고 노력하지 마십시오. 이렇게 할 수 있다면 그대는 완전히 익었으며, 바로 지금 자유를 누릴 수 있습니다! 그러나 이렇게 할 수 없다면 다음번 윤회를 기다려야 합니다. 그대는 생각도, 어떤 노력도 하지 않고 나와 함께 1초를 보낼 수 있다고 말할 수 있어야만 합니다. 그대가 할 수 있다면, 나는 그대에게 평화를 약속합니다.

파파지, 저는 당신의 선 지팡이가 필요합니다!

(웃음) 내게는 선 지팡이가 하나 있습니다. 옛날 중국의 한 성자가 그것을 사용했듯이 나도 그것을 가끔 사용합니다. 중국의 어느 왕이 그 자리에서 깨달음을 주는 한 스승이 있다는 말을 들었습니다. 그래서 왕은 그를 만나러 갔습니다. 이 성자는 항상 배에서 살았습니다. 그래서 왕은 코끼리를 타고 배에 타려 했습니다. 코끼리가 한쪽 다리는 강둑에 디디고 다른 쪽 다리를 배에 막 올리려 했습니다. 바로 그 순간 이 선사(禪師)는 배를 젓는 노로 왕의 가슴을 쳐서 왕을 물에 빠뜨렸습니다. 물론 왕은 어떤 가르침을 원했습니다. 그런데 그가 물에 빠지자 그의 마음은 텅 비게 되었습니다. 그는 매우 행복했습니다. 그것이 가르침이었던 것입니다.

종종 나 역시 선 지팡이를 써서 이런 가르침을 줍니다. 시간이 좀 더 걸리긴 하지만 나는 항상 사람들을 사랑합니다. (웃음) 자, 그대가 사흘 안에 이것을 이해하지 못하면, 나는 여기에 숨겨 놓은 선 지팡이를 사용할 것입니다. 그대는 결심해야 합니다. 그러면 후에 나는 그대에게 노래하라고 청할 것입니다.

모든 감각들을 느끼고 모든 경험들을 갖고 있는 이 나는 누구입니까? 이 이름과 모습이 없어지면 나는 누구입니까? 특정한 것들과의 동일시가 저를 나와 떨어지게 하였습니다. "나는 누구인가?"를 탐구할 때 저는 편견, 희망, 연상되는 기억들을 찾아 헤맵니다.

그것은 올바른 이해가 아닙니다. 그대는 "나는 누구인가(Who am I)?"의 바른 의미를 이해하지 못하고 있습니다. "나는 누구인가?"를 행하면서 기억을 찾는다면, 그대는 이 수행을 이해하지 못하고 있습니다. 세 단어를 하나씩 떼어 보십시오. '누구(Who)'라는 단어를 말할 때 무슨 기억이 떠오릅니까?

이 순간에는 아무것도 떠오르지 않습니다.

나중의 순간에는 어떠합니까? 지금은 이미 다음 순간이 되었습니다. 다시 '누구'가 무엇인지 찾아내십시오.

이제 아무런 시간이 없습니다. 이전에는 단지 지적 탐구였을 뿐입니다.

그대가 여기 있는데 왜 그 순간에 대해 말합니까? 태어났는데 왜 태아를 말합니까?

그것이 가버렸고, 모든 경험들이 끝났습니다. 오직 공간만이 있습니다.

자, 이제 한 단어가 끝났습니다. 그것은 그대를 "모든 것이 가버렸다."로 오게 하였습니다. 이제 '이다(am)'라는 단어를 말해 보십시오. 그대는 무엇을 느낍니까? 그대는 무엇을 잡고 있습니까?

그냥 현재를.

그래요, '누구(Who)'는 공간이었고, '이다(am)'는 현재입니다. 이제 '나(I)'가 남았습니다. '나는 무엇 무엇이다'가 아닌 '나'를, '나'만을 말하십시오. '나'라는 단어를 말할 때 무엇이 대상이고 주체입니까? 그대는 무엇을 느낍니까? 그대는 무엇을 접촉합니까? 그대는 무엇을 봅니까?

'나'를 산스크리트로 번역하면 '아함(Aham)'입니다. 그러므로 '나'가 혼동되면 '아함'이라는 단어를 사용하십시오. 산스크리트로 "나는 누구인가?"는 코함(Ko Ham)입니다. 이에 대한 답은 아함 브람마스미(Aham Brahmasmi), 즉 "나는 그것이다(I am That)!"입니다. 이 안에 기억들은 어디에 있습니까? 이것은 베다바키야(Vedavakya)입니다. 따라서 그대는 그것을 논쟁할 수 없습니다. 이것은 25,000년 전 리쉬들의 경험이었습니다. 그들은 이 문장으로 결론을 냈습니다. 탐구는 수천 년 전에 시작되었습니다.

그러니 먼저 그 의미를 이해하십시오. 의미만을. 수행은 필요치 않습니다. 우리는 이것을 여기에서 말하고 있습니다. 그대 자신의 나를 탐구하십시오. 그대가 이것을 이해하지 못하면 나는 계속해서 반복할 수 있습니다. 그냥 "나는 누구인가?"를 말하십시오. 그리고는 '나'의 근원을 찾으십시오. 이것이 탐구의 의미입니다.

카비르는 말하기를, "상상의 것들에 대한 모든 생각을 그냥 버리십시오. 그대 자신인 그것(That)에 굳게 서십시오. 친구여, 그대가 아직 살아 있는 동안 손님에게 희망을 가집시오. 그대가 아직 살아 있는 동안 경험 속으로 뛰어 드십시오. 그대가 살아 있는 동안 생각하고 생각하십시오.

그대가 구원이라고 부르는 것은 죽음 후의 시간 속에 있습니다. 그대 가 아직 살아 있는 동안 그대의 끈을 끊어 버리지 않는다면, 유령이 나중 에 끈을 끊어 주리라 생각합니까?

몸이 썩고 나면 영혼이 무아경과 함께 할 것이라는 생각은 환상입니 다. 지금 찾고 있는 것을 그때도 찾습니다. 지금 아무것도 찾지 못하고 있 다면 그대는 죽음의 도시에 있는 아파트에서 그냥 끝날 것입니다. 지금 신성과 사랑을 나눈다면 다음 생에서 그대는 욕망을 만족시킨 얼굴을 지 닐 것입니다. 그러니 진리 속으로 뛰어드십시오. 진정한 스승이 누구인 지 찾아내십시오. 그것 안에 있는 위대한 소리를 믿으십시오.

당신의 현존에 있을 때 저는 어떤 평화를 느낍니다.

'어떤 평화'란 무슨 뜻입니까?

제 마음이 침묵해지고 다른 곳이 아닌 진정한 여기에 있습니다.

하지만 그때 다른 무엇인가가 일어납니까?

예. 제 마음이 그것들을 덮습니다.

마음은 고요를 혼란시킬 무엇인가를 갖고 있음에 틀림없습니다. 이 혼란은 어디에 있습니까?

이런 혼란들에 더 정신을 차려야 한다는 것을 압니다. 그러나 이렇게 정신을 차리는 것도 마음의 속임수가 아닙니까?

그대가 가져야만 하는, 이 정신 차림은 마음의 속임수가 아닙니다. 마음의 속임수는 그대가 정신을 똑바로 차리지 못할 때 옵니다! 그때 마음이 속임수를 쓸 것입니다. 그대가 정말로 정신을 차린다면 속임수를 쓸 아무런 마음이 없습니다. 정신을 똑바로 차리는 방법을 말해 주겠습니다. 지금 그대는 내 앞에 앉아 있습니다. 지금 이 현재의 순간에, 그대 앞에 지금 당장 있는 것에 정신을 똑바로 차리십시오. 과거를 보지 마십시오.

현재의 상황들에 정신을 차리고 계십시오. 이것만으로도 충분히 행복해질 수 있습니다. 이 순간에 대해서만 정신을 똑바로 차리십시오. 지금 일어나는 일이 지나가면 그것에 매달리지 마십시오. 지나간 상황들에 매달리는 것이 모든 사람의 문제입니다. 이것이 고통과 불행의 원인입니다.

이미 일어난 일은 되돌릴 수 없습니다. 그러니 이미 일어난 일에 매달리지 않는 것이 바람직합니다. 그냥 과거 상황들에 매달리지 마십시오. 과거에 매달리지 마십시오.

그대가 현명하다면, 이제 다 끝나버린 과거의 일들에 매달리는 것은 아무런 소용이 없다는 것을 알게 될 것입니다. 이것을 이해해야 합니다.

이것을 알면 자연이 그대에게 준 환경을 즐기면서 평화롭고 아름다운 삶을 충분히 누릴 수 있습니다. 이 모든 혼란들과 생각들은 평화의 집에 사는 쥐들과 같습니다. 그러니 그대는 고양이처럼 되어야만 합니다. 쥐들은 그대가 고양이라는 것을 잊고 있기 때문에 들어옵니다. 고양이가 쥐들을 잘 감시하는 것처럼 그대의 생각들을 잘 감시하십시오. 생각들에 대해 정신을 똑바로 차리고 있으면서 생각이 일어나는 곳을 보십시오. 생각들이 어디에서 올라오는지 잘 감시하십시오. 자, 현재의 생각이 무엇인지 말해 보십시오.

(그녀는 잘 알겠다는 듯한 웃음을 짓는다)

고양이가 쥐를 먹은 후에 짓는 미소로군요! 생각이 없을 때 모든 것이 사라집니다. 그때 그대는 웃을 수 있습니다. 이것은 지금입니다. 그때가 아닙니다. 그대의 일을 하면서, 정신을 똑바로 차려 감시하십시오. 방해하는 생각이나 어떤 생각이 일어날 수 있는지 말해 보십시오. 이렇게 감시를 하고 있다가, 그대 앞에 쥐들이 나타나면 달려드십시오. 감시만 하고 어떤 것도 하지 마십시오.

나의 경험을 향해 한 걸음씩 다가가고 있음을 느낍니다. 좀 더 이끌어 주시겠습니까?

경험은 걸음에도, 걸음 아님에도 상태에도, 상태 아님에도 매이지 않습니다. 마음은 어떤 사람이나 대상으로 가지 않는 한 침묵할 수밖에 없습니다. 조심하십시오! 그대를 속이고 방해할 개념들을 향해 마음이 달려가도록 놓아두지 마십시오. 매우 조심하십시오! 마음이 어디로 달려가는지 보십시오. 어떤 걸음도 취하지 말고 보십시오. 마음의 활동을 지켜보십시오. 마음이 가는 곳을, 마음이 원하는 것을 밤이건 낮이건, 명상 중이건 시장에 있건 지켜보십시오.

이것이 그대에게 주는 지침입니다. 그것을 따르십시오. 그러면 그대는 평화롭고 행복할 것입니다.

제10장

깨달았다고 말한다면
환영 속에 있는 것입니다.

저는 항상 "나는 누구인가?"를 묻고 있습니다. 그러나 텅 빈 벽만 마주할 뿐, 답은 오지 않습니다.

답은 오지 않을 것입니다! 누구에게 질문하고 있습니까? 누구에게 답을 기대합니까? 어떤 종류의 답을 얻어야 합니까? 팩스가 오기를 기대합니까? 이것은 그대 자신의 나에게 해야 할 질문이고 그대는 답을 필요로 하지 않기에 답을 얻지 못할 것입니다. 이것은 대답해져야 할 질문이 아닙니다. 그것은 존재입니다.

"나는 누구인가?"의 답은 진정한 존재 속에 있습니다! "나는 나의 나이다." 그뿐. 그대는 이 질문을 풀려고 결심했습니다. 그대가 어디로 가든 이 결심을 포기하지 않는다면 그대는 성공할 것입니다. 오랜 시간이 걸리지 않을 것입니다.

"나는 누구인가(Who am I)?"라고 물었는데, 나중에는 "나는 …인가(am I)"가 '나는 있다(I Am)'로 바뀌었습니다. 그러나 '누구(Who)'를 다루기는 어렵습니다.

'나는 있다(I Am)'에서 '누구'가 어디에 있습니까? '누구'는 질문 속에만 있을 뿐, 대답 속에는 없습니다. 그러므로 "그것이 나다(That I Am)."에서 끝납니다. 모든 걱정과 고통 또한 끝납니다.

그냥 존재하십시오. 그뿐입니다. '나는 있다(I Am, 현존)'를 믿으십시오. 이것은 다른 사람을 의미하는 것이 아닙니다. 모든 존재들이 이 '나는 있다(I Am)'이며 이것은 그대의 가슴에 자리 잡고 있습니다.

제게 이 '나는 있다(I Am)'의 이름을 주시겠습니까?

이 '나는 있다(I Am)'는 이름도 모습도 없습니다. 그것은 접촉할 수도 맛볼 수도 없습니다. 하지만 그대는 그것에게 그대의 가슴과 헌신의 마음을 주어야만 합니다. 그래서 나는 그대에게 슈얌(Shyam), 즉 푸른빛의 사람이라는 이름을 주겠습니다. 이 푸른색은 바다나 푸른 하늘과 같은 깊이의 푸른색입니다. 하늘은 푸르지 않습니다. 하지만 깊이로 인해 하늘은 푸르게 보입니다. 하늘과 바다는 모습도 이름도 없습니다. 그러므로 깊이의 색깔인 슈얌이 지금 부터 그대의 이름입니다. 슈얌은 또한 매력, 신에 대한 매력입니다. 그러므로 그대가 신에게 매력을 느끼기 시작한다 해도 놀라지 마십시오.

당신은 깨달음이 손가락을 까딱하는 사이에 일어날 수 있다고 말씀하십니다. 저는 여기에 잠시 와 있는데 어떻게 이 일이 일어날 수 있습니까?

깨달음은 시간 없음 안에서 일어날 것입니다. 그러나 그대가 '잠시'라고 말할 때, 그것은 시간 안에 있습니다. 그대는 시간 안에서 시간을 세고 있습니다. 그러므로 이 일은 수백만 년 동안 손가락을 까딱한다 해도 일어나지 않을 것입니다. 손가락을 까딱하는 사이에는 아무런 시간이 없습니다. 이것이 그 의미입니다. 그대의 마음은 시간으로 가득 차 있습니다.

저는 탐구를 통해 평화와 행복을 경험했습니다. 하지만 그때 알 수 없는 것에 대한 두려움이 와서 의심이 생겼습니다.

이 평화가 얼마나 오래 지속되었습니까?

단지 몇 분간만입니다. 곧 생각이 옵니다.

왜 그대는 이 행복을 포기합니까? 무엇을 위해 이 행복을 포기합니까? 행복을 떠나겠다고 결심하는 것은 좋지 않습니다. 평화에 머무르십시오. 수백만 년 동안 혼란을 겪어 왔는데, 그대가 이제 평화를 찾아 놓고 왜 다시 혼란으로 돌아가려 합니까? 이것을 이해하십시오. 그대에게 평화를 주는 것과 혼란을 주는 것을 식별하십시오. 무엇인가가 더 좋으면, 그것을 따르십시오.

제게 평화를 주는 '보는 자'를 찾을 수가 없습니다. 찾을 수가 없어요.

보는 자를 찾을 수 없는 것은 좋은 경험입니다. 그대는 안경을 통해서 봅니다. 하지만 안경은 볼 수 없습니다. 안경 뒤에 무엇이 있는지, 눈 뒤에 무엇이 있는지 보십시오. 누가 보는 자를 볼 수 있게 합니까? 죽은 사람의 눈은 볼 수 없습니다. 보는 사람이 더 이상 거기에 없기 때문입니다. 이제 다시, 보는 자를 보도록 노력하십시오.

"누가 생각하고 있는가?"라고 물을 때. 더 많은 생각들과 감각들을 경험합니다. 이 재잘거리는 혼란들을 어떻게 잠잠케 할 수 있습니까? 어떻게 하면 그것을 사라지게 할 수 있습니까? 생각을 잠시 중단한다고 해서 제가 걱정들에서 풀려나지는 않습니다.

그것은 사실이 아닙니다! 그 중단은 그대를 해방시킬 것입니다! 생각의 중단이 그대를 놓아주지 않을 것이라고 말하는 때는 언제입니까? 생각들이 중단된 동안입니까? 아니면, 생각 사이의 공간, 혹 은 그 공간 후입니까?

후입니다.

공간 후라면 그대는 항상 미래를 생각한다는 말입니다. 생각들 사이에서 그대는 과거를 봅니까, 미래 혹은 걱정을 봅니까?

아무것도 보지 않습니다.

이것이 바로 우리가 말하고 있는 것입니다.

이 공간을 제가 어떻게 더 크게 만들 수 있습니까?

모든 공간은 이 진정한 공간에서 나오기 때문에 그대는 이 공간을 무한히 크게 만들 수 있습니다. 공간 안에 여전히 있으면서 "내가 어떻게 그것을 더 크게 만들 수 있을까?" 하고 질문함으로써 그대는 공간을 더 크게 만들 수 있습니다. 생각들 사이의 공간에서 그대가 이 질문을 한다면, '나'가 그대에게 정답을 줄 것입니다. 지금 물어보십시오!

(그 남자는 침묵에 빠져 있다)

그는 지금을 즐기고 있습니다. 그는 달콤함을 빨고 있습니다. 그는 그의 님에게 아주 가까이 있습니다. 님의 입술에서 그는 1인치 떨어져 있습니다. 그는 젊은 사람이니 나는 이런 은유법을 써야만 합니다. (웃음) 우파니샤드에 나오는 고전적인 은유는 이런 젊은이에게는 적당치 않을 테니까요.

뛰어 들어가 하나(Oneness)와 하나가 되십시오. 그러면 이것조차 끝날 것입니다. 나는 이 똑같은 달콤함을 여전히 즐깁니다. (파파지는 사랑으로 목이 멘다) 너무도 많은 것이 여기에 있습니다. 그것은 그처럼 쉽지만 누구도 그것을 보지 않습니다. 그저 이것을 보고는 가까이 가십시오. 가까이 가십시오. 과거도, 미래도, 욕망도, 존재도 비존재도, 창조도 없습니다. 그것(That)이 끝입니다. 아주 훌륭합니다. 그것을 이해한 이 젊은이 때문에 나는 아주 행복합니다.

ॐ

관찰자를 어떻게 꺼 버릴 수 있습니까? 저는 너무 많은 어둠을 보며 모든 명쾌함을 종종 잃어버립니다.

그대가 어둠을 본다면 그대는 어둠을 보기 위해 빛 속에 있어야만 합니다. 어둠 속에서는 어둠을 보지 못합니다. 그대는 어둠을 보는 자입니다. 어둠은 대상입니다. 그러므로 그대는 빛임에 틀림없습니다. 그대가 빛으로부터 얼굴을 돌린다면 그대는 그대의 그림자인 어둠만을 볼 것입니다. 빛을 향하십시오. 그러면 그대는 그대의 그림자가 아닌 오직 빛만을 볼 것입니다. 그림자에 등을 돌리고 빛으로 향하십시오. 이제 이것은 그대에게 달려 있습니다. 환영을 본 다면 그대는 깨달은 자입니다. 그러나 자신이 깨달았다고 생각한다면 그대는 환영 속에 있습니다! (웃음) 그러므로 누가 어둠을 보고 있는지 발견하십시오. 누가 어둠을 봅니까? 어둠이라는 대상이 누구에게 보입니까? 누가 어둠을 보는지 지금 찾아내십시오.

이것을 찾으려면 그대는 침묵에 머물러야만 합니다. 어떤 노력도 하지 마십시오. 잠잠히 있으십시오. 그러면 거기에는 아무런 어둠이 없을 것입니다. 그대의 마음 안에 어둠이라는 한 생각조차도 일으키지 마십시오.

탐구를 할 때 저는 심한 두통을 느낍니다. 조언해 주시겠습니까?

두통을 느낀다면 그대는 이 탐구와 씨름을 하고 있음에 틀림없습니다. 다시 말해 그대가 누구인지 알기 위해 씨름하고 있다는 것입니다. 그렇다면 스트레스만 느낄 것입니다. 그대의 두통은 노력의 결과입니다.

탐구하기 위한 올바른 방법은 "나는 누구인가?", 그리고 "이 탐구가 어디에서 오는가?"라고 그냥 묻는 것입니다. 이것을 아주 가볍게 하십시오. 산을 넘는 것이 아닙니다. 여기서는 그대가 어디로 가는 것도, 노력을 하는 것도 아닙니다. 그냥 긴장을 풀고 어떤 일이 벌어지는지 보십시오. 그리고 이 '나'가 어디에 살고 있는지 식별하십시오. 우선 그대의 마음을 맑게 하고 '나'가 어디에 있는지 찾으십시오. 그것이 확인되면 길을 따라 그것이 있는 곳으로 가십시오. 그곳에 가기 위한 수단이 무엇인지 찾아내십시오. 자동차입니까? 비행기입니까?

'나'에게 이르기 위해 가야 할 곳은 없다는 것을 그대는 알게 될 것입니다. 마음의 모든 움직임을 멈추고 여기에 있는 것이 그대가 해야 할 모든 일입니다. 집에서는 인력거가 필요 없듯이, 나를 찾기 위해 어디론가 갈 필요는 없습니다. 탐구는 긴장을 없애는 것이지, 긴장을 주는 것이 아닙니다.

제 주위의 한 부분은 침묵을 지켜보는 것 같고, 다른 부분은 긴장을 일으키는 생각들과 싸우는 듯합니다.

이것은 좋은 수행입니다. 그대의 다이아몬드에 계속 주의를 기울이고 도둑을 쫓아내십시오. 가만히 있으면서 생각을 자각하십시오. 계속 자각한다면 생각조차 오지 않을 것입니다. 지켜보고 있을 때 생각은 오지 않기 때문입니다. 이렇게 하고 있을 때 그대는 자연히 자각 그 자체 안에 있게 됩니다.

침묵을 향해 내면을 보려는 의도가 있음을 깨닫습니다. 그러나 스승님은 의도가 없어야 한다고 가르치십니다.

긴장도, 의도도 없이, 단지 주의를 기울이십시오. 안과 밖 사이에 어떤 투쟁도 없이, 그냥 긴장을 풀고 편하게 있으십시오.

이것을 나는 군대에서 차려와 열중쉬어 자세에서 배웠습니다. 프라나 야마도 도움이 됩니다. 왜냐하면 한가운데를 조준해서 총을 쏠 때 호흡을 멈추어야 하기 때문입니다. 군대로 말하자면, 내일이 공화국 기념일입니다. 이를 기념하려고 탱크와 현대적 무기들 그리고 여학생들이 하즈랏 간지를 행진할 것입니다.

제가 라마나스라맘에 가서 거기서 탐구를 할 수 있게 조언을 해 주시겠습니까?

은총이 여기에 있듯 그곳에도 있습니다. 그러니 장소는 상관이 없습니다. 문제는 지금 있는 환경을 최대한 이용하는 것입니다. 그대의 시간을 완벽하게 활용해야만 합니다. 뒤쳐지지 마십시오. 그렇게 하겠다고 굳게 결심하십시오.

아루나찰라의 동굴들을 좋아하기 때문에. 저는 가슴의 동굴로 들어가 거기에 머물고 싶습니다.

이 여기 지금이 바로 가슴의 동굴입니다. 책에서 가슴의 동굴에 대해 말하는 사람들이 있기 때문에 그대는 가슴의 동굴에 대한 생각을 갖게 되었습니다. 이 동굴을 찾으려는 열망이 그대를 가슴의 동굴에서 나오도록, 여기 지금에서 나오도록 하고 있습니다. 그렇게 되면 그대는 동굴의 경험을 놓치고, 결코 존재도 하지 않는 동굴을 찾게 됩니다. 이 동굴은 그냥 개념에 불과하므로 동굴 속에 살려고 하지 마십시오. 그대는 지금에만 살 수 있습니다.

이것(This) 안에 그대가 살 때, 그대는 어떤 다른 곳에 대한 욕망을 갖지 않을 것입니다. 마찬가지로 모든 욕망들을, 그것 안에 있고자 하는 욕망 조차도 포기할 때, 그대는 이것 안에 있게 될 것입니다. 이곳, 저곳, 혹은 어떤 곳에 있고자 하는 모든 욕망들을 포기하십시오. '이것' 혹은 '저것'을 향한 욕망을 포기하십시오. 모든 욕망들을 포기하십시오.

어떻게 하면 모든 욕망을 포기할 수 있습니까?

침묵함으로써!

내면의 대화가 여전히 계속된다면, 그때 마음은 억눌려 있을 뿐, 깨달음은 일어날 수 없는 것처럼 보입니다.

내면의 대화의 대상들은 과거로부터 옵니다. 따라서 그대는 이 잡담을 멈추고 통제해야만 합니다. 이 대화는 기억일 뿐이므로 통제되어야만 합니다.

나 깨달음은 자기 통제와 상관이 없는 것으로 생각했습니다.

이 자기 통제는 나 통제가 아니라 마음을, 마음의 생각들을 통제하는 것입니다. 나 통제는 그대의 마음이 썩기 쉬운 어떤 것으로 흐르지 않을 때, 그대의 마음이 사라지는 어떤 것과 접촉하지 않을 때를 말합니다. 과거에 매달리지 않고, 생각들도 없으면, 미래에 대한 기대도 없는 것입니다. 마음을 과거와 미래 사이에서 지키는 것이 마음의 통제입니다. 이것이 그대의 얼굴입니다. 이것은 쉽지 않습니다. 사람들은 오랫동안 이것을 하려고 애써 왔습니다. 오천 년 전에 아르주나는 크리슈나에게 공기를 잡는 것만큼이나 어려운 마음의 통제 방법에 대해 물었습니다. 크리슈나는 이렇게 대답했습니다.

"바이라기야 즉 무집착으로 아비야사 즉 수행으로 그대는 마음을 통제할 수 있다. 바이라기야는 대상들에 집착하지 않는 것이다. 아비야사는 마음을 마음의 대상들에서 데려와 나 속에 자리 잡게 하는 것이다."

그러므로 조용히 앉아서 마음을 지켜보십시오. 마음은 과거의 경험들과 쾌락들에게 가서 그것들을 즐기고 싶어 할 것입니다. 마음을 데리고 오십시오. 그대가 도둑을 의식하면 도둑은 그대의 물건을 훔치지 못할 것입니나, 그대가 의식하지 않으면 도둑은 그대를 행복하도록 내버려두지 않을 것입니다. 도둑이 평화의 재산을 약탈할 것입니다. 우리는 매일 약탈당하면서 즐거워합니다. 실제로 우리는 뱀과 친구가 되고 있습니다. 이 내면의 대화를 삼가십시오. 강한 결심을 한다면, 내면의 대화가 멈출 것입니다. 마음의 이 모든 대상들은 오직 투사일 뿐입니다. 투사하기를 멈출 때만 그대는 행복해질 것입니다. 투사가 끝나면 그때는 오직 스크린만 남습니다. 이 스크린은 투사하기 전이나, 투사하는 동안이나, 투사 후에도 한결같습니다.

마음이 멈출 때 투사는 없습니다. 이것이 희열의 상태입니다.

사람들이 마음의 불편을 줄이고 평화를 늘리는 데 사용하는 이 영적 수행들은 어떻습니까? 이 수행들이 투사를 멈추게 할까요?

다양한 선생과 전통이 일시적으로 마음을 통제하는 많은 방법을 언급하고 있습니다. 그러나 그대가 수행하지 않을 때 마음은 다시 떠오릅니다. 수행들은 불편을 빨리 없애지 못할 것입니다. 하지만 크리슈나의 충고를 따른다면, 불편은 완전히 근절될 것입니다. 실제로 나는 운동이나 수행을 제시하지 않습니다. 왜냐하면 모든 수행은 시간 안에, 마음 안에 있기 때문입니다. 나는 그냥 침묵에 머물며, 노력하지 말라고 말할 뿐입니다.

> 침묵에 머무르십시오. 노력하지 마십시오. 생각하지 마십시오.
> 이것이 그대가 지금 해야 할 전부입니다.
> 이것을 지금 하십시오.

침묵하려고 애쓰지만 저는 마음이 편안해지지 않습니다.

편안해지려는 욕망을 버리십시오. 그렇게 했을 때 무엇이 남아 있는지 말해 보십시오.

아직도 조금 묶여 있는 듯합니다!

묶여 있음을 안다면 그대는 더 이상 묶여 있지 않습니다. 왜냐하면 묶여 있음을 안다는 것은

그것으로부터 그대 자신을 분리시키기 때문입니다. 그것을 대상화시

키기 때문입니다. 이 풀려남으로 마치 강이 바다로 흘러가듯 묶여 있던 '나'는 풀려나 의식 속으로 들어갈 것입니다.

(그는 미소 지으며 말을 할 수 없게 된다)

무엇이 남아 있는지 말해 보십시오. 그대의 32개 이빨이 내게 말하고 있습니다. 왜 그대는 말하지 않습니까? 그대의 온 얼굴과 눈이 달라졌습니다. 그것이 무엇입니까?

에너지일까요?

에너지와 지성 간에 차이는 없습니다. 지성은 에너지고, 지성을 통제하는 생각들도 에너지입니다. 이 에너지가 식별하기 위해서, 마음과 함께 생각하고, 감각들과 더불어 행동하기 위해서 어디로부터 오는지 알아내길 바랍니다. 감각의 대상들조차 에너지일 뿐입니다. 이 에너지의 샘은 어디로부터 흘러나옵니까?

이 에너지의 샘은 아트만, 나로부터 옵니다. 이것이 침묵 안에서 보여지는 것입니다. 그대는 이 나입니다. 이 나는 미지의 것, 텅 빔입니다. 모든 파도들이 텅 빔에서 일어나 모습을 띠고는 지성, 마음, 감각과 대상이 됩니다. 사람들이 행복하지 못하고 평화롭지 못한 유일한 이유는 그들 자신이 아트만임을 깨닫지 못하는 데 있습니다. 일단 그대가 이것을 알고 나면 그대는 바다가 파도를 즐기듯이 이 삼사라를 즐길 것입니다.

이것을 경험했지만 일시적인 것 같습니다. 고요가 오고 갑니다.

(웃음) 이것은 진정한 침묵이 아닙니다! 그대가 마음에게 제공한 것은 침묵의 개념입니다. 아름다운 것에 그대가 주의를 기울이듯, 그대는 즐기기 위해 그대의 마음에 이 개념을 주고 있습니다. 그대는 꽃을 보고 아름답다고 말합니다. 염소는 이 꽃을 먹이라고 하면서 그대 눈앞에서 먹어 치울 것입니다. 사람마다 마음에게 다른 것을 주고 있습니다. 그러나 차이들을 포함하고 있는 것은 '그것'이 아닙니다. 다이아몬드는 보석상에게는 귀중하지만, 화학자에게는 응 축된 탄소에 불과합니다.

그렇게 그대는 주어진 것을 선택합니다. 선택이 있을 때마다 그것은 그대에게 영원한 휴식을 줄 수 없습니다. 영원한 휴식과 평화는 어떤 특성도 없습니다. 그것은 선택될 수 없습니다. 이미 언제나 존재하기 때문입니다. 그대는 진정한 평화를 찾을 수 없습니다. 그러니 그것을 찾으려 애쓰지 마십시오. 찾기를 그만둘 때 무엇이 남습니까?

이것은 너무나 쉬운 것 같습니다!

쉽습니다. 그대가 그것을 복잡하게 합니다! 그것은 단순합니다. 노력하지 말고 침묵에 머무르십시오. 그러면 시끄러운 표면의 대화는 그칠 것입니다. 그러면 바닥이 꼭대기까지 올라올 것입니다. 그것은 단순합니다. 이것을 따라가 보십시오. 그것이 보입니까?

아무것도 보이지 않습니다.

그렇습니다. 그대는 어떤 그것입니다. 그대는 보이는 대상이 아닙니다. 그대는 의식인 '보는 자'입니다. 그대는 활동을 보는 목격자입니다.

저는 생각의 근원을 찾으려고 합니다. 하지만 아무리 애써도 저는 마음으로부터 심한 저항을 받습니다.

노력해서는 안 됩니다. 생각과 마음은 아무런 차이가 없습니다. 마음 없이는 아무런 생각이 없으며, 생각 없이는 아무런 마음도 없습니다. 이 모든 것은 살아남기 위해 애쓰는 마음입니다.

물고기는 죽을 때 더욱 몸부림칩니다. 물고기가 물 밖에서 펄떡거리 듯 마음도 마지막 몇 분 동안 매우 활동적입니다. 마음이라는 물고기가 그대를 오랫동안 괴롭혀 왔으니 이제 물고기를 실컷 먹으며 즐기십시오. 그대가 할 수 있는 모든 것은 생각하지 않고 노력하지 않는 것입니다.

생각은 존재하지 않는 과거로 그대를 데려갑니다. 그러므로 생각 없음 이 평화의 여기에 머무는 유일한 방법입니다. 한밤중 그대가 깊은 잠의 상태에 있을 때, 그대는 행복하고 평화롭습니다. 하지만 깨어 있는 상태 에서는 그대는 생각합니다. 그래서 그대는 결국 고통을 받습니다. 마음 이 있기 때문입니다. 깊은 잠에서 그대는 행복합니다. 그대는 이 행복이 무엇인지조차 알지 못합니다. 아무런 이유 없이 그대는 그저 행복합니 다. 자신이 행복했다는 것을 그대는 압니다. 왜냐하면 깼을 때 친구가 잘 잤느냐고 물으면 "아주 잘 잤어. 꿈도 전혀 안 꾸고."라고 대답하기 때문입니다. 그러므로 그대는 행복합니다. 하지만 이 행복이 어디에서 오는지 그대는 알지 못합니다.

생각이 없을 때 존재하는 행복. 깊은 잠에서 경험하는 행복. 알려진 근원이 없는 행복이 그대의 진정한 성품입니다. 생각하면 그대는 고통스러워집니다. 그러니 낮에는 잠자고 밤에는 고요하십시오. 이것은 그저 "생각하지 말라."는 뜻입니다.

대부분의 사람들이 자신의 욕망들을 채워 줄 행위들을 하기 위해 세상에는 깨어 있고 자신의 성품에는 잠들어 있습니다. 자신에게 깨어 있고 세상에 잠들어 있는 사람은 거의 없습니다. 자신의 욕망을 달성하려고 활동하는 사람들은 활동하도록 놔두고, 그대는 잠 드십시오. "나는 그것(That)이다."라는 것은 대부분의 사람이 잠들어 있는 것에 대해 깨어 있는 것을 의미합니다. 그대도 알다시피 그것은 아주 쉬운 일입니다!

저는 제가 마음이라고 생각하지 않습니다. 저는 그것(That)이라고 생각합니다!

생각하지 말라고 하지 않았습니까! 그때 그대의 경험은 무엇입니까? 일 초의 반만이라도 생각하지 마십시오. 지금 그렇게 하십시오! 어떤 곳으로도 가지 마십시오. 그러면 그대는 평화 속에 있을 것입니다. 그대는 어떤 시도도 해서는 안 됩니다. 이 시도는 마음을 혼란시키는 마음일 뿐입니다. 평화는 이미 거기에 있으므로 어떤 시도도 하지 마십시오. 평화를 찾으려는 시도는 고요한 호수에 돌을 던지는 것입니다. 평화는 이미 여기에 있습니다. 그대는 밖으로 뛰어감으로써 평화를 어지럽힙니다. 평화를 위해 노력하지 마십시오. 그러면 그대는 무엇을 느끼겠습니까? 시도하지 않을 때 마음은 없습니다. 하지만 시도하려 노력할 때 그대를 어지럽히는 마음이 일어납니다. 어떤 시도도 하지 마십시오.

노력 없는 쪽으로 움직이려면…

노력 없는 쪽으로 움직인다는 말은 무슨 뜻입니까? 이 움직임은 무엇입니까? 움직이지 마십시오!

침묵해지기 위한 과정이 있습니까?

그런 과정은 없습니다. 그대의 마음을 혼란시키기 위해서는 과정이 필요합니다. 침묵으로 있기 위해서는 아무런 과정이 없습니다. 삿상에 머무르십시오. 침묵에 머무르십시오. 항상 그대 자신의 나와의 사랑을 가지십시오. 시도나 노력으로는 나를 얻을 수 없습니다. 그냥 침묵에 머무르십시오. 생각이 떠오르면, 그것이 어디에서 오는지 찾아내기만 하십시오.

이제 저는 생각하지 않음에 대하여 생각합니다.

이 또한 생각입니다! 생각하지 않겠다는 생각이 어디로부터 오는지를 찾아내십시오. 삿상에 머무르며, 그대 눈 속을 들여다보고 있는 이 황금 같은 기회를 놓치지 마십시오. 그것에 녹아들면 완전히 일체가 됩니다.

나 탐구를 함으로써 하나(Oneness)가 되는 것과 자연적으로 오는 은총에 의해 하나가 되는 것 사이의 차이는 무엇입니까?

탐구는 마음이고 노력입니다. 자연적으로 오는 성스러운 은총은 노력이나 마음이 아닙니다. 탐구는 마음으로 행해지고 시간 안에 있습니다. 은총 안에는 마음이나 시간에 의한 아무런 제한이 없습니다. 그 어떤 것도 노력으로 또는 노력 없이 행해질 필요가 없습니다. 그것은 저절로 일어납니다. 은총은 그토록 강하며 묘사할 수 없는 것입니다. 은총은 항상 있습니다. 그러나 그대는 은총을 받아들이지 않습니다. 은총은 그대가 말하는 삿상에 오려는 노력입니다. 그대는 여기에 비행기나 기차를 타고, 혹은 걸어서 왔다고 말합니다. 나는 그대가 은총의 힘만으로 왔다고 말합니다. 이것이 차이점입니다. 은총이 아니라면, 아무도 삿상에 오지 않습니다.

제11장

그대는 이미 나 안에 있습니다.

당신의 시간을 빼앗아서 죄송합니다만 아트마 비차라의 방법을 명확히 알고 싶습니다.

그대는 내가 그대에게 해준 나의 말을 그냥 되풀이할 뿐, 행하지 않고 있습니다! 식당에 가서 점심을 먹으라고 하는데, "식당에 가서 점심을 먹어라."고 따라 말한다면, 그것이 무슨 소용이 있겠습니까? 이것이 그대가 해온 것입니다. 내가 그대에게 말한 것을 다시 말하라는 것이 아닙니다. 나는 그대에게 침묵하라고 말했습니다. 그러나 그대는 여전히 너무 많은 말을 하고 글을 씁니다. 그대 머리 위에 돌을 얹고 다니는 것처럼 아트마 비차라의 개념을 이고 다닙니다.

하지만 어떤 일도 일어나지 않고 있습니다.

그대가 말만 되풀이하고 있는데 어떻게 무슨 일이 일어날 수 있겠습니까? 나는 그대에게 침묵에 있으라고 말했지만, 그대는 침묵에 있는 대신, 내가 그대에게 말해 준 침묵하라는 말만 계속 되풀이하고 있습니다! 그대가 말하고 싶다면 그대는 침묵의 결과를 말해야만 합니다. 그대는 마음, 자아 그리고 몸을 떠나지 않았습니다. 그것에 대해 말만 하고 있습니다! 생각이 떠오르면 그것에 무관심하라고 말했습니다. 침묵에 있고 노력하지 마십시오. 그러면 오직 자각의 자각만이 있을 것입니다. 나의 말을 되풀이하지 말고 경험하십시오.

이것이 제가 해야 할 접근입니까?

접근은 전혀 없습니다! 그냥 침묵하십시오. 그대가 어디에 있든지, 그냥 침묵하십시오. 침묵을 위해 어디로 접근해야만 하겠습니까? 그냥 침묵하십시오.

바가반의 '숨마 이루'에는 침묵을 지키는 상세한 방법이 나와 있지 않았습니다.

그냥 침묵하십시오! 무슨 상세한 설명이 더 필요합니까?

침묵을 지키는 것이 자파, 타파스, 명상과 같은 것입니까?

아닙니다. 자파도 반복하지 마십시오. 어떤 명상도 하지 마십시오. 단지 일 초만 침묵에 머무르십시오. 이것이 필요한 모든 것입니다.

저는 1978년에 굉장한 경험을 했는데…

그대는 아직도 1978년을 되풀이하고 있습니다. 지금은 1995년입니다! 1978년뿐 아니라 1995년도 되풀이하지 마십시오. 1978년은 죽었습니다. 그것을 그대의 마음에 지니지 마십시오. 그대는 나를 사랑해야만 합니다. 그렇지 않으면 그대는 나에 의해 거부당합니다. 나는 팔을 벌린 채 그대를 기다리고 있습니다. 그런데 그대는 다른 곳을 보고 있습니다! "아들아, 이리 오너라. 그것으로 충분하다! 이제 나에게 오라. 그러면 내가 너를 쉬게 하리니."라고 나는 그대에게 속삭이고 있습니다. 그러나 그대는 이 말을 듣지 않고 단지 다른 곳을 보고 있습니다. 이것은 누구의 잘못입니까? 님이 그대를 기다리고 있는데도, 그대는 빨간불 쪽을 보고 있습니다.

나는 그대에게 강요할 수 없습니다. 그러므로 그대 좋아하는 대로 하십시오. "적과 싸워 그들을 죽여라. 그들은 이미 죽었기 때문이다. 일어나 싸워라."고 바가반 크리슈나가 아르주나에게 말했습니다. 아르주나는 그렇게 했습니다. 바가반 크리슈나가 그렇게 하라고 했을 때 아르주나는 그렇게 했습니다. 아르주나는 더 이상 질문하지 않았습니다. 지시 사항들을 되풀이하지도 않았습니다. 그는 일어나 활과 화살을 쥐고, 적들을 없애 버렸습니다. 신은 아르주나의 전차를 끄는 사람이 되어 그와 함께 거기에 있었습니다. 신은 그대의 전차를 모는 사람입니다. 신이 그대에게 하라는 대로 하십시오. 입으로만 되풀이하지 마십시오. 그대는 그렇게 하지 않습니다. 만약 그대가 그렇게 하지 않으면, 그때 그대는 신에 의해 거부당했다고 생각합니다.

제 심리 치료 장면에 "나는 누구인가?"를 가져오는 것이 중요합니까? 사람들에게 이 메시지를 전할 씨앗이 제 안에 자라고 있음을 느낍니다.

농부가 땅을 갈고 씨를 뿌렸습니다. 비료를 쓰긴 했으나, 비가 와야 싹이 틉니다. 이것이 정확히 그대의 경우입니다. 비가 오지 않으면 비료의 화학 성분이 씨를 죽일 것입니다. 이제 일 년 내내 비가 내리는 곳에 왔으니 그대는 지금 싹을 내고 있습니다. 비 없이는 아무것도 일어나지 않을 것입니다. 우기에는 비료도 필요 없습니다. 아무 데나 씨를 뿌려도 싹이 돌아날 것입니다. 그대가 이것을 이해했으면 합니다. 이와 같은 방법으로 그대의 내담자들이 영적으로 굶주리지 않도록 그들의 마음에 씨를 뿌려야 합니다. 그대는 비가 되어야만 합니다.

비가 되는 법을 모릅니다.

비가 되려면 비구름이 어디로부터 오는지 알아야 합니다. 비구름은 바다에서 일어나 산에 부딪쳐 비로 뿌려집니다. 이제 그대의 어머니인 바다를 보십시오. 어느 날 그대는 바다에서 증발하여 구름이 되었습니다. 바다를 보는 것은 비의 근원을 보는 것입니다. 그리고 태양이 그대를 거둘 것입니다. 이제 그대는 구름을 가졌습니다. 그대는 북쪽으로 나아가 히말라야에 부딪쳐 비가 됩니다. 이것은 너무나 쉽습니다. 어려운 것이 아닙니다!

어느 때라도 선택하면 마음속으로 들어가거나 마음을 넘는 것이 가능합니까?

들어감도, 나옴도, 어떤 선택도 없습니다. 들어가고 나오는 선택을 그대는 해서는 안 됩니다. 만약 그대가 선택 없음이라면…

그럼 저는 끝납니다!

그렇습니다! 아무런 선택이 없습니다. "나는 자유롭고 싶다."라는 선택조차 없습니다. 왜냐하면 "나는 이것은 선택하고, 저것은 거절한다."라는 모든 선택은 마음으로부터 오기 때문입니다.

그렇다면 그것은 항상 선물입니까?

옳은 말입니다. 그것은 항상 선물입니다. 그러나 선물에는 주는 자와 받는 자가 있습니다. 그 둘은 같은 사람이 아니지 않습니까? 그러나 주고받는 자가 없다면, 무슨 선물이 있겠습니까? 그렇습니다. 그것은 선물입니다. 이 말은 그것이 항상 그곳에 있기 때문에 그것은 선물로 주어지지 않는다는 뜻입니다. 어떻게 이미 그대의 목에 걸친 목걸이를 그대 자신의 나에게 줄 수 있습니까? 그것은 아이를 등에 업고 다니면서도 아이를 찾는 여인과 같습니다. 결국 그녀는 아이를 찾았다고 말합니다. 그러나 아이는 이미 거기에 있었는데, 찾았다는 말은 무엇입니까? 그러므로 그대의 나를 찾아가는 외적 모습이 있을 것입니다.

그대가 찾는 것을 어디서 찾아야 할지 알려 줄 믿을 만한 권위자가 필요합니다. 그러면 찾는 일은 끝날 것입니다. 이런 식으로 그대는 그것이 이미 거기에 있음을 알게 될 것입니다. 이것을 아는 것은 자각이 자각 그 자신을 자각하는 것입니다. 그대의 질문들은 모든 의심들을 없애는 데 절대적으로 필요한 것이기에 매우 좋은 것입니다. 하지만 우선 그대의 모든 의심들이 없어져야만 합니다. 이 의심들은 "어디에서 그것을 찾아야 하나?", "나는 얼마나 더 가야만 하나?"와 같은 것입니다. 사실, 그대는 어떤 곳으로 갈 필요도 없고 또 어떤 것을 이해할 필요도 없습니다.

그것(That)이 여기에 있음을 보여 주는 스승을 만날 때 이 찾는 일은 끝날 것입니다.

의식은 어디로부터 옵니까?

의식은 "의식은 어디에서 옵니까?"라고 질문하는 의식을 자각하고 있습니다. 의식을 이해하거나 묘사하려는 것은 장난입니다. 그대는 의식을 이해할 수 없습니다!

저를 이해로부터 끌어내 의식 속으로 넣어 주시겠습니까? 그렇게 될 수 있을까요?

아닙니다. 그렇게 될 수 없습니다. 그것은 되는 것이 아닙니다. 그렇게 하지 않을 때, 그런 일이 일어납니다. 그대가 무엇인가를 할 때 혼란이 일어날 것입니다. 그러므로 아무것도 하지 마십시오. 그러면 그대는 의식에 도달할 것입니다. 그대가 할 수 있는 것도, 해 오던 것도 일으키지 마십시오. 이제 이 하는 것들 그리고 하지 않아야 할 것들로부터 자유로워지십시오. 그러면 그대는 의식이 무엇인지 알게 될 것입니다.

어떻게 하면 나 속에 완전히 거주할 수 있습니까?

나는 모든 것의 보금자리입니다. 그대는 이미 나 안에 거주하고 있습니다. 그대는 늘 나 안에 있습니다. 그러나 그대는 이 사실을 잊고서 어떤 수행이 필요하다고 생각합니다. 그러나 그대는 어떤 수행도 필요치 않습니다. 수행으로 얻은 나는 진정한 나가 아닙니다. 나는 항상 모든 곳에 존재하고 있습니다. 그것은 얻어지는 것이 아닙니다. 어떻게 그대가 나와 분리될 수 있단 말입니까? 그대가 어디 있기에 나를 벗어날 수 있단 말입니까?

이런 의심들은 아직 경험을 갖지 않은 사람들에게 일어납니다. 그대는 자신이 항상 나 그 자체였음을 알게 될 것입니다. 지금 그대는 이것을 알지 못하고 있습니다. 그대가 모든 곳에서 바쁘고, 대상들을 찾느라 바빴기 때문입니다. 그래서 그대는 이 경험을 할 수 없었습니다. 그대를 나로 데려다 준다고 하는 어떤 수행도 찾지 마십시오. 나는 항상 여기 지금에 있기 때문입니다. 그대가 나를 떠나 어디로 갈 수 있겠습니까?

그대가 누구인지를 찾아내십시오. 매일 우리는 여기 삿상에서 이 문제를 다루고 있습니다. 진정 그대가 누구인지 그대 스스로 찾아내야만 합니다! 스스로의 힘으로 이 문제를 풀도록 하십시오. 그렇지 않으면 그 모든 것들은 단지 지적 이해에 불과할 것입니다. 이것을 이해하는 데는 지성이나 마음이 필요치 않습니다. 단 한 순간만이라도 그저 침묵하십시오. 그러면 그대가 누구인지 알게 될 것입니다.

어떤 것에 가까이 있음을 느낍니다. 하지만 그것을 얻을 수가 없습니다.

무엇을 얻고 싶은가요?

여기에서 내내 일어나고 있는 것들입니다.

그대는 결코 그것을 얻지 못합니다. 그것은 얻어야 할 대상이 아닙니다. 그대는 그것을 대상화하지 못합니다. 그것은 주체입니다.

주체는 어떤 노력으로 보이거나, 도달되거나, 얻어질 수 있는 것이 아닙니다. 주체는 주체입니다. 그대가 바로 그 주체입니다. 그대는 무엇이 부족합니까? 그대는 무엇을 놓치고 있습니까? 그대는 보이는 대상도, 봄도 아닌, 보는 자입니다. 그대는 보는 자, 집의 거주자, 존재의 거주자, 축, 존재의 중심입니다. 이것이 궁극의 진리입니다.

그대는 어느 곳으로 나아가거나, 어느 곳에 도달해서도 안 됩니다. 이 모든 나아감과 도달을, 이 모든 관념과 의도들을 없앤다면, 그때 그대는 무엇을 보겠습니까? 그대는 누구입니까? 기분이 어떻습니까? "나는 침묵 속에 머물러야만 한다."는 의도조차 그대를 침묵 밖으로 나오게 합니다. 어느 곳에 머물겠다는 모든 관념들을 포기하십시오. 바로 지금 무엇을 생각합니까?

가끔 저는 그것이 이해가 안 됩니다.

가끔이 무엇입니까? 가끔에는 두 가지가 있는데 어떤 것입니까? 여기의 가끔입니까, 아니면 거기의 가끔입니까?

제가 여기에 있을 때입니다.

그러므로 지금 여기에 있는 '가끔'에 대해 말해 봅시다. 그러나 지금 여기일 때는 '시간이 없는 상태'입니다. 거기에는 '가끔'에 대한 아무런 질문이 없습니다. 바로 이 순간 안에는 시간이 없습니다. 바로 이 순간을 과거라 할 수 있겠습니까, 아니면 미래라 할 수 있겠습니까? 심지어 그것을 현재라 할 수 있겠습니까? 미래와 과거가 거기에 없으면, 현재는 아무런 의미가 없고 그래서 사라지고 맙니다. 알겠습니까? 그러므로 '가끔'은 어디로부터 그대가 가져온 관념입니다. 그러므로 '가끔'은 그대의 경험이 아닙니다. 이 순간 속으로 뛰어들어 경험하십시오. 내가 순간이라는 단어를 사용할 때, 그것은 과거, 현재, 미래에 속하는 그런 순간이 아닙니다. 어떤 단어를 사용해야 할지 모르겠지만, 그대가 이해하리라 믿습니다.

이 순간이라는 것은 심지어 현재에도 속하지 않은 어떤 것을 가리키는 손가락입니다. 이것을 이해하면 그대는 그것(That)을 얻은 것입니다. 그렇지 않으면 놓친 것입니다. 이것이 이 순간에 대해 내가 말할 수 있는 전부입니다. 지금 여기, 그대 자신 안을 보십시오! 이 평화 속으로 뛰어드십시오. 이 평화 속에서, 이 물결 없는 호수 속에서 말해 보십시오. 물결은 생각이고 마음일 뿐입니다. 물결 없는 호수가 그대의 나입니다. 이 나 속으로 뛰어드십시오. 그리고는 그대가 어떻게 느끼는지, 무엇을 느끼는지 말해 보십시오. 시간은 어디에 있습니까? 개념들은 어디에 있습니까? 가르침들은 어디에 있습니까?

아무런 개념들이 없습니다!

여기는 그대가 말했던 '가끔'이 없는 장소입니다. 여기에는 시간이 전혀 없습니다. 그렇게 머무르십시오. 이것이 그대의 거주지입니다. 그곳이 그대가 늘 거주하고 있는 곳입니다. 이것은 의식 그 자체이며, 지혜 그 자체입니다.

이 모든 행성과 현상계가 걸려 있는 곳, 이것은 의식의 능력입니다. 생각이 일어날 때마다 행성과 현상계가 나타납니다. 수많은 생각들은 이 텅 빔에 걸려 있습니다. 그것들을 그대로 두십시오! 그대에게는 한계들이 없습니다. 그러므로 수백만 행성이 있도록 내버려 두십시오. 그것들은 이 우주의 한구석일 뿐입니다. 그대는 창조물들의 창조자이며, 그대는 모든 것이며, 그대는 전체이며, 그대는 행복입니다. 지금 그대 본연의 모습으로 진정한 여기에 머무르십시 오! 이것을 말로 표현할 수 있겠습니까?

저의 몸은 에너지 같고 제 시각은 아주 다릅니다.

시각은 다양성에서 하나로, 조각들에서 전체로 바뀝니다. 이것이 진정한 그대입니다! 그대는 완전하고 전체이며 아름답고 자비롭습니다. 여기서는 '가끔'이라는 것이 사라집니다. 그대 자신이 누구라고 하는 모든 관념들이 사라집니다. 그것들 모두가 사라지고 난 뒤에 남는 것은 영원한 사랑이요 평화입니다. 어떤 창조도 이 속으로 침입할 수 없습니다.

저는 눈을 감고서 엄청난 즐거움과 달콤함을 느낍니다. 이래서는 안 될 것에 제가 집착하는 것은 아닙니까? 더욱 깊이 들어가야 합니까?

눈을 감고 대상들과 접촉하는 감각을 끊어 버릴 때 그대는 그대의 평화를 훔치는 것들을 던져 버립니다. 이것은 그대가 잠들어 깊은 평화를 느낄 때 일어나는 것입니다. 이것은 약간의 평화를 주는 외부 대상들에 대한 투사와 집착의 정지입니다. 그대가 진정한 평화를 자각하지 않기에 외부 대상들의 세계, 즉 깨어 있는 상태는 사실은 잠자는 상태입니다. 그대는 오직 대상들을 자각할 뿐입니다.

그러므로 눈을 감고 진정한 평화를 원한다고 결심하십시오. 그러면 이 평화가 그대를 초월하여 그대를 시간에 전혀 속하지 않은 다른 상태로 옮겨 줄 것입니다. 이 상태는 그대에게 많은 즐거움을 줄 것입니다. 이것이 의식의 네 번째 상태인 투리야입니다. 그것은 깨어 있는, 꿈꾸는, 잠자는 상태를 초월하여 있습니다.

여기에서 그대는 즐거움을 얻습니다. 관념, 개념, 의도, 집착으로 가득 찬 모든 상태들을 거절하는 것은 큰 즐거움입니다. 이 상태는 항상 여기에 있으며 눈을 뜨거나 감는 것과 아무런 상관이 없습니다. 또 다른 눈, 즉 내면의 눈이 열릴 것입니다. 그러면 그대는 내면의 세계, 내면의 존재를 볼 것입니다. 눈을 감는 것은 내면의 눈이 열리도록 하는 데 도움을 줄 것입니다. 처음에는 그 두 개가 동시에 작용하지는 않을 것입니다.

그러므로 그대의 나에 깨어 있으십시오. 그러면 즐거울 것입니다. 나에 도달하려고 노력한다면 그대는 그곳에 머물 수 없고, 노력이 시작된 곳으로 돌아오게 될 것입니다. 그저 침묵으로 앉아서 긴장을 풀고, 어떤 생각도 일으키지 않도록 하십시오. 그러면 그대의 성품이 즐거움 그 자체임을 알 것입니다. 마음은 늘 만족의 대상들에 집착합니다. 그대는 이것들로 결코 만족을 얻지 못합니다. 그러므로 마음을 갖지 마십시오.

그대가 지금 그것(That)안에 있음을 나는 압니다. 내가 말할 때마다 그대는 늘 떨어지고 있었습니다. (웃음) 그대는 지금 그것을 얻었습니다. 지금 그대는 이 지금을 가졌습니다. 이제 눈을 감지도 뜨지도 마십시오. 그저 보기만 하십시오!

저는 오랫동안 명상을 해왔는데…

구루는 많습니다. 하지만 삿구루는 하나입니다. 삿구루는 그대의 가슴 안에 살고 있습니다. 신의 사랑을 받는 이들만이 삿구루를 알 수 있도록, 자신이 누구인지 알 수 있도록 선택됩니다. 자유에만 관심을 두고 실재가 아닌 세계에 만족하지 않는다면, 바로 그때 신이 와서 그대에서 입 맞출 것입니다.

실재는 제 손이 미치지 않는 너무나 먼 곳에 있는 듯합니다.

그대는 실재를 잡을 수 없습니다. 실재는 존재하는 모든 것입니다. 해방을 향한 이 욕구는 해방 그 자체 속으로 녹아들어 사라질 것입니다. 만족할 때, 그대는 자신이 만족했는지 그렇지 않은지 보기 위해 거기에 있지 않을 것이며, 명상도 할 수 없을 것입니다. 모든 것이 명상일 것이기 때문입니다. 그때는 그대 자신의 나를 향한 사랑만이 존재합니다. 그대는 자신이 그것(That)임을 믿어야만 합니다. 해방을 향한 이 갈망 이전에도 그대는 그것이었습니다. 심지어 태어나기 전에도 이미 그것이었습니다.

당신과 함께 있으면 저의 가슴이 따뜻해지고 사랑스럽고 자비로 넘칩니다. 하지만 때로는 의식하지도 못하는 사이에 저는 로맨틱해지고 감상적이 되며 감정적이 됩니다. 저는 가슴에 대한 명상을 매우 많이 들었습니다. 이 명상이 분명 당신이 뜻하는 명상입니까?

그대가 말하는 가슴은 피를 뿜어내는 몸 안의 기관입니다. 이것은 우리가 말하는 가슴이 아닙니다. 우리가 말하는 가슴은 장소가 없습니다. 그러나 우리는 그것을 가슴이라 부릅니다. 달리 설명할 말이 없기 때문입니다. 이 가슴은 몸 안에도 밖에도 있지 않습니다. 가슴은 경계선들이 없는 현재이며 영원입니다. 그대는 이 가슴에 집중해야만 합니다. 그러나 이 가슴 안의 그것(That) 이외에 누가 명상할 수 있겠습니까?

가슴은 아무런 한계가 없으며 생각이나 마음보다 더 미세합니다. 이 가슴은 현존으로 모든 곳에 존재하지만 그것은 묘사될 수 없습니다. 누가 모든 곳에 존재하는 것을 명상할 수 있겠습니까? 그것은 조건이 없으며 무한입니다.

명상은 한계입니다. 그대가 명상자가 되면 그대는 명상할 대상을 만들고 싶어집니다. 그러면 명상은 조건 짓는 것이 됩니다. 명상에서는 주체와 대상이 만들어집니다. 산스크리트로 명상은 디야나입니다. 그것이 중국으로 가서 찬(chan)이 되었고 일본에서는 젠(zen)이 되었습니다. 진정한 디야나는 대상과 주체라는 관계가 없는 '장소'를 의미합니다. 이것이 명상입니다. 진정한 명상은 명상하는 대상도 없고, 명상자도 없습니다!

그러므로 명상, 명상의 대상, 명상자라는 관념을 포기하십시오. 그때 아마도 명상이 일어날 것입니다. 사실 그대는 항상 이 명상 속 에 있습니다. 뻣뻣해진 무릎 때문에 시간마다 벗어나야만 하는 것은 명상이 아닙니다. 이런 명상은 시작하고 멈춥니다. "나는 한 시간 안에 사무실에 가야 해", "나는 15분 동안 명상을 해야겠다."라는 끈들로 명상이 묶여 있습니다.

단 1초라도 명상자, 명상, 다른 것에 대한 관념을 갖지 마십시오. 그때 어떤 것이 올라와 그 자신을 드러낼 것입니다. 그때 그대는 그것(That)과 하나가 될 것입니다. 이것이 진정한 명상입니다. 이것이 내가 이해하는 가슴에 대한 명상입니다.

옴, 샨티 샨타 샨티 마침내 말씀을 들으러 제가 스승님의 무릎 아래로 되돌아왔습니다.

매일 우리는 옴, 샨티, 샨티, 샨티로 삿상을 시작합니다. 내가 그대에게 무슨 더 좋은 충고를 줄 수 있겠습니까?

제12장
의심은 그대를 수백 번 죽일 수 있습니다.

깨달음에 대한 의심은 고통과 굴레에 매달리는 것입니다. 의심이 사라지면 고통이 그대를 떠날 것입니다.

의심과 부정은 마음, 음식 그리고 세상 이 모든 것에 독을 뿌립니다. 독사는 그대를 한 번 죽이지만 의심은 그대를 수백 번 죽일 수 있습니다. 의심이란 "나는 굴레에 있다." "나는 고통스럽다."라는 생각입니다.

의심은 구름과 같습니다. 태양 앞에서 구름이 얼마나 오래 머무를 수 있겠습니까? 자유는 의심을 부끄러워하지 않습니다. 의심이 오면 오게 하십시오. 의심이 가면 가게 하십시오. 의심이 일어나면 "나는 내가 누구인지 안다!"라고 그냥 말하십시오. 그대는 그대의 '한 부분'에 의심이 존재한다고 말하지만 의심을 가진 그대의 부분은 있을 수 없습니다. 그대는 부분을 가지지 않는 전체이기 때문입니다. 탐구하지 않을 때 그대는 부분으로 나뉘어 파괴될 수 있는 존재가 됩니다.

'앎'이 떨어져 나갈 때 남아 있는 것에는 아무런 의심이 없습니다. "나는 모른다."가 진정한 앎입니다. 모르는 '나'는 누구입니까?

잠복해 있는 성향들은 생각들로 나타날 것입니다. 이것을 기억하는 것은 매우 중요합니다. 신들조차 그대를 유혹할 것이며 오직 붓다만이 살아남습니다. 그러니 하늘과 땅의 즐거움을 거부하십시오. 늘 있지 않는 것은 결코 자유가 되지 않을 것이기에.

모든 의심들을 버리십시오.

탐구할 때 저는 깊은 침묵과 완전한 평화에 빠집니다. 그때 "이것이 그것인가?" 라는 질문이 떠오릅니다. 제가 깊은 침묵과 완전한 평화에 빠질 때는 이 질문을 하지 않습니다. 이것은 그것이 아님에 틀림없다고 느껴집니다. 파파지, 제가 무엇을 놓치고 있습니까?

이 질문이 일어난다는 것은 그대가 의심하고 있다는 뜻입니다. 청하지도 노력하지도 않았는데도 온 것은 진짜가 아닐지도 모른다고 그대는 의심하고 있습니다. 손에 다이아몬드가 있는데도, 조개껍질일지도 모른다고 의심합니다. 그래서 그대는 그 다이아몬드를 바다에 던져 버립니다. 이것이 바로 그런 경우입니다. 이것은 다이아몬드입니다. 그것을 의심하지 마십시오. 의심한다면 훗날 그대는 후회할 것입니다. 하지만 그대는 이미 행운을 놓쳤습니다.

마음은 그대를 기만하는 수많은 일들을 할 것입니다. 이것들에 관여치 마십시오. 그대는 바위처럼 굳게 서야만 합니다. 그래야만 그대는 그것을 잘 해냅니다. 파도가 일도록, 바람이 불도록, 비가 내리도록 놔두십시오. 바위가 이런 것에 영향을 받겠습니까? 바위는 영향을 받지 않습니다. 바로 이것이 "나는 바위이다."입니다. 나는 바람이나 비가 아닙니다. 비는 어느 정도 내리다 곧 멈춥니다. 폭풍우도 와서 머물다 갈 것입니다. 그러므로 무엇인가가 오면 오게 하고, 가면 가게 두십시오. "나는 바위" 임을 아십시오. 폭풍이 사라질 때, 그대는 여전히 거기에 있을 것입니다. 바위가 바다 속에 잠겨도 그대로 바위이듯이, "나는 있는 그대로 있다. 이것이 나의 본 모습이다."임을 깨우치십시오.

자유로워지기를 원하기에 제가 여기에 있습니다. 하지만 두려움과 의심이 여전히 있다면 그것은 제가 자유를 절실히 원치 않기 때문입니다. 자유는 그토록 간단한데, 어떻게 그것이 이처럼 어렵습니까?

단순한 것은 어렵습니다. 어려운 것들은 어렵지 않습니다. 물구나무서기처럼 어려운 것을 하라고 한다면, 그대는 할 수 있습니다. 잠잠히 있으십시오. 무슨 어려움이 있습니까? 침묵은 그냥 생각하지 않는 것입니다. 그대는 혼란, 문제, 고통, 의심, 죽음과 같은 생각의 결과를 보아 왔습니다. 침묵은 들어본 적이 없기에 침묵이 어려울 뿐입니다. 그대의 부모도, 이웃도, 조국도 그대에게 침묵을 말하지 않았습니다. 침묵은 그대의 근본적인 성품이기에 침묵하기는 쉽 다는 이 말을 그대는 이곳에서만 들을 수 있습니다. 태어나기 전 그대는 침묵이었습니다. 죽은 후에도 그대는 다시 침묵이 됩니다. 모든 것이 침묵에서 나와 침묵 속에서 끝납니다. 그러므로 그대는 참묵 속에 머물러야만 합니다. 말하면서도 그대는 침묵할 수 있습니다. 이것을 배울 수 없다면 그대는 더 기다려야 할 것입니다. 많은 사람들이 그것을 해냈습니다. 여기에 있는 많은 사람들이 그것을 해낼 것입니다. 무엇인가를 하는 것이 없기 때문입니다. 이상하게 들리는 이 말을 그대는 서서히 이해하게 될 것입니다.

저는 침묵으로부터 단절되어 생각들에 삼켜지는 듯합니다. 이 악마들이 제 삶의 주인 자리를 차지하고 있습니다.

마음과 악마 간에는 차이가 없습니다. 그들은 같습니다. 깨달은 후에도 악마들이 공격할 것입니다. 그러면 의심이 싹트고 자신의 자유가 가짜라고 생각할 것입니다. 악마를 두려워 마십시오!

의심하는 사람이 어떻게 영원한 확신을 얻을 수 있을까요? 가르쳐 주십시오.

모든 사람은 의심을 가지고 있습니다. 그래서 그들이 삿상에 옵니다. 의심이 없다면, 그대가 왜 구루에게 가겠습니까? 그대의 의심들을 없애기 위해 그대의 삿구루에게 갈 필요가 있습니다. 다른 이들은 아무런 의심이 없기에 삿구루에게 갈 필요가 없습니다. 그대가 진리를 찾고자 한다면, 그대가 진리를 찾고자 한다는 것을 안 다면, 그때 그대는 삿구루에게 가서 지도를 받아야만 합니다. 그러나 자신이 진리임을 아는 사람은 삿구루에게 갈 필요가 없습니다.

세 번째 부류는 그들이 알아야만 하는 것을 모르며 그들 자신이 모른다는 사실조차 모르는 사람들입니다. 그들은 물론 어떤 도움도 필요치 않습니다. 그러나 그대는 스스로 의심이 많다고 말하므로 의심을 없애줄 진정한 스승에게로 가야 합니다. 그대가 마음에 의심이 있음을 볼 때, 그 마음에 있는 의심을 보십시오. 그리고 말하십시오. 내 말을 듣지만 말고, 의심을 바라보십시오! 의심이 무엇인지 말해 보십시오. 의심을 보십시오. 이해하겠습니까?

의심을 바라보지만 그것을 찾을 수 없습니다.

아, 그렇습니다. 의심을 지켜보면 의심은 없습니다. 그러나 보지 않으면 의심들이 존재합니다. 그래서 삿구루는 그대에게 "의심을 보라."고 말합니다. 그렇게 하면 의심은 보이지 않습니다. 아주 간단한 일입니다. 그대는 사다나도, 수행도, 히말라야에 가는 것도 필요가 없어집니다.

의심들이 오면 그 각각의 의심은 그대에게 다음의 윤회를 있게 할 것입니다. 각 의심으로 그대는 새롭게 탄생할 것입니다. 그러므로 지금 여기에서 의심들을 푸십시오. 의심을 푸는 일은 너무나 간단합니다. 의심들을 지켜보십시오. 그러면 의심이 오지 않을 것입니다. 깨어 있으십시오! 깨어 있으면 강도가 집으로 들어와 훔치지 않을 것입니다. 하지만 그대가 잠자고 있으면 강도를 지켜보지 않았기에 그대의 물건들이 없어집니다. 여러 해 동안 그대는 모든 것들을 잃어 왔습니다. 그러나 이제 깨어 있으십시오. 이 강도를 지켜보십시오. 이 강도는 마음입니다. 마음이 있는 곳에 의심이 있습니다. 그러므로 항상 깨어 있으십시오. 깨어 있는 것은 항상 의심들을 지켜보라는 뜻입니다. 너무나 간단합니다. 그대가 미국에 가든지 여기 오래 머물든지 상관없습니다. 이것은 간단한 가르침입니다.

저는 저 자신을 압니다. 그러나 여전히 의심이 하나 있습니다.

그대의 말은 모순입니다. 그대가 그대의 나를 알면 의심이란 있을 수 없습니다. 그대가 그대의 나를 모를 때 의심과 두려움이 있을 수 있습니다. 그러니 "나는 나 자신을 안다."라고 수정하십시오. 그것이면 충분합니다. 끝난 것입니다. 의심이 있으면 그대는 자신을 알 수 없습니다.

불꽃이 있는 곳에 빛이 있습니다. 의심 한 점 없는 곳에 은총이 있습니다. 이것을 잊지 마십시오.

저는 스승님을 모르겠습니다. 스승님을 지각할 수조차 없습니다!

나를 알 필요는 없습니다. 그대의 나를 아십시오. 이 일이 가장 중요합니다. 다른 사람을 아는 대신 그대 자신을 아십시오. 먼저 그대의 나를 아십시오. 그러면 모든 것이 그대에게 드러날 것입니다.

그대는 지각할 필요가 없습니다. 모든 지각을 그만두십시오. 그러면 그것이 그것 자신을 그대에게 드러낼 것입니다.

어떻게 의심을 없앨 수 있습니까?

그대 자신을 알고자 하는 갈망을 가질 때 모든 의심들이 달아날 것입니다. 침묵하십시오. 그냥 침묵의 상태로 있으십시오. 일 초만 이라도 마음에 생각을 가져오지 마십시오. 생각도, 노력도 하지 마십시오. 단 일 초만이라도 그렇게 하십시오. 내 말을 이해하십시오. 그대가 마음에서 아무런 생각도 노력도 하지 않을 때 무슨 일이 일어나겠습니까? 그 결과를 말해 보십시오. 노력을 하지 않는 마음에 어떤 생각도 주지 않는 이 두 가지만을 하십시오! 단 한 순간만이라도 그렇게 한다면, 무슨 일이 일어날 것입니까?

일어날 수 있는 오직 한 가지, 존재만이 있습니다!

아직도 그대는 의심하고 있습니다. 오직 존재만이 있다면 의심은 무슨 뜻입니까? 모든 것이 존재인데 어디에 의심이 있으며 누구에 대한 의심입니까? 누가 의심하며 누가 의심받고 있습니까? 비실재. 존재와 비존재. 그대가 아무런 노력을 하지 않는다면 모든 것이 명쾌해질 것입니다.

저는 의심을 느끼지 않습니다.

의심을 느끼지 않는다면 그대는 어디에서 '의심'이라는 단어를 가져옵니까? 호주머니 속에 천 달러가 없다면, 그대는 "호주머니에 천 달러가 없어."라고 말하지 않을 것입니다. 의심이 없다면 그대는 "의심이 없어."라고 말할 필요가 없습니다. 일 초만이라도 아무런 의심을 갖지 마십시오.

제가 여기에 왜 있습니까?

"의심하지 말라!"는 이 명령을 듣기 위해서입니다. 그대는 여기에 가져온 모든 의심들을 다 없애라는 말을 듣고 있습니다. 여기에는 단지 침묵하고 노력하지 않음으로 의심이 제거됩니다. 그대는 의심들을 없애려고 여기에 왔습니다. 그러면 여기도, 저기도 없을 것입니다.

한 순간만이라도 그대는 친구, 관계, 조국을 잊으십시오. 이 모든 것을 잊으십시오. 그리하면 누가 보입니까? 아무도 보이지 않습니다! 그것은 잠자는 상태의 텅 빔을 즐기는 것과 같습니다. 잠자는 유일한 이유는, 잠자는 상태에는 깨어 있는 상태에서 찾을 수 없는 어떤 것이 있기 때문입니다. 이제 아무것도 하지 마십시오. 그러면 모든 것이 성취될 것입니다. 그때 그대는 사랑의 우물 속으로 뛰어들 것입니다.

제 의심이 너무 강해서 완전히 자유로워지지 못할까 봐 두렵습니다. 저는 생각이 일어나지 않도록 시도합니다.

강하게 시도해야만 합니다. 그대가 생각이 일어나지 않도록 강하게 시도한다면 어떻게 생각이 일어날 수 있겠습니까? 모르는 낯선 사람에게 그대는 아파트 문을 열어 줍니까? 그러나 모든 사람들이 문을 열어 주고 있습니다. 사실은 아무런 문이 없습니다. 모든 사람들이 아무나 마음대로 들어오고 나가도록 하고 있습니다. 그러므로 그대는 안전하지 않습니다.

그대의 마음 안으로 낯선 사람을 들여보내지 마십시오! 아는 사람일 때 들여보내십시오. 조심하십시오. 그대를 괴롭히는 강도가 그대의 아파트에 들어와 그대의 물건들을 훔칠지도 모릅니다. 먼저 그것이 누구인지를 보십시오. 그것이 평화, 사랑, 아름다움과 같은 우호적인 생각이면, 문을 열어도 됩니다. 그러나 모든 사람들에게 문을 열어 준다면 그대는 곤경에 처할 것입니다. 그러므로 조심하십시오. 먼저 주의해서 살핀 후 행동하십시오.

제가 찾아온 것이 정말 이것인가 하는 의심이 생깁니다.

그대가 평화와 행복 안에 있는데 어떻게 의심이 떠오를 수 있습니까? 의심을 가지면 그대는 평화에 있을 수 없습니다. 평화로울 때는 의심이 그대 가까이에 올 수 없습니다. 그대가 의심 너머에 있기 때문입니다. 의심이란 그대의 인생을 갉아먹는 쥐와 같습니다. 그러므로 침묵 하십시오. 노력하지 마십시오. 이 노력하는 것 역시 의심입니다. 휴식하며 누구도 그대를 방해하지 못하게 하십시오. 의심이 그대 주변에서 춤추게 하십시오. 의심을 지켜보십시오. 그러면 의심은 그대 가까이 다가올 수 없습니다. 의심이 일어나는 곳을 지켜보십시오. 아무것도 없는 상태를 들여다보십시오. 이 곤란을 의심에게 주십시오. 의심이 그대를 괴롭히도록 두지 마십시오.

의심이 그냥 계속해서 생깁니다.

의심들이 오고 가도록 내버려 두십시오. 그러면 의심이 그대를 괴롭히지 않을 것입니다. 길 가는 사람과 차는 그대를 괴롭히지 않습니다. 차, 트랙터, 트럭, 버팔로, 자전거가 그대 앞을 지나갑니다. 그러나 그것들이 지나가도 그대는 관심이 없습니다. 그러나 그대가 관심을 기울이는 즉시 문제가 생깁니다! 침묵에 머물며 모든 것이 그대 앞에서 일어나도록 두십시오. 일어나고 있는 것을 그대의 마음 안으로 흡수하지 마십시오.

저는 항상 우울함을 느낍니다. 저는 함정에 빠져 있으며 의심과 절망이 가득합니다. 스승님이 하시는 말씀을 머리로는 이해합니다만 진정으로 깨닫지는 못합니다. 환영 속에서 계속 살고 싶지는 않습니다. 저를 도와주십시오.

이 질문은 지혜와 빛을 갖게 될 사람에게 일어날 것입니다. 질문이 그대에게 생겼고, 그래서 지금 그대는 여기에 있습니다. 환영 속에 사는 것이 쓸모없는 일임을 아는 자들만이 여기에 올 것입니다. 우선 그대를 여기로 데려온 자를 그대는 찾아내야만 합니다. 그대를 도와줄 그것(That)의 자비가 내면에서 그대를 밀고 있습니다. 행복해지기 위해서 그대는 여기에 있습니다. 불안 콤플렉스를 갖지 마십시오. 그대는 큰 공덕을 쌓았습니다. 삿상에 오려면 공덕이 필요합니다. "이번 삶에, 올 해, 오늘 이것을 얻겠다."라는 바위와 같은 강한 결심이 필요합니다. 이것을 그대는 결심해야만 합니다. 지금 하십시오. 언제 그대가 그것을 하든지, 그것은 지금이 될 것입니다. 이 지금을 내년으로 미루는 이유가 무엇입니까? 지금이 그대를 도울 것입니다. 행복하려면 그대는 다른 곳으로 갈 필요는 없습니다. 그것은 여기입니다! 내면을 바라볼 때 그대는 행복합니다. 그러나 바깥을 보면 그대는 곤경에 처합니다. 내면을 바라보겠다고 반드시 결심하십시오! 내면을 보고 행복하십시오. 그대의 마음이 어디론가 가면, 그 마음을 다시 데려오십시오. 마음을 지켜보며 침묵에 머무르십시오. 며칠 동안 그렇게 해보십시오.

마음은 결코 침묵이 아니기에, 밖으로 뛰쳐나갑니다. 그러므로 마음이 어디로 가든지, 마음을 다시 데려오십시오. 그대가 어디에 있든 계속 그렇게 하십시오. 걸을 때도, 말할 때도, 집에 있거나 밖에 있을 때도, 내면에 있는 그대의 마음은 마음이 하는 것을 지켜봅니다. 그대의 마음을 다시 데려오십시오. 오랫동안 그대는 마음이 하는 대로 내버려두었습니다. 그러므로 지금은 그대가 마음을 통제할 때입니다. 그러나 굳은 결심 없이는 누구도 마음을 통제할 수 없습니다. 굳게 결심해야만 마음이라는 이 원숭이를 통제할 수 있을 것입니다.

여자도 깨달음을 얻을 수 있습니까?

이 의심은 남성 우위의 문화가 가져온 함정입니다. 사실 여자도 남자만큼 강합니다. 깨달음을 얻은 락슈미 여왕을 우리는 잔시에서 볼 수 있습니다. 마이트리도 깨달았습니다. 깨달음을 얻은 여성들을 우리는 많이 볼 수 있습니다. 여성들도 자유롭게 될 모든 권리가 있습니다. 아빌라의 성녀 테레사와 아시시의 성녀 클레어를 들어본 적이 있습니까? 그 당시 교회는 그들의 경험을 반가워하지 않았습니다. 교회는 성경과 교회에 대한 말을 듣고 싶어 했으며, 이 성녀들이 겪었던 예수에 대한 직접적인 경험은 듣고 싶어 하지 않았기 때문입니다. 남성과 여성 간에는 아무런 차이가 없습니다. 남성 여성 모두가 자유로워질 수 있는 똑같은 권리를 갖고 있습니다. 모든 사람은 자유의 권리가 있습니다!

몇 년 전에 저는 진리, 의식, 희열을 경험했습니다. 이것이 제 삶을 깊숙이 변화시켰습니다. 저는 저의 존재를 알고 있습니다만 생각과 의심이 저를 사로잡습니다.

그대가 진리에 주는 시간은 얼마 동안이며, 의심에 주는 시간은 얼마 동안입니까? 의심에 주는 시간이 그대의 진리의 경험을 없앱니까? 생각들이 오면 그것을 바라보아 그것들을 쓸어버리십시오. 그러면 점차 생각들이 공격하지 않을 것입니다. 의심이 올라올 때는 그냥 그것이 오는 곳을 보기만 하십시오. 의심은 그대가 생각을 지켜보지 않을 때만 그대를 곤경에 빠뜨립니다. 희열 또한 바라보십시오. 그것이 어디에서 오며 누구에게서 오는지 물어보십시오. 이 모든 파도들이 일어났다가 되돌아가는 중심을 찾으십시오.

"나는 누구인가?"라는 질문이 평화를 가져옵니다. 그러나 다시 의심이 일어납니다.

마음이 혼란스러울 때마다 그것을 그대의 가슴속으로 데려오십시오. 마음이 다시 가면 또다시 마음을 데려오십시오. 마음의 습관인 대상들로 가서 길을 잃지 마십시오. 이들 대상에서 마음을 데려오고, 나가면 또 데려오십시오. 이런 식으로 마음을 통제하면 그대는 성공할 것입니다. 다른 모든 사람들이 마음의 조종을 받고 있습니다. 그대의 마음을 가슴으로 데려오는 것이 우파니샤드와 바가바드 기타에서 말하는 마음을 통제하기 위한 유일한 방법입니다. 아르주나가 같은 질문을 크리슈나에게 했을 때, 크리슈나는 이렇게 대답했습니다. "마음이 어디로 가든지 그것을 다시 데려오라. 그리고 마음을 나의 가슴 안에 두어라.”

저는 몇 달 동안 희열을 느끼지 못했습니다. 항상 희열 속에 있는 것이 가능합니까? 희열 너머에 그 무엇이 있습니까?

희열이 오고 간다는 의심은 어디로부터 옵니까? 이기적인 의식을 가지면, 눈을 뜨면 보이지만 감으면 보이지 않습니다. 그러나 그대는 의식과 희열 그 자체입니다. 희열의 경험자가 아닙니다. 그대는 희열을 보는 자가 아니라, 희열 그 자체입니다. “내가 바로 그 희열이다.”라고 깨우치십시오. 그러면 희열은 열리거나 닫히지 않을 것이며, 희열은 오거나 가지도 않을 것입니다. 태양은 24시간 동안 빛납니다. 태양에게 밤이란 없습니다. 그러나 지구가 태양의 뒤를 돌 때에 밤이 있습니다. 그것은 영원히 빛나는 태양의 잘못이 아니라 지구의 잘못입니다.

그대는 자신이 태양임을 알아야만 합니다. 이 사실을 알 때에만 그대는 이 가르침을 이해할 수 있습니다. 어둠이 무엇인지, 빛이 무엇인지를 식별하십시오. 무엇이 진짜인지, 무엇이 가짜인지를 분별하십시오. 나타나고 사라지는 것은 진짜가 아닙니다. 오고 가는 행복과는 접촉하지 마십시오. 대신, 의식의 저장고인 근원으로 가십시오.

의심과 욕망. 그리고 마음이라는 이 기계에 진저리가 납니다. 아마도 저는 은총을 기다려야 하나 봅니다. 제가 할 수 있는 것이 있을까요?

은총이 없이는 아무것도 작용하지 않을 것입니다. 그대에게는 은총이 필요합니다. 그대의 삶에 은총이 없다고 어떻게 그대가 말할 수 있습니까? 그대가 자신을 럭나우로 오게 했다고 생각합니까? 그대를 여기로 부른 은총이 있음에 틀림없습니다. 그렇지 않다면 그대의 조국에 있는 친구들처럼 그대도 여기에 오지 않았을 것입니다. 그대가 아무런 은총도 받지 못하고 있다고 말하는 것은 마음입니다. 마음은 모든 것이 자신의 노력에서 온다고 믿고 싶기 때문입니다. 그러나 마음은 수천 년 동안 계속 노력해 왔으며, 이제 그대가 나의 은총으로 마음에서 자유로워질 수 있는 때가 왔습니다. 이 은총이 그대의 활동들을 인도하여 그대가 어디로 가서 어디에 머무를지 가르쳐 줄 것입니다. 그대가 내면의 명령으로 여기에 있음을 받아들인다면, 이것은 이 은총에 대한 복종입니다. 일단 그대가 복종하면 그 길은 아주 순탄할 것입니다. 그냥 아무것도 하지 마십시오. 생각조차 하지 마십시오. 그냥 은총이 일어나게 허락하십시오.

저는 스승님의 은총에 너무나 압도됨을 느낍니다. 제 가슴은 스승님의 발아래 있으며 저의 모든 두려움들이 사라졌습니다. 어떻게 감사의 마음을 다 표현할 수 있겠습니까? 제 마지막 의심을 완전히 없앨 수 있는 방법은 무엇입니까?

아직도 무슨 의심이 있습니까? 그대가 나와 사랑에 빠졌는데, 그대는 어떤 의심이 아직도 남아 있습니까? 의심은 그대가 어리석은 사람과 사랑에 빠져 있을 때만 일어납니다. 그때는 의심과 두려움이 존재합니다.

나와 함께라면, 그대는 그것(That)을 신뢰해야 하며, 의심해서는 안 됩니다. 왜냐하면 내가 그대를 사랑하기 때문입니다. 다른 경우, 그대는 다른 사람을 사랑할 수도 있습니다. 그러나 그 사람은 그대를 사랑하지 않습니다. 이것이 세상에서 그대가 겪은 경험이었을지도 모릅니다. 그대가 마음을 준 그 사람은 다른 사람에게 매달리고 있습니다. 한 이야기가 생각납니다.

한 남자가 왕의 궁전에 나타났습니다. 그는 궁전 안으로 들어가도록 허락받았습니다. 이 남자가 왕에게 말하기를, "저는 히말라야에서 온 요가 수행자입니다. 저의 타파스, 고행, 믿음을 보고 천사가 하늘에서만 자라는 신성한 과일을 제게 주었습니다. 저는 지금 350살이어서 젊음을 유지하게 해 주는 이 과일이 제게는 필요 없습니다. 저는 이미 오래전에 한 개를 먹었기 때문에 당신이 보다시피 저는 겨우 25살 정도로밖에 보이지 않습니다. 당신은 매우 선하고 너그러운 왕이라고 들었습니다. 그래서 저는 당신이 이 과일을 먹고 오랫동안 국민을 도울 수 있게 되길 바랍니다."

왕은 그 과일을 받았습니다. 그러나 그는 젊은 왕비가 과일을 먹고 항상 25살로 있기를 바랐습니다. 이런 방법으로 하면 젊은 모습의 왕비를 더욱 즐길 수 있을 테니 말입니다. 왕비는 과일을 받았습니다. 그러나 그녀는 이 늙은 왕에게 완전한 만족을 느끼지 못하고 있던 터라, 마구간에서 일하는 젊은 애인을 두고 있었습니다. 애인의 젊음을 내내 즐기기 위해 그녀는 그 과일을 그 젊은이에게 주었습니다. 이제 그 과일은 이 궁중

하인의 손에 들어갔습니다. 그런데 이 젊은이는 교수형에 처해질 수 있는 죄를 지은 벌로 왕비와 함께 붙잡히게 될까 봐 항상 두려워하였습니다. 그래서 그는 평범한 창녀와 사랑을 시작하게 되었습니다. 그녀와 함께라면 의심도 두려움도 느끼지 못했기에 과일을 창녀에게 주어서 그녀의 젊음을 즐기고자 했습니다.

이제 창녀는 자신이 젊음을 계속 유지한다면 괴로움만 여전히 남아 있을 것이며, 늙는다면 그녀의 삶이 나아질 것이라고 생각했습니다. 그래서 그녀는 계속 젊음을 유지하면 모든 사람에게 유익을 끼칠 사람에게 이 과일을 주기로 결심했습니다. 이 사람이 바로 왕이었습니다! 왕은 과일을 보았습니다. 요가 수행자가 준 것과 똑같은 과일이었습니다. 하지만 창녀들조차 이 과일을 갖고 있다니! 그래서 그는 이 과일이 과연 무슨 소용이 있는 것인지 요가 수행자에게 물어보기로 했습니다.

"이것은 그대가 내게 준 것과 똑같은 과일인가?"라고 왕이 물었습니다.

"그렇습니다. 분명 그것은 똑같은 것입니다." 요가 수행자가 대답했습니다.

"하지만 창녀들조차 이 과일을 갖고 있다!"

"아니오, 그럴 리가 없습니다. 저는 못 믿겠습니다. 당신은 확신하십니까? 제가 당신께 드린 그 과일을 드셨습니까?"

"아니다. 왕비에게 주었다."

"그럼 왕비를 불러 그 과일을 먹었는지 물어보십시오." 요가 수행자가 요청했습니다. 왕은 왕비에게 그 과일을 먹었는지 물었습니다. 그녀는 솔직하게 왕에게 말했습니다. 왕이 그녀가 계속 젊어지기를 바라듯이, 자기도 애인인 마구간의 젊은이가 계속 젊음을 유지하기를 원했으며, 늙은 왕보다 그 젊은이에게서 더 즐거움을 느꼈기 때문이라고 했습니다. 왕비의 애인인 하인이 불려갔고, 그는 왕비의 애인이라서 느끼는 두려움을 실토했습니다. 그리고 하인은 그 과일을 자기가 사랑하고 즐기는 한 창녀에게 주었다고 했습니다. 창녀가 불려갔고 그녀 또 한 자신의 이야기를 다 털어놓았습니다.

"이 과일이 얼마나 많은 손을 거쳐 갔는지 보십시오. 그러나 아무도 그것을 먹을 공덕을 갖지 못했군요."라고 요가 수행자는 말했습니다. "당신들 중 아무도 그 과일의 유용성을 모르고 있습니다. 그러니 이제 나는 그것을 다시 갖고 가겠습니다." 요가 수행자는 그 과일을 갖고 궁궐을 나갔습니다.

이제 왕은 교훈을 얻었고 믿을 수 있는 사람은 아무도 없다는 것을 배웠습니다. 그래서 그는 다이아몬드, 하인, 코끼리, 영토를 둘로 나누어 두 왕비에게 나눠 주고 평화를 찾기 위해 궁궐을 떠나 숲속으로 들어갔습니다.

이 이야기는 세상의 이야기이고, 우주의 이야기입니다. 어떤 사람은 이것을 일찍 이해할 것입니다. 또 어떤 사람은 나중에 이해할 것입니다. 자, 그대가 해야 할 일이 있다면, 그 무엇이든지, 오늘 그것을 하십시오.

ॐ

제13장

마음을 잃는 것을 두려워 마십시오.

탐구와 더불어 일어날 수 있는, 사라지는 것에 대한 두려움은 "나는 몸이다."라는 오랜 감각의 두려움입니다. 이것은 새로움에 대한 두려움이 아니라 오래된 것을 떠나는 것에 대한 두려움입니다. 두려워 말고 그대 자신의 존재 속으로 뛰어드십시오. '그대'가 사라질 때 모든 두려움 또한 사라질 것입니다. 침묵하십시오. 잠잠하십시오. 여기에 그대가 있습니다. 그대 가슴의 현존으로 머무르십시오. 나를 만나기를 두려워 마십시오. 그대는 항상 나로 있어 왔습니다. 아무것도 잃을 수 없으니 두려워 마십시오.

"그것을 잃는다."는 두려움이 있을 수 있습니다. 어떤 것을 소유하고 있을 때만 잃어버림에 대한 두려움이 일어납니다. 소유할 수 없는 것은 오직 나뿐입니다. 그래서 잃을 수 없는 것은 오직 나뿐입니다. 두려움을 피하는 유일한 방법은 내면의 아름다움으로, 나로, 가슴으로 바로 돌아오는 것입니다.

마음이 없으면 그대가 미쳐 버릴 수 있다고 두려워할지도 모릅니다. 그러나 마음이 있는 곳에는 이원성이 있습니다. 이원성이 있는 곳에는 욕망과 분노, 증오와 두려움이 있으며 그것은 한마디로 광기입니다. 그러므로 그대의 마음을 잃는 것을 두려워 마십시오. 마음 없는 것이 온전한 것이기 때문입니다. 이것은 행위자 의식도 아니고, 판단도 아니고, 분노도 아닙니다. 이것은 지고의 지혜와 평화입니다.

모든 두려움은 존재하지 않는 '타자'에 근거하므로 모든 두려움은 어떤 근거도 없습니다. 두려움은 깨어 있는 상태와 꿈꾸는 상태라는 이원성 안에서만 살아갑니다. 두려움이 있는 곳에는 거짓이 있습니다. 이것을 극복하려면 매일 명상하십시오. 두려움은 표적을 무시하고 있습니다. 그러므로 자유와의 관계를 돈독히 하십시오. 그것을 증오나 사랑이 되게 하십시오.

탐구에 있어서 두려움이 생기는 것은 탐구 후에 '이것, 저것'과 함께 하려는 보이지 않는 의도 때문입니다. 그 의도를 가라앉혀야 합니다. 그때 그대에게 평화가 있습니다. 잠재의식으로 억제된다 하더라도, 그 의도는 다시 깨어날 것입니다. 그것들을 억누르지 마십시오. 그것들이 존재하지 않는다는 것을 그냥 알기만 하십시오. 그대는 여전히 '이것과 저것'을 가질 수 있지만 그러나 그것들이 존재하지 않는다는 것을 그냥 아십시오. 그것은 마치 해변에 있는 아이들과, 아이들이 만든 모래성과 같습니다. 아이들은 하루 종일 놉니다. 그러나 하루가 끝날 때 아이들은 호주머니에 모래를 가져가려 애쓰지 않습니다. 그들은 모래를 즐거운 마음으로 바다로 차 버리든지 높은 파도가 모래를 휩쓸어 가는 것을 그냥 지켜볼 뿐입니다.

모래는 모래입니다. 그대에게 속한 것은 아무것도 없습니다! 모든 것이 미풍과 같습니다. 아무것에도 집착하지 않음으로 그대의 마음을 미풍처럼 자유롭게 하십시오. 이것이 행복의 비밀입니다. 정원을 즐기십시오. 그러나 어느 것에도 매달리지 마십시오!

진리를 알기 위해서는 두려움이 없는 샷트바 지성이 필요합니다. 바사나, 혼란, 두려움의 무거운 짐을 지고서는 그대는 탐구할 수 없습니다.

그러므로 마음은 바사나와 두려움으로부터 자유로워야만 합니다. 그리고 이것은 그대가 가지고 있는 열망의 정도에 달려 있습니다. 자아 모습을 띤 '나'를 무시하십시오.

명상이 깊어짐에 따라 종종 죽음의 두려움을 느낍니다.

이름, 모습, 개념, 정체감이 깨질 때 두려움이 옵니다. 강이 바다로 들어가면 자신의 성질을 잃게 될 거라는 두려움이 있게 됩니다. 이 깨어짐은 갑작스러운 도약입니다. 도약하는 순간 두려움은 대담성으로 변할 것입니다. 두려움은 장벽, 강둑, 제한에서 오는 부산물입니다. 이 제한들이 마음입니다. 과거의 모든 개념들과 정체감들을 잃을 때 두려움이 생깁니다. 바다를 만날 때 생기는 두려움은 바다와 하나 됨으로 사라집니다. 두려움은 그대가 바다와 다르다는 생각일 뿐입니다. 그러므로 두려움은 교만, 분리, 자아의 모습입니다. 이런 생각을 멈추고 자유가 되십시오.

사람은 모두 죽습니다. 모두들 이 죽음을 두려워합니다. 두려움은 그대가 여기 있지 않을 때는 뭔가를 잃어버릴지도 모른다는 것에 불과합니다. "나는 죽지 않을 사람이다."라는 것을 깨닫고 연습하여 이 두려움을 없애시오. 죽는 것은 육체입니다. 죽음은 육체에만 있을 뿐, 그대에게는 있지 않습니다! 육체가 죽어도 그대는 죽지 않습니다. 육체를 지탱해 주는 내면에 있는 존재는 죽지 않습니다. 천천히 이것을 연습하여 죽음의 두려움을 없애십시오. "나는 육체가 아니다."라는 사실을 깨달으십시오. 이렇게 하는 데 시간이 걸릴지도 모릅니다. 그러니 마음속으로 거듭해서 "나는 육체도, 감각들도, 감각 대상들과 함께 하는 활동도 아니다."라고 말하십시오. 이것을 계속 되풀이하면, 만트라 같은 효과가 있을 것입니다. 이런 것들에서 그대 자신을 분리시키십시오. 발에서 시작해서 그대는 발이 아님을 깨달으십시오. 발로부터 차례로 진행하십시오. "이 모든 곳은 내가 아니다."를 깨달은 후 "나는 누구인가?"를 물어 보십시오. 서서히 진리가 그대를 선택할 것이며 모든 두려움이 없어질 것입니다.

스승님과 함께 할 때의 경험은 너무 평화로워 때로 두려움을 느낍니다.

무엇이 그대를 두렵게 합니까?

경험의 강렬함입니다. 하지만 지금은 두렵지 않습니다.

처음으로 마음의 평화를 얻었기에 그대는 두려움을 느낍니다. 아무도 진정한 평화를 누린 적이 없습니다. 그러나 그대가 평화를 계속 누릴 때, 그것이 하나의 경험이라면 그것은 그대를 두렵게 할 수 있습니다. 그대는 놀랄 필요가 없습니다. 그대의 친구들이나 가족 중 이런 경험을 해본 사람이 없기 때문입니다. 아무도 이 특이한 달콤함을 맛보지 못했습니다. 자아를 가지지 말고 그대의 삶을 즐기십시오. 자아를 지니면, 자아는 전갈처럼 그대를 항상 물것입니다. 이것을 그대는 항상 경험하고 있습니다.

자아와의 키스는 전갈의 침과 같습니다.

저는 자각만이 있는 곳을 경험해 보았습니다. 그러나 두려움 때문에 다시 이 존재의 국면으로 떨어지고 말았습니다.

이 경험으로 충분합니다. 그러나 그대는 생각을 했고, 이 생각은 그대를 과거로 데려갔습니다. 생각은 과거이기 때문입니다. 그대는 일어났던 일과 그대가 가진 것이 무엇이었는지에 대해 생각하기 시작했습니다. 누구도 그것에 관하여 말하지 않았기에 그대는 그 가치를 몰랐습니다. 비록 그것이 모든 사람과 모든 장소에 있을지라도, 극소수의 사람만이 그것을 발견할 것입니다. 그대는 자신의 호주머니 속에 있는 것이 해변에 널려 있는 조개가 아닌 보석이라는 것을 알아야 합니다. 그것은 조개가 아니라 다이아몬드임을 아십시오. 그대는 생각하지 않아야만 합니다. 그러면 그대는 우주에서 가장 부유해질 것입니다.

한 남자가 있었습니다. 그는 당나귀 등에 벽돌을 싣고 공사장으로 운반하는 사람이었습니다. 인도에서는 특히 시골에서는 아직도 이런 식으로 일을 합니다. 그는 겨우 몇 센트밖에 되지 않는 25페이샤를 벌려고 하루 종일 일을 합니다. 어느 날 집을 짓기 위해 필요한 모래를 파다가, 반짝이는 것을 발견하고는 그것을 당나귀 목에 걸었습니다. 그는 그것이 무엇인지 몰랐습니다. 며칠 후 다이아몬드 상인이 지나가면서 당나귀 목에 걸린 것을 가리키면서 얼마냐고 물었습니다. 이 가난한 사람은 "1달러요."라고 대답했습니다. 그 당시에 1달러는 20루피였습니다. 단돈 5루피면 당나귀 한 마리를 살 수 있었기에 그는 거래를 잘 했다고 생각했습니다.

그러나 다이아몬드 상인은 당나귀의 목에 걸린 반짝이는 물건만 챙기고 당나귀는 남겨두었습니다. 가난한 사람은 상인이 제정신이 아니라고 생각하며 "선생님, 당나귀는 어쩌시고요?"라고 물었습니다. "나는 바보가 아니오, 나는 보석상이오. 나는 당나귀 값이 아닌, 보석 값을 지불한 것이오. 당신은 그 사실을 몰랐지만 평생 동안 일할 필요가 없도록 돈을 충분히 지불하겠소. 당신 가족도 3대에 걸쳐 일할 필요가 없을 것이오. 당신 어리석음의 대가로 5,000루피를 주겠소." 그 보석상은 어느 지방 상인들에게 십만 달러를 받고 보석을 팔았습니다. 또 그들은 캘커타 시장에 열 배로 내다 팔았으며, 그것은 다시 아랍의 회교도 족장에게 열 배에 팔렸습니다. 한편 이 가난한 사람은 점점 가난해졌고 자신의 어리석음을 갈수록 후회했습니다.

그러므로 다이아몬드가 그대에게 오면, 그대 스스로 다이아몬드의 가치를 평가하십시오. 다이아몬드를 가지고 여기저기 다녀보면서 가장 비싼 값을 받으십시오. 그대는 보석상도 아니고 보석도 잘 모르기에 보석의 진가를 모릅니다. 다이아몬드를 보석상에 보이십시오. 그것을 여기로 가져오십시오. 내가 다이아몬드를 평가하겠습니다. 몇 캐럿의 다이아몬드인지 가르쳐 주고 누구도 지불할 수 없는 정확한 값을 그대에게 지불하겠습니다.

그러므로 실수하지 마십시오. 반짝이는 것을 발견하면, 그것을 럭나우로 가져오십시오. 이곳에는 양심적인 다이아몬드 상인이 있습니다. 이 상인은 그대에게 정확하게 값을 치를 것입니다. 정확한 가격은 돈, 돌, 달러 속이 아닌 평화 속에 있습니다. 누구도 그대에게 그것을 줄 수 없습니다. 다이아몬드는 열 배를 받고 팔 수도 있지만, 이 평화는 어디에서도 찾지 못할 것입니다. 그대들 모두가 여기에 있는 이유도 바로 마음의 평화 때문입니다.

저는 모든 것을 놓아주려 애썼습니다만, 두려웠습니다.

놓아주는 것은 어려운 일입니다. 사람들은 모두 자신의 선택으로 일이 일어나기를 원하기 때문입니다. 그러나 이 다이아몬드보다 더 가치 있는 것이 세상에 또 있습니까? 그대가 언젠가 떠나지 않을 것이 이 세상에 있습니까? 이 육체조차 그대를 떠날 것입니다. 그러니 모든 것을 놓아주십시오.

안정적이지도 영원하지도 않은 것은 놓아주십시오. 그러면 오직 한 가지만 남습니다. 세상과 신들도 사라질 테지만 이것은 사라지지 않을 것입니다. 이것이 깨달아지면 그것에 그대의 눈을 고정시키십시오. 그것을 가지겠다는 의도가 아니라 그냥 그것이 되십시오! 그대가 원하는 모든 것은 놓아주어야 하는 것이니, 아내, 육체, 부모, 신들, 이 모든 것을 놓아주십시오. 무엇이 남습니까? 무엇이 떠나갈 수 없습니까? 떠날 수 없는 그것이 바로 그대입니다! 온 것은 반드시 가야 합니다. 그대는 결코 온 적도 없으니 갈 수도 없습니다. 그것이 무엇인지 알아내십시오.

그대의 아내, 가족이 아니라 그대의 자아를 가게 하십시오. 두려움과 자아는 어머니와 아들입니다. 자아는 두려움의 어머니며, 두려움은 자아의 아들입니다. 그대의 아내나 자식이 아니라, 두려움과 자아라는 가족을 보내 주어야 합니다. 자아라는 마음, 사람, 관계라는 옛 가족을 보내십시오. 그대가 행복해지기를 원한다면 그들과 완전히 이혼하십시오. 그러나 가족에게 삿상에 대해 말하고 그들이 매우 건강한 삶을 살도록 가르치십시오.

때로 침묵이 절로 제 앞에 나타납니다. 그러나 그것을 잡으려 하면 사라집니다.

이 침묵으로 두렵거나 혼란스럽습니까?

아닙니다.

그렇다면 왜 그대는 평화 대신에 혼란을 선택합니까? 평화가 더 좋다고 말하면서도, 그대는 마음을 혼란시키는 곳에 묶이기를 허락하고 있습니다.

예를 들어, 럭나우는 여름이면 때로 48℃가 될 정도로 아주 덥습니다. 여기에 머물기 힘들다면, 왜 떠나지 않습니까? 하룻밤만 여행하면 그대는 알모라, 무수리, 나니탈에 갈 수 있습니다. 그곳에서는 다음 날 아침 추워서 벌벌 떨 정도입니다! 상황과 환경을 활용하는 것은 그대에게 달려 있습니다. 그대는 여기에 미물도록 묶여 있지 않습니다. 기분 좋게 느껴지는 곳이면 어디라도 갈 수 있습니다. 이것은 날씨에 관한 것이지만 마음도 마찬가지입니다. 방해받기 싫어하면서 왜 그대는 무엇인가로 그대의 마음을 어지럽혀야 합니까? 그대의 마음을 아름다운 것으로 옮기십시오. "나는 항상 혼란에 빠져 있는 몸이 아니다. 나는 아트만이요, 영혼이며, 신이다."와 같은 아름다운 생각으로 마음을 옮기십시오.

이렇게 하는 데 무슨 문제가 있습니까? 생각해야 한다면 그대를 혼란스럽게 하지 않을 뭔가 좋은 것을 생각할 수 있습니다. 마음을 활용해야만 한다면, 이렇게 활용하십시오. "죽기 전에 나는 평화롭게 되어야만 한다."라고 굳게 결심하면 그대는 성공할 것입니다.

때때로 저의 가슴은 좋은 생각으로 혹은 아무 생각 없이 춤을 춥니다. 그리고 때로 저는 두려움을 느낍니다. 스승님과 함께 웃으면서 여기에 있는데 왜 이런 어린애 같은 유령을 중요시해야 합니까?

유령은 모든 사람들에게 비슷한 옛 습관일 뿐입니다. 그러나 침묵하여 유령을 생각하지 않는 새로운 습관을 가진 자는 드뭅니다. 모든 사람들이 유령을 생각하면서 비참한 삶으로 생을 마치기 때문입니다. 그들은 사실 이런 삶을 더 좋아합니다! 그러나 그대는 "나는 웃고 행복하기를 원하며 유령으로부터 자유롭고 싶다!"라는 다른 생각을 가져야만 합니다. 유령은 마음의 개념일 뿐입니다. 사실 유령은 없습니다. 처음부터 그대는 신성이었으며 고통 받으려고 태어난 것이 아닙니다.

ॐ

두려움은 생각일 뿐인데도 어릴 때부터 두려움이 주기적으로 찾아오는 것이 문제입니다. 한 생각이 다른 생각보다 더 강할 수 있습니까?

그렇습니다! 어떤 생각은 약하고 어떤 생각은 더 강합니다. 나는 "이것 혹은 저것을 원한다."라고 할 때, 그것은 약한 생각입니다. "나는 어느 것도 원하지 않는다."라고 말하는 것은 강한 생각입니다. 그때 그대는 어떤 것이 강한 생각인지 판단할 수 있습니다. 만일 그대가 어떤 사람과 함께 있기를 원한다면, 그 사람은 나중에 떠날 것이며, 그러면 그대는 곤경에 처하게 될 것임을 깨달으십시오. 이와 같은 약한 생각은 그대에게 근심을 줄 것입니다. 사실 어떤 관계도 그대에게 근심을 가져올 것입니다. 이것은 세상 모든 사람들의 경험입니다. 연관이 있는 곳에 고통이 있습니다. 홀로 잠들어 있을 때 그대는 행복합니다. 그러나 다음 날 아침 사람들과 함께 있고 싶어 하기에 그대는 근심에 빠집니다. 그러므로 그대는 강한 생각과 약한 생각 중 하나를 선택해야만 합니다.

스승님을 너무나 사랑하며 스승님도 저를 사랑하십니다. 그런데도 스승님에게서 보호받지 못하며 발가벗고 있다는 큰 두려움에 사로잡히는 이유는 무엇입니까?

그대 안에 희열을 가질 때 그대는 자신의 나와 다른 모든 이를 사랑하게 됩니다. 이것이 아트마난다입니다. 그대에게 두려움이 있다면, 그것은 그대가 마음을 내면으로 돌려 이것을 행하고 있지 않다는 뜻입니다. 두려움은 마음이 과거의 어떤 대상을 향해 바깥으로 향할 때만 옵니다. 그대의 두려움은 단지 과거에 대한 두려움입니다. 두려움이 과거의 경험이나 환경과 이어져 있다는 것을 알아차림으로써 그대는 스스로 이것을 알 수 있습니다. 과거를 들여다보지 않는다면 그대는 지금 여기에 있습니다. 그때 그대는 나의 희열 속으로 뛰어들 것입니다.

마음이 과거로 갈 때 그것을 저지하십시오.

성공하지 못한다면 다시 그것을 저지하십시오.

마음을 데려와 마음이 어떻게 과거로 표류하는지 그냥 지켜보십시오. 마음은 과거 그 자체입니다. 마음은 생각이고, 생각은 과거에 속합니다. 그러나 현재에는 아무런 생각이 없으며 행복만 있을 뿐입니다. 마음을 바라보고, 마음이 과거로 다시 돌아가지 않게 하십시오. 처음에는 힘들지만, 나중에는 그렇지 않을 것입니다.

마음은 다른 이의 농장 들판으로 가서 풀을 뜯는 황소와 같습니다. 황소는 자기 들판에 돌아올 때까지 매를 맞습니다. 매를 맞는 이유를 알지도 못하고 황소는 다시 다른 밭으로 갑니다. 그래서 황소는 계속해서 매를 맞습니다. 주위 사람들의 많은 불평을 들은 후 농부는 마침내 황소를 헛간에 묶어 놓고 거기서 풀을 먹입니다. 하지만 먹이가 있는 큰 통을 앞에 두고도 황소는 먹지 않을 것입니다. 이제 자신을 때릴 사람이 없기 때문입니다.

이처럼 우리의 마음도 말을 듣지 않아 매번 다시 매를 맞을 것입니다. 이 황소는 하루, 이틀, 사흘 동안 먹이를 먹지 않을 것입니다. 사흘 후 황소는 약해지고 배가 고파서 매를 맞지 않았는데도 풀을 먹기 시작합니다. 드디어, 황소의 기분이 좋아지고 농부는 더 이상 황소를 헛간에 가둘 필요가 없어집니다. 이제 황소는 묶여 있지 않아도 멀리 돌아다니지 않습니다. 황소는 자기 집에서도 잘 먹고 있음을 알기 때문에 밖으로 나가 더 이상 매 맞는 일은 하지 않습니 다. 황소가 길들여지면, 황소가 좋아하는 곳에 가도록 내버려두십시오. 하지만 황소는 다른 곳으로 가지 않을 것입니다.

"과거로 돌아가지 않겠다."는 굳은 결심으로 생각이라는 마음을 굶주리게 하십시오. 그리고 마음을 현재로 데려오십시오. 이것은 3일간의 작업입니다.

라마나님의 방에 앉아 있는 몇 달 동안 은총을 받아서 제가 바로 그것(That)이라는 것을 알았습니다. 그런데 밖으로 나가려는 마음이 저를 다시 사로잡았습니다.

내가 그것이라는 것을 깨달은 것은 좋은 경험입니다. 그러나 그 경험을 얼마나 간직했습니까? 왜 그것을 거부했습니까? 그것이 좋지 않았습니까?

그 경험은 완벽했습니다.

그것으로 충분하지 않습니까? 그것이 그대에게 아주 좋은 경험이 아니었습니까? 라마나 마하리쉬의 방에 앉아 있는 것만으로도 좋은 경험입니다.

그것은 최고의 진리이며 최고의 경험입니다.

그런데 왜 그것을 버렸습니까? 왜 이 순간을 거부했습니까?

제가 완전히 사라질까 봐 겁이 났기 때문입니다.

이 두려움은 이 순간 뒤에, 그대가 이 순간을 거부한 뒤에 옵니다. 두려움을 경험하는 동안에는, 그 순간 동안에는 오지 않습니다. 그 순간이 그렇게 좋았다면 왜 그대는 그것을 거부했습니까? 다이아몬드를 발견했습니다. 그대는 그것을 갖고 있다가 강에 던져 버릴 것입니까? 다이아몬드는 이 순간에도, 그다음 순간에도 역시 다이아몬드입니다. 그러나 다이아몬드가 강 속에 있다면 그대는 그것을 다시 찾지 못할 것입니다!

저는 어떤 다른 것을 선택했기 때문에 그 순간을 거부했습니다. 그래서 스승님께 도움을 청하는 편지를 썼습니다. 저는 다른 것들을 더 이상 선택하고 싶지 않습니다.

그대는 더 나은 것을 위해 다이아몬드를 거부합니다.

그것은 더 나은 것이 아닙니다.

주의를 흩뜨리는 것이 더 낫지 않다면 왜 다이아몬드를 던져 버렸습니까?

그 경험을 던져 버릴 수는 없습니다! 다이아몬드가 바로 저이기 때문입니다! 이 순간 저를 스승님께 바치고 싶습니다.

그대가 자신의 존재를 안다면, 왜 그대는 자신의 존재 아닌 것에 관심을 둡니까? 은총이 그대의 존재를 알 수 있는 곳으로 그대를 데려간 후에야, 그대는 그대의 존재를 알았습니다. 그 전은 결코 아닙니다. 문제는 여기에서 끝나야 합니다.

신혼여행에서 신부와 함께 방에 있다고 가정해 보십시오. 그때 그대는 다른 여자를 생각합니까? 이럴 때 어떤 결과가 나오겠습니까?

그것은 결혼이 아닙니다.

이런 식으로 하면 그대의 신부를 찾으려고 온 인생을 소비해도 그대는 결코 신부를 찾지 못할 것입니다. 이것이 모든 사람들이 겪는 일입니다. 이런 경험은 매일 그들에게 찾아옵니다. 그러나 사람 들이 이 경험을 거부합니다.

그대의 의심을 버리십시오. 그러면 경험이 그대에게 올 것입니다. 그때 경험을 붙잡는 것이 좋습니다. 의심이 없을 때, 그대는 평화와 사랑 속에 있습니다. 그대는 그것이 됩니다.

저는 절망에 빠져 있습니다. 제 자아가 이겼기 때문입니다.

자아는 항상 이깁니다. 그래서 그대는 자아를 무너뜨릴 기회를 잃었습니다.

스승님의 칼로 제 자아를 산산이 부수어 주시겠습니까? 저는 럭나우에 일주일 밖에 있지 못합니다. 다시 돌아올 수 있을지 모르겠습니다. 제발 저를 부수어 주십시오. 파파지, 잃어버릴 수 있는 것은 실재가 아님을 저는 알고 있습니다.

그대에게는 자신의 자아를 부수려는 좋은 욕구가 있습니다. 동시에 그대는 다음 주에 여기를 떠나 돌아오지 못한다고 협박하고 있습니다. 그대의 계획이 무엇인지 압니까? 그대가 계획하고 있는 것이 무엇인지 압니까? 그대를 문 안으로 들어가 명상하도록 놔두다가, 그대가 물러나는 순간 밖에서 다시 그대를 데려갈 자아가 거기에 있도록 하고 있습니다. 그렇게 해서는 안 됩니다! 성자를 만나러 간 왕의 이야기를 들어본 적이 있습니까? 그대의 경우와 똑같습니다! 내가 그 이야기를 최근에 했으니 그대는 분명히 들었을 것입니다. 왕족이라는 자아를 가지고 왕은 성자를 찾아갔습니다. 하지만 자아가 부서질 때까지 왕은 계속 기다려야만 했습니다. 그는 당장 성자를 만날 수 있었지만, 왕이라는 그의 자아가 그렇지 못하게 했습니다. 성자는 왕과 농부 사이에 차이가 없음을 압니다.

그러므로 그대가 내면의 진리를 보고 싶다면, 안으로 즉시 뛰어드십시오. 기다리지 마십시오! 명상조차 하지 마십시오. 안으로 달려 들어가십시오. 지금 하십시오! 명상하려고 눈을 감지도 마십시오! 단지 뛰어들고서 자아가 어디에서 일어나는지 찾으십시오. 자아 너머에 그대를 기다리며 앉아 있는 누군가가 있습니다.

때가 오면 그것을 놓치지 마십시오. 그것은 다시 오지 않을지도 모릅니다! 일 초면 충분합니다. 여기저기서 차를 얻어 타는 것은 필요치 않습니다. 그대가 있는 곳에 머무르십시오. 시간은 걸리지 않습니다. 그것은 시간 속에서 얻어지지 않기 때문입니다. 시간을 이야기할 때 그대는 그것을 얻을 수 없습니다. 호흡을 할 때마다 그대에게 시간 없는 순간이 있습니다. 숨을 들이쉰 후와 내쉬기 전의 시간에서 그대는 그대 자신을 발견할 수 있습니다. 숨을 들이쉰 후와 내쉬기 전 거기에 얼마의 시간이 있습니까? 이 순간에 그대는 무엇을 원할 수 있습니까? 무슨 명상을 할 수 있습니까? 이 순간은 평화의 시간이며 여기에서 그대는 그대의 나를 발견할 수 있습니다.

때때로 이 두려움이 저를 가두는 것 같습니다.

그대가 침묵할 때마다, 마음은 없습니다. 그러나 그대는 여러 차례 마음과 친구로 있었습니다. 그래서 마음이 함께 달아나자고 계속해서 말하고 있습니다. 그러나 이제 그대는 마음의 말을 듣지 않기로 결심해야 합니다.

그러나 이 마음은 그대를 사랑하고 있으며 그대를 에워싸고 있습니다. 그리고 그대도 마음을 사랑하고 있습니다. 이 관계를 깨뜨리지 않는다면 그대는 항상 고통을 받을 것입니다. 그러므로 용기 있게 이번에는 죽은 사람들과 관계하지 않겠다고 결심하십시오. 이 결심은 "이번 생애에 나는 자유로워져야 한다!"는 것입니다. 이번은 그대의 첫 삿상입니다. 그대는 잘 해냈습니다. 적어도 그대는 자유에 대한 강한 갈망을 가지고 있습니다.

저는 스승님이 하시는 말씀을 이론적으로는 이해합니다. 그러나 제 삶에는 여전히 전과 같은 행동양식과 습관들이 표면에 있습니다. 이것은 제가 내면에 있는 사랑을 두려워하는 것과 거의 같습니다. 도와주시겠습니까?

내 말을 이해하려고만 한다면 소용이 없을 것입니다. 내 말을 경험해야지, 그냥 듣기만 해서는 안 됩니다. 내 말을 듣거나 이해하려고만 하지 말고, 직접 경험해야만 합니다. 그대는 깊은 경험을 해야만 합니다.

내가 그대에게 바다 속으로 뛰어들라고 말하면, 그대는 이것을 이론적으로 이해합니다. 그러나 그대는 이것을 정말로 이해해야 합니다. 다른 생각이 그대의 마음에 떠오르지 않도록 그대는 침묵을 실제 경험해야만 합니다. 떠오르고 있는 생각을 보면서, 그 생각의 밑바닥까지 가 보십시오. 그리하면 생각은 사라질 것입니다. 이론도 사라질 것입니다. 그러면 그대는 경험하게 될 것입니다.

저는 경험을 했었습니다. 하지만 덴마크로 돌아갈 때….

이 경험이 덴마크로 돌아갈 수 있습니까? 이 경험은 그대와 함께 머물러야만 합니다. 그 경험은 그대가 진정으로 자유라는 것입니다. 그대는 자유와 함께 있어야 합니다! 어떻게 자유가 다른 곳으로 갈 수 있단 말입니까?

그러므로 그대는 자유를 경험한 것이 아닙니다. 그대의 경험은 이론일 뿐입니다. 그대가 자유를 경험할 때 "나는 자유다."라는 것이 항상 그대와 더불어 머물러야 할 것입니다.

제가 이 경험을 하도록 도와주시겠습니까?

왜 경험을 하지 못합니까? 그대는 틀림없이 덴마크에 있는 누군가에 매여 있습니다. 여기에 있을 때, 그대는 모든 관계들을 청산하고 단 일초, 아니 한 순간만이라도 침묵해야 합니다. 이것이 경험하는 방법입니다. 다른 이를 생각하지 마십시오. 단 일초 동안, 어떤 사람도, 물건도, 개념도 생각하지 미십시오. 그러면 그 순간 내에서 그대는 영원히 지속될 경험을 할 것입니다. 그대의 나에 한 순간이라도 투자하기를 나는 바랍니다. 그대는 자신의 삶을 다른 사람들에게 주어 왔습니다. 그러나 지금은 자신을 위해 한 순간을 투자하십시오. 그것으로 충분합니다.

그대는 항상 "나는 그에게 속한다."는 경험을 합니다. 그러나 단 일초만이라도 모든 관계를 지우십시오. 관계를 없애지 않고는 아무 일도 일어나지 않을 것입니다. 잠들어 있는 대여섯 시간 동안 그대는 사람들과 맺은 모든 관계를 깨뜨립니다. 잠을 잘 때는 그대 자신과도 관계하지 않습니다. 잠을 잘 때는 육체, 마음, 감각, 대상과 어떤 관계도 가지지 않습니다. 그러므로 깨어 있는 동안 그대는 이 일초 동안에 관계를 갖지 않을 수 있습니다. 이해하겠습니까?

예.

이론적으로? 아니면 실제로 이해합니까? (웃음)

제 모든 두려움을 스승님의 발아래 두고 싶습니다.

꿈속에서 그대는 꿈으로 된 호랑이를 만나 꿈으로 된 무서움을 느낍니다. 깨어나면 호랑이도, 두려움도 없습니다. 모든 환경들을 직면하면 두려움은 없어질 것입니다. 그것이 신을 향한 예배입니다. 그대 앞에 무엇이 오든, 그것을 받아들이십시오. 불고 있으나 한 곳에 머물지 않는 바람처럼 모든 곳으로 가십시오. 한 곳에 머무르지 마십시오. 바람처럼 모든 곳으로 가십시오. 이것이 신의 의지입니다.

제14장

신은 보이는 대상이 아닙니다.

왜 신을 대상화시킵니까? 그것을 주체화하십시오. 빛으로 바로 가서 그 안으로 즉시 뛰어 드십시오. 그렇게 하는 중에 그것에 대하여 기사를 쓰지 마십시오. 침묵하십시오. 의심을 불러들이지 마십시오. 아무런 욕망을 일으키지 마십시오. 모든 대상들을 치우고, 그것으로 남으십시오! 모든 고통은 대상화에 속합니다. 자신의 자유를 놓아주지 마십시오. 진리를 대상화하지 마십시오. 그것을 얻거나 획득이라 부르지 마십시오. 그대의 얼굴을 거울에서 볼 때 하듯이 그냥 그것과 동일시하십시오. 마음이라는 이 방문객을 잊어버리고 바로 그것과 동일시하십시오.

그대는 오직 그대가 아닌 것만을 경험할 수 있습니다. 경험하는 자 그 자체는 덧없기에 오직 덧없는 것만이 경험될 수 있습니다. 그러니 경험, 이름, 모습이라는 경험의 개념들을 포기하십시오. 이름과 형상을 만지지 마십시오. 그냥 목격하십시오! '나'를 말하면 모든 대상들이 거기에 있습니다. '나'를 바라보십시오. 그러면 모든 것이 용해됩니다. '나'가 '나'를 보게 하십시오. 탐구는 '나' 즉 경험자를 처음으로 대상화하는 것입니다. 그런 다음에 '나'조차도 대상화한 주체를 바라보십시오. '나'를 대상화한 주체가 누구인지 탐구하십시오. 이 주체는 보는 자Seer입니다.

나의 스승 라마나 마하리쉬께서는 나에게 이렇게 말씀하셨습니다. "신은 보이는 대상이 아닙니다. 신은 주체입니다. 신은 보여 질 수 없습니다. 그는 보는 자입니다. 보는 자를 찾으십시오." 나의 가슴은 열렸습니다. "보는 자를 찾으십시오." 이것이 가르침입니다.

나는 주체 앞에 있습니다. 그러므로 누가 무엇에 집중할 것입니까? 보는 자를 보아야 합니다. 꿈을 사실로 받아들이지 마십시오. 한 순간에 단 하나의 생각도 동요시키지 않음으로 깨어나십시오. 단 하나의 생각도 그 것을 오염시킬 수 있습니다. 왜냐하면 그것은 너무나 청순하고 순수하기 때문입니다.

마음은 대상화하는 습관을, 이원성을 만들어 내는 습관을 가지고 있습 니다. 비차라로 마음을 통달하십시오. '나는 여기에 있다.'를 아십시오. 이것을 지니고 어디에나 가십시오. 마음이 그대를 괴롭힌다면 질문하십 시오. 마음이 괴롭히지 않는다면 그냥 침묵하십시오.

마음이 침묵할 때 모든 것이 나입니다. 마음이 움직일 때 세상이 일어 납니다. 그러므로 침묵하십시오. 모든 것을 던져 버리고 자유가 되십시 오. 마음이 순수할 때 그대는 모든 존재 속에서 나를 볼 것입니다. 바깥의 눈으로 보는 것을 중지하십시오. 그러면 안에 있는 신성한 눈이 열릴 것 입니다.

마음을 정지시키기 위하여 '나'의 근원에 질문하십시오. 안을 들여다 보아 오고 가지 않는 그것이 되십시오. 무엇인가에 집착하기 때문에 마 음이 움직입니다. 그러므로 마음이 소중히 여기는 것을 없애십시오. 애 착들에서 물러나 침묵을 지킴으로 자각-존재-희열로 돌아오겠다고 결 심하십시오. 마음이 진정한 존재에 닿을 때 마음은 진정한 존재가 됩니 다. 자유의 개념은 굴레의 개념을 없앱니다. 옛 습관들이 그대를 다시 부 르지 않도록 온 힘을 다하십시오. 그리고는 자유 그 자체 속으로 용해되 십시오.

생각하기를 멈추십시오. 생각은 세상의 과정이기 때문입니다. 지금은 생각 사이에 있는 간격이며, 이것이 자유입니다. 생각하지 않는다는 것은 마음을 움직이지 않는다는 것입니다. 한 순간만이라도 마음을 움직이지 마십시오. 생각하지 마십시오. 생각으로부터의 자유가 진정한 자유입니다. 생각이 오면 오게 하십시오. 생각이 가면 가게 하십시오. 자유에 대한 개념 없음이 진정한 자유입니다. 자유에 대한 의도 없음이 진정한 자유입니다. 진정한 탐구란 생각하지 않는 것 그대의 마음을 움직이지 않는 것입니다. 생각해야 한다면 오직 나를 생각하십시오. 이것이 가장 가까운 수행입니다. 이것은 바다에 머물면서 파도들이 일어나도록 허락하는 것입니다. 깨어 있는 상태의 마지막과 첫 생각이 탐구가 되어야만 합니다. 그냥 침묵으로 머물면서 일어나는 것을 지켜보십시오. 이 '봄'은 존재입니다.

마음이 일을 해야 할 때 그것은 잠을 자러 갈 것입니다. 이렇게 하지 마십시오, 수면은 함정입니다. 그대가 잠수하여 찾으려는 진주에 노력 없이 주의하십시오. 영구한 답은 침묵입니다. 대답은 호흡 끝에 있습니다.

이해는 객관화입니다. 이해를 버림으로써 그대의 나를 드러내십시오. 노력이나 이해로는 근원을 찾을 수 없습니다. 모든 질문과 대답은 자아에서 오기 때문입니다. 자아가 일어나는 곳을 찾으십시오. 그러면 자아는 사라질 것입니다. 자아는 파괴되고 생각하기는 멈추어야만 합니다. 지금 그렇게 하십시오. "'나'는 나가 아니다I am not I am."라는 개념을 던져 버림으로 설명할 수 없는 것, 그리고 이해, 시각, 촉각 너머에 있는 그것을 열망하십시오. "'나'는 나가 아니다."라는 개념을 던져 버리십시오. 개념의 개념조차 버리십시오. 지식의 끝인 베단티는 언어를 포함한 모든 것을 잊는 것입니다. 책 주위에만 머무는 것은 경전을 운반하는 당나귀와 같습니다. 많은 성자들이 읽을 줄 모릅니다. 그림 속에 있는 불이 차를 끓일 수 없듯이 지적 이해만으로는 충분치 않습니다. 지적 이해는 메뉴를 읽는 것입니다. 진정한 경험은 음식을 먹는 것과 같습니다. 모든 이해는 그것의 맛과 견줄 때 메마른 지루함에 불과합니다!

자아―마음―지성만이 존재, 의식, 희열이라는 말을 듣습니다. 자아, 마음, 지성들이 간섭하게 내버려 두지 마십시오. 그대가 들은 것을 분석하지 마십시오. 텅 빔을 생각하면 그대는 텅 빔의 밖에 있습니다. 자유라는 말은 죄수만이 이야기합니다. 항상 자유로운 사람은 자유를 말하지 않습니다. 이 입에 오른 자유는 자유로워지기 위한 굴레가 필요합니다. 그대의 나를 스스로 탐구하여 자유하십시오!

이 자유를 그대는 말로는 묘사할 수 없습니다. 나의 희열에 취한 자의 눈빛과 발걸음이 자유에 대한 최고의 묘사입니다.

제15장
나는 신입니다.

신에게 가까이 있고 싶습니다.

책에서 뭔가를 읽고 있는 여학생처럼 그대는 신을 말하고 있습니다. 신을 흥미의 대상으로, 그대 자신을 주체로 만들고 있습니다. 신은 대상화될 수 없습니다. 신은 주체 그 자체입니다. 그대가 "나는 존재이다.I Am"라고 말할 때, 이 말의 의미는 "나는 신이다."라는 뜻입니다. 이것을 안다면 그대의 개인적 동일시는 끝납니다. 산스크리트는 이것을 '아함 브람마스미'라고 합니다. 이것은 "나는 신−브람만−아트만이다."를 뜻합니다. 신에게 다가가길 원한다면 신을 대상화하는 것을 그만두십시오. 대상화는 분리이기 때문입니다. "나는 신이다I Am God."를 깨우치려는 강함을 지니십시오.

그러므로 신은 이 환영을 보는 자입니다.

다시 그대는 보는 자와 보이는 것의 관계를 만들었습니다.

나와 자아 사이에, 실재와 환영 사이에 큰 차이가 있는 것처럼 생각됩니다.

이것은 실재이고 저것은 환영이다. 이것은 자아이고 저것은 나라고 말하는 것은 마음이 만들어 낸 것입니다. 이것은 마음의 창조물입니다!

존재하는 것은 아무것도 없다는 경험을 하다가, 갑자기 큰 블랙홀에 있는 저를 발견했습니다.

이 경험으로 그대는 무엇을 했습니까? 이 경험은 얼마나 머물렀습니까? 이제 이 경험을 다시 한다 해도 그대는 이 경험을 옛날 경험과 비교할 것입니다. 그래서 그대는 지금의 경험 또한 잃을 것입니다. 그대는 이 경험을 하면서 왜 그것을 분석하고 있습니까? 이해하려는 마음이 일어나 그대는 그 경험을 잃습니다.

그 경험을 지키도록 노력했습니다.

어떻게 텅 빈 상태를 지킬 수 있습니까? 결코 존재하지 않았던 것을 그대가 어떻게 지킬 수 있습니까? 어떻게 지킬 수 있습니까? 그대도 알다시피, 어디에선가 잘못이 있습니다.

마음과 이 경험은 함께 할 수 없습니다. 그대는 맺은 우정들 중 하나를 포기해야 합니다. 신과 마음 중 원하는 것을 선택하십시오! 그대가 삿상에 앉기 전에 이것을 결정해야만 합니다. "아무것도 존재하지 않고 있다."가 유일한 경험이라는 것을 알아야만 합니다. 그대는 40년 전에는 여기에 없었고 지금으로부터 50년 후에도 여기에 없을 것입니다. 전과 후에 있는 것은 또한 지금이며 실재임에 틀림없습니다.

다음에는 조심하십시오. 마음에 의해 씻겨가지 마십시오. 그대 마음 안에 아무런 차별이 없어야 합니다. "나는 환영이다", "나는 아트만이다."를 이해하려 해서도 안 됩니다. 왜 이해하려고 합니까? 아무것도 없는데 그대가 이해할 수 있겠습니까? 무엇인가가 있을 때만 그대는 이해할 수 있습니다. 그대가 뜻하는 대로 움직여서 나는 흐뭇합니다.

제가 그것을 묘사하려고 할 때 그것은 증발합니다.

그것은 묘사할 수 없습니다. 그것을 기술하려 애쓴다면, 그대는 기술해야 하는 것을 잊게 됩니다.

저에게 다른 가르침을 주시겠습니까?

그대에게 숙제를 주겠습니다. "이것 모두는 무엇인가?"라는 질문 입니다. 이것에 답하십시오. 질문을 이해합니까?

'이것'을 저는 모르겠습니다. 하지만 그것이 문제입니다!

그대가 이것에 답한다면 나는 기쁠 것입니다. 그대는 현명합니다. 질문에 답하는 데 그대의 현명함이 얼마나 도움이 되는지 보고 싶습니다.

제가 신의 존재를 믿도록 해 주시겠습니까? 저는 신을 이해하지 못합니다. 무엇인가에 대한 믿음을 갖고 싶습니다.

인간이 신을 이해할 수 있습니까? 누가 신을 이해할 것입니까? 신을 이해할 수 있다고 누가 그대에게 말했습니까? 그대는 신은 말할 것도 없고, 그대 자신이 누구인지도 이해하지 못하고 있습니다! 그대 자신을 먼저 이해하십시오.

어떤 것에 대한 믿음을 갖지 마십시오. 그대는 이미 거기에 있는 것을 믿어야 합니다. 믿음은 종교 창시자들이 만든 단어입니다. 믿음을 가지면 그대는 천국으로, 믿음이 없으면 그대는 지옥으로 간다고 그들은 말합니다. 믿음은 옳지 않습니다. 차라리 그대는 실재로부터 일어나는 사물들의 존재 방식을 찾아내야만 합니다! 그대가 누구인지를 알아내라고 나는 말하고 있습니다. 이것을 위해서는 믿음은 필요치 않습니다.

그대의 옷에서, 그대의 두파다에서 시작하십시오! 나는 두파다가 아닙니다. 다음으로 옷, 시계, 반지로 가십시오. 그대는 옷, 시계, 반지가 아닙니다. 이것들은 그대의 것이지만, 결코 그것들은 그대가 아닙니다. 이것을 깨우치십시오! 나는 머리카락, 안경, 코가 아닙니다. 코는 내 것이지만 나는 코가 아닙니다. 이것은 상식적인 이해입니다. "나는 코다!"라고 그대는 말하지 않습니다. 피부는 그대의 것이지만, 피부가 상하면 성형수술로 대체할 수 있습니다. 나는 피, 뼈, 골수가 아닙니다. 나는 내 몸안의 액체가 아닙니다. 이것들은 내가 아닙니다. 나에게 속하는 것은 내가 아닙니다. 이 집은 내 것이지만, 나는 집이 아닙니다. 그러면 무엇이 남습니까? 남아 있는 것은 집주인입니다. 남아 있는 것은 소유물이 아닌 소유자입니다. 나는 그대 질문에 답하고 있습니다. 자, 무엇이 남아 있습니까? 내가 마음, 몸, 감각이 아닐 때 남는 것은 무엇입니까?

제 영혼입니다.

아! 훌륭합니다. 하지만 그 대답에서도 그대는 영혼을 소유물로 간주했습니다. 나의 집, 나의 차, 나의 영혼처럼 거기엔 차이가 없습니다! 영혼을 소유한 그대는 누구입니까? 영혼이 몸이나 피에 속한다고 말한다면 전혀 적당하지 않습니다. 이성적인 답은 무엇입니까?

그대는 신을 믿고 싶어 합니다. 나는 그대에게 우선 그대의 나, "나는 신이다."임을 믿으라고 말합니다. 그러면 그대는 결코 실패하지 않을 것입니다. 신을 믿는 것은 신이 되는 것입니다. 신을 아는 것은 신이 되는 것입니다! 신을 이해하는 것은 신이 되는 것입니다. 신 그 자신 이외에 누가 신을 이해할 수 있겠습니까? 그대가 신을 이해한다면 신은 그대의 대상이 됩니다. 그렇다면 누가 주체입니까? 신이 주체입니다! 신은 객관화되는 대상이 아닙니다. 신은 주체입니다. 그러므로 그대가 신의 대상이되는 것이 더 낫습니다. 그래야만 일이 될 것입니다. "나는 신이다."라고 말하는데, 무슨 문제가 있습니까? 이것은 최상의 믿음, 최상의 신앙입니다. 다른 것에 대한 믿음을 가지는 대신, 그대가 신이라는 그대의 나에 대한 믿음을 가지십시오. 이것이 최상의 믿음입니다. 그래야 그대는 정상입니다. 그렇지 않다면, 그대는 비정상이거나 정상 이하입니다.

사람들 모두가 그것을 가지고 있지만, 저는 가지지 못해서 속상합니다.

분리가 고통입니다. 그대는 '다른 사람'과 분리되어 있다고 느낍니다. 그래서 고통스럽습니다. 이것이 전부입니다. 그대는 숨어 있으며, 그대의 진정한 모습을 받아들이지 않고 있습니다.

그대는 모든 것을 포함하는 온전한 하나입니다. 그대는 모든 것 그 자체입니다. "나는 다른 존재이다", "다른 사람들은 어떤 다른 존재이다."라는 개념을 버리십시오.

사람들은 나가 단전에 자리 잡고 있다고 말합니다.

원에는 하나의 중심이 있을 뿐입니다. 그렇지 않습니까? 중심이 단전에 있다면 원주는 무엇입니까?

몸입니다.

나는 조건 지어져 있지 않습니다. 나가 단전에 있다고 하는 것은 그것을 조건 짓는 것입니다. 하지만 그것은 조건 지어질 수 없습니다. 아무런 중심이 없습니다. 그러나 자신이 몸이라는 개념을 지닌다면, 그때 그대는 단전에 중심이 잡혀 있다는 개념을 지닐 수 있습니다. 몸 속에 있는 '중심'이라는 개념들은 모두 집중의 대상으로 사용되었습니다. 그러나 이 중심들에서 오는 효과를 나는 본 적이 없습니다. 중심과 원주가 있다는 개념을 포기할 때, 아마도 일이 이루어질 것입니다. 원주가 없다면 집중될 것도, 집중하는 자도 없는데, 무엇이 중심입니까?

중심들을 고정시키지 마십시오! 이것은 단지 마음의 속임수입니다. 중심은 그대를 자유에서 멀어지게 하기 위한 속임수의 마음일 뿐입니다. 한 생각을 어느 곳에 내리게 하지 마십시오. 그러면 그대는 이것을 볼 것입니다. 어느 곳에든 생각이 머물게 하지 마십시오. 그러면 마음은 어디로 가겠습니까? 이 중심들에 시간을 주지 마십시오. 40~50년을 이 중심들에 투자한 사람들을 많이 보았지만 유일한 결과는 굴레에 더 집착하는 것이었습니다.

어렸을 때부터 제게는 신을 알려는 강한 갈망이 있었습니다. 이 갈망으로 저는 진리와 하나 되는 수많은 경험을 했습니다.

진리를 수없이 경험했다는 것은 없습니다. 진리에는 오직 한 번의 경험이 있을 뿐입니다. 신은 그대에게 그 경험을 줄 수 없습니다. 신을 강하게 갈망한다면, 이 신은 그대를 교회로 보낼 것입니다. 신은 교회에서만 찾을 수 있기 때문입니다.

진리에는 아무런 신이 없습니다. 진리는 진리입니다. 신은 그대 자신의 창조물입니다. 이 말은 논쟁거리가 되겠지만, 신은 교회에서만 살아 있을 뿐입니다.

최근에, 저는 마음이 없는 경험을 했습니다. 하지만 저는 마음이 교활함을 압니다.

마음이 거기에 없는데, 누가 그것을 경험이라고 말할 수 있겠습니까? 마음이 교활하다는 것을 안다는 것 그 자체가 마음의 교활함입니다. 깨어나십시오!

제 마음은 매우 강하고 영리합니다. 저를 도와주시겠습니까?

왜 패배를 받아들였습니까? 왜 마음이 강하다는 것을 인정합니까? 마음은 그대의 주인이 아닌, 하인이 되어야 합니다. 하인이 되면 마음은 복종하지만, 주인이나 교사가 되면 마음은 도살자가 될 뿐입니다! 이 마음으로 패배를 느끼지 마십시오. 그대는 마음을 보지 못했기 때문입니다! 마음이 너무나 강하다고 어떻게 말할 수 있습니까? 그대는 결코 마음을 보지 못했습니다! 그를 본 사람은 아무도 없습니다. 그러므로 마음은 유령에 지나지 않습니다. 그대에 게 유령이 보입니다. "나에게는 강한 마음이 있다."거나 "나는 마음 때문에 고통을 받고 있다."고 말하는 사람들에게 유령이 출몰하고 있습니다. 삿상에 심리치료사가 한 명 있습니다. 그가 유령 문제를 도와줄 것입니다. (웃음) 그는 시간당 100달러를 요구할 것입니다! 그러므로 유령으로 괴로움을 당하면 대가가 비쌀 것입니다.

생각이 일어나는 것을 의식한다면 생각은 일어나지 않을 것입니다. 알아 듣겠습니까? 나는 반복해서 말할 것입니다. 이것은 매우 중요하기 때문입니다! 생각이 일어날 때, 생각을 바라보십시오. 그렇게 하십시오. 이해한다면 말하십시오. 평생 동안 생각이 일어납니다. 그러므로 생각을 바라보고 무엇이 일어나는지 말하십시오.

방심하지 마십시오. 생각이 오도록 초대하십시오. "오, 생각이여! 너를 좋아한다. 너를 사랑한다!"라고 말하십시오. (웃음) 그리고는 무슨 생각이 오는지 보십시오.

생각이 오지 않습니다.

그러므로 생각을 못 오게 하는 비법을 그대는 알고 있습니다. 그대가 젊은 나이에 럭나우로 와서 기쁩니다. 생선 시장 대신 삿상으로 오게 만든 그대 안의 강한 갈망이 있음에 틀림없습니다. 이야기를 하나 하겠습니다.

여자 낚시꾼이 있었습니다. 그녀는 강에서 낚은 물고기를 팔기 위해 시장에 가곤 했습니다. 어느 날 저녁, 강한 폭풍이 불어 닥쳐 머리에 물고기 바구니를 이고는 걸을 수조차 없었습니다. 거리에서 꽃가게를 하는 여인이 말했습니다. "자매님, 여기 오셔서 폭풍이 멈출 때까지 쉬시지요. 바람이 너무 세차게 불어서 지금은 걸을 수가 없습니다." 그래서 여자 낚시꾼이 가게로 들어왔습니다. 안에는 온통 장미와 재스민 같은 꽃들이 가득했습니다.

밤이 왔지만, 여자 낚시꾼은 잠들 수 없었습니다. 그래서 그녀는 꽃가게 주인에게 말했습니다. "잠을 잘 수가 없군요. 곳곳에 좋지 않은 꽃 냄새가 배어 있어서 이 냄새 때문에 두통이 납니다. 그래서 자매님이 허락하신다면, 생선 바구니를 베고 잤으면 합니다." 그녀는 그렇게 했고, 즉시 코를 골며 잠이 들었습니다.

이처럼 생각이라는 쓰레기를 지니고 살던 사람들은 생각이 없이는 잠을 잘 수가 없습니다. 모든 생각은 온 연못을 망치는 물고기와 같습니다. 그대의 마음에 생각이 있으면 그대는 평화로울 수 없습니다. 그러므로 어떤 생각도 그대의 마음 안에 머물러 있지 못하게 하십시오. 그때 그대는 다른 것을 보게 될 것입니다. 살아가는 동안 단 일 초만이라도 그렇게 해보십시오. 여러 달 동안, 여러 해 동안 하라는 것이 아닙니다. 단 일 초 동안이라도 그렇게 하십시오! 그대의 마음 안에 생각을 허락하지 마십시 오!

(파파지는 기침을 하기 시작한다. 그래서 쉰 목소리로 말한다.) 그대도 알다시피 모든 단어는 힘이 있습니다. "나는 그대를 사랑한다."라고 말할 때, 그 것은 힘을 갖고 있습니다. 욕을 할 때도 힘이 있습니다. 나쁜 말은 상처 를 주고, "사랑합니다."와 같은 좋은 말은 사람을 변화시킵니다. 말은 굉 장한 힘을 갖고 있습니다. 나는 '물고기'라는 단어를 사용해 왔고, 그래서 (더욱 기침하기 시작한다) 이것이 말의 힘입니다.

ॐ

저의 신-나를 깨닫고 싶습니다. 그러나 저와 그것 사이에는 베일이 있는 듯합니 다.

그대와 그것을 가로막는 베일은 그대 마음 안에 있는 갈망입니다. 그 대는 큰 의식에 도달하려는 갈망이 있습니다. 이것이 그대와 그것을 가 로막는 베일입니다. 철저하게 갈망도 생각도 없어야만 합니다. 갈망은 생각입니다. 갈망이 있으면 그대는 마음과 갈망의 대상을 가집니다. 그 러나 신은 대상이 아닙니다. 신은 주체입니다. 신은 보이지 않습니다. 이 르거나 도달되는 것도 아닙니다. 신은 보는 자입니다! 어떤 것을 보려고 애쓰지 마십시오. 신은 대상이 아니기 때문입니다. 모든 대상은 시작과 끝이 있습니다. 그러나 크나큰 의식은 시작도 끝도 없습니다. 잠시 동안이라도 그냥 어떤 것을 갈망 하지 마십시오. 그리고는 '위대한 의식'과 '위대하지 않은 의식'이 어디에 있는지 나에게 말하십시오.

이제 베일은 어디에 있습니까? 이것, 저것을 원하기에 베일이 만들어집니다. 그러나 갈망이 없을 때 신이 스스로 와서 그대의 가슴 안에 앉을 것입니다. 그러나 가슴에 있는 의자가 갈망의 쓰레기들로 가득하다면 신이 어디에 앉을 것입니까? 신은 절대적으로 순수한 자리를 필요로 합니다. 오직 그때만이 신은 초대받지 않아도 와서 그 의자를 영원히 소유할 것입니다. 그때 그대가 하는 모든 것은 신이 하는 것이 됩니다. 그때 그대는 어떤 것도 필요치 않습니다.

이름과 모습을 모두 버리십시오. 그러면 그대와 나를 가로막는 아무런 베일이 없을 것입니다. 베일이 걷혀질 때 마지막 남은 일은 다른 사람의 베일들을 걷어 주는 자비입니다. 이 일은 자신의 베일을 걷어 버린 사람들이 할 수 있는 일입니다. 그러나 자아를 가진 사람이 어떻게 다른 사람들의 자아를 없앨 수 있겠습니까? 지금 자아를 없애십시오. 그대가 인간의 모습으로 있을 때, 자아를 없애려는 갈망이 있을 때, 자아를 없애십시오. 해방을 갈망하지 않는 사람은 꼬리 없는 동물에 불과합니다. 진정한 사람은 사람으로 살면서 베일을 없앤 사람입니다. 이것을 의심하지 마십시오. 그대는 그것을 했습니다.

어떤 벽이 제가 진리를 이해하지 못하도록 막는 것 같습니다. 이 베일은 제가 살아오는 동안 배웠던 것으로 만들어진 벽입니다.

이 벽은 개념입니다. 벽을 부순다면 안도 바깥도 없을 것입니다. 그대는 생각하지 않아야 합니다. 생각으로는 개념을 없앨 수 없습니다. 이 개념은 존재하지 않는 상상일 뿐입니다. 뱀은 존재하지 않습니다. 뱀은 결코 존재하지 않았습니다. 그것은 항상 새끼줄이었습니다. 그대는 새끼줄을 잘못 보고서 그것을 뱀이라 부릅니다. 그대가 만든 창조물들은 그대 스스로 책임져야 합니다. 새끼줄이 뱀을 만든 것이 아니라 그대가 뱀을 만들었습니다. 그렇게도 많은 고통을 그대에게 주었던 이 개념들이 무엇인지 찾아내십시오.

그냥 침묵하십시오. 그리고 개념을 보십시오. 그러면 개념이 더 이상 거기에 없을 것입니다. 그대를 불행으로 몰아넣는 개념들을 바라보십시오. 그저 바라보기만 하십시오! 그대에게 고통을 주는 개념이 일어나는 곳을 바라보는 데는 노력이 필요치 않습니다. 그대가 이 개념을 창조했습니다. 그리고 결코 존재하지도 않고 있는 그 뱀을 그대는 좋아합니다. 이 개념은 실제로는 존재하지 않습니다. 그대는 평화, 사랑, 행복, 희열 속에서 늘 잘 있습니다. 이것이 그대의 성품입니다. 그 이외의 모든 것은 존재하지 않는 개념들입니다. 부모, 사제, 그리고 사회가 그대에게 내다버린 개념들, 의도들, 관념들, 이 모두를 버리십시오. 너무나 많은 쓰레기들이 그대의 머리와 가슴 위에 놓여 있습니다. 그대는 쓰레기 속에서 길을 헤매고 있습니다. 자, 같은 질문을 다시 해보십시오.

할 수 없습니다. 더 이상 질문이 나오지 않습니다.

홀륭합니다! 그대의 얼굴을 보니 이제 모든 것이 변했음을 알 수 있습니다. 홀륭합니다! 이것이 그대의 본성입니다. 본성에 머무르십시오.

제16장
얻음으로 잃습니다.

그대가 무엇인가를 소유하거나 얻을 때만 잃음에 대한 개념과 공포가 일어납니다. 그대가 잃을 수 없는 것은 오로지 나뿐입니다.

그대가 평화를 얻은 후에도 마음은 돌아올 것입니다. 그냥 마음이 오게 두십시오. 마음이 일어나는 곳을 그냥 바라보십시오. 마음을 달리도록 허락하십시오. 그러나 마음을 지금에게로 향하게 하여 과거라는 묘지에 내리게 하지 마십시오. 과거에 매달리는 것은 좋지 않은 교제를 하는 것입니다. 그대가 명상할 때 과거의 모든 패턴들이 그대를 떠날 것입니다. 명상하려는 자에게 완전히 집중하십시오. 집이 집중으로 가득 차면 도둑들이 들어오지 못할 것입니다. 기대하지 말고 탐색하지 마십시오. 그러면 그대는 그것을 발견할 것입니다.

그러나 다시 그대가 나타나는 것을 찾는다면 잘못된 것을 발견하게 될 것입니다. 그래서 그대는 그것을 분명히 잃을 것입니다. 나타나는 것은 사라지기 위하여 나타나기 때문입니다. 나타나는 생각들과 경험들을 억압하려 하지 마십시오. 단지 경계하십시오. 그것들이 오게 하십시오. 탐구는 뱀들이 일어나도록 휘젓는 것입니다. 경계하십시오. 경계하십시오.

투명함을 영속시키려는 갈망은 마음의 속임수입니다. 영속시키려는 갈망은 시간 안에 있으며

지금 여기에 있는 것을 뒤로 미룰 뿐이기 때문입니다. 이 갈망의 근원을 찾으십시오. 뭔가를 얻으려고 '다시' 시도한다면 그것은 소용없는 일입니다.

이 '잃음'은 '행위자'가 되고 싶은, 자랑스럽게 자유를 소유하려는 자아

에서 비롯됩니다. 그대가 자아의 관점에서 "나는 …을 하고 있다."고 말합니다. 거기에는 어떤 이익이 있음에 틀림이 없으며, 그대는 벌써 그것에 대한 어떤 보상을 원하고 있습니다. 그대는 어떤 것을 아름답다고 판단합니다. 그대는 그대를 매료시키는 대상에게로 가서 그것을 소유하고 싶어 합니다. 그것을 가지자마자, 그대는 그것을 잃을까 봐 두려워합니다. 둘이 있는 곳에는 두려움이 항상 있기 때문입니다. 이원성이 있는 곳에는 분리에 대한 두려움이 항상 존재합니다. 두려움이 일어날 때, 분노가 일어납니다. 분노하면 혼란이 생기고, 이해와 분별력이 낮아집니다. 일을 알맞게 할 수 없을 때 그것은 전적으로 파멸입니다.

누구나 아름답습니다. 그러나 그대 손에 동냥 그릇을 든다면 그대는 아름다움을 잃습니다.

희열의 상태를 소유하려 애쓰지 마십시오. 그대의 호주머니를 비우십시오. 원래의 모습은 텅 빔이며 평화입니다. 사물들이 오면 그것들을 즐기십시오. 그러나 그것들을 소유하려 애쓰지 마십시오. 걱정하지 마십시오. 사랑은 잃을 수 없습니다.

어떻게 사람들이 그것을 잃습니까?

얻음으로 잃습니다. 그대가 얻은 것은 무엇이나 그대의 나가 아닙니다. 무엇인가를 잃는다면, 그것은 그대의 진정한 나가 아니었다는 것을 의미합니다. 그러므로 잃게 되는 것이 더 낫습니다. 나는 결코 잃을 수 없습니다. 나는 그대의 성품이기 때문입니다. 잃을 수 있는 것과, 그것을 잃어버리는 존재라는 둘이 있는 것이 아닙니다! 진리는 그대의 성품으로 정말로 존재하고 있습니다. 잃을 수 있는 것, 즉 모든 의심, 생각, 대상과 같은 무상한 것들이 그대의 성품을 흐리게 합니다.

"그것을 가졌다."고 할 때, 그것을 가졌다는 것은 모두 오해입니다! 물론 곧 그들은 그것을 잃었다고 말할 것입니다. 그것을 잃을 수 있다고 생각하는 사람은 그것을 이해했을 뿐입니다. 어떤 이해도 잘못된 이해입니다.

천성은 잃을 수 없습니다. 그대의 나는 잃을 수 없습니다. 그것은 그냥 존재할 뿐, 가고 오는 것이 아닙니다. 그것은 어떤 것을 성취하거나 얻는 것이 아닙니다. 그대의 천성인 그대의 나를 아십시오. 자신이 누구인지 알기 전에 그대는 영원하지 않은 것, 머물러 있지 않을 것에 거주하고 싶어 했습니다. 잃을 것이라는 개념은 마음에서 옵니다. 얻은 것은 잃기 쉽습니다. 그러니 어떤 것을 얻으려 하지 마십시오. 여러 생애 동안 그대에게 던져진 모든 개념들을 버리십시오. 단 1초 동안이라도 이 개념들을 버린다면, 그대는 그것을 알 것입니다. 그때 그대는 나를 진리에게 드러내며, 진리 또한 그 자신을 그대에게 드러낼 것입니다! 이것은 그냥 존재, 그냥 현존입니다.

나와의 연결로 되돌아온다면 그것은 가장 아름다운 공간이 될 것입니다. 그런데 왜 저는 나 밖으로 나와 영화가 상연되는 새 극장을 만드는 걸까요?

진정한 아름다움 안에만 머물려고 결심할 때, 바다에 아무런 파도도 치지 않을 때, 그대는 파도 없는 충만함을 즐깁니다. 이 바다가 유희하려 할 때, 유희의 개념들은 파도의 모습들로 일어납니다. 그대가 말하는 이 영화란 파도들입니다! 바다는 자신은 바다이며 파도들이 자신 위에서 춤추다는 것을 압니다. 바다는 이 파도들에 전혀 영향을 받지 않으며, 오히려 파도들을 아주 즐기고 있습니다.

그대는 파도가 없는 바다와, 파도가 있는 바다 사이의 차이에 대해 질문을 하고 있습니다. 이런 질문은 하나의 파도, 하나의 개념이지, 바다는 아닙니다! 그것은 파도의 입장에서 나온 개념입니다. 분리라는 이런 질문은 파도는 할 수 있지만, 바다는 결코 할 수 없습니다. 이 개념은 파도가 바다로부터 분리되어 있다고 여기는 파도의 개념입니다. 그것은 그대의 존재가 진정한 존재에서 분리되어 있다는 것입니다. 우리는 파도로서 높이, 길이, 폭 그리고 움직임을 갖고 있다고 생각합니다. 그러나 이 모두가 개념들입니다. 분리는 하나의 개념입니다. 이 분리를 끝내기를 원하는 파도는 바다를 보기 시작합니다! 파도들이 바다를 봅니다!

그러나 어떻게 바다가 파도가 되려고 결심할 수 있습니까?

그것은 풍만 그 자체입니다. 바다는 풍만입니다. 바다가 유희하기로 결심하면, 이 결심이 파도가 됩니다. 이것은 의식입니다. 의식! 의식이 어떤 것을 생각하든 그것은 여전히 의식입니다. 의식이 아닌 다른 것이 결코 될 수 없습니다. 차별과 분리라는 게임은 아무런 게임이 없었던 것과 같습니다. 변하지 않았습니다! 바다는 파도들이 치든 치지 않든 바다입니다. 의식은 의식이며, 나타남이 있든 없든 비어 있습니다.

텅 빔으로부터는, 의식으로부터는, 깨달음의 '관점'으로부터는 변화가 전혀 없습니다. 그대가 그것이라는 사실을 알 때, 차별이 사라집니다. 진행되는 것에서 그대는 분리되지 않습니다. 이것을 잃을 수 없습니다!

시작, 중간 그리고 마지막까지의 모든 현현들은 그대 안에서, 그대 자신의 나 안에서 일어나는 파도들입니다. 파도들은 그대의 나에서 떨어져 있지 않습니다. 분리라는 개념에 불과한 이 혼란을 거절하십시오. 이것, 저것이 아닌 전체가 되십시오. 전체가 되기로 결심하면 그것이 즉시 일어날 것입니다. 결심하지 않더라도 이 모든 것은 여전히 그대입니다. "내가 이 모든 것이면, 이 모든 것은 왜 나입니까?"라고 묻는 것과 같습니다. (웃음) 그냥 이 질문에 손대지 마십시오!

'이것'과 '저것'을 버린다면 저는 무(無)의 공간에 있습니다.

누가 이 무(無)를 혼란시킬 수 있습니까? 이 무로 들어오면 무엇이 될까요?

바다에 머무는 방법은 무엇입니까?

'방법'이라는 개념을 쓰지 마십시오! '방법'은 파도일 뿐입니다.

'방법들'이 없다면 오직 바다에 머물고 있습니다.

'방법들'이 사람들을 혼란시킵니다. 그대가 어떠해야 한다고 생각하는 그 즉시 그대는 그렇게 됩니다. 질문을 버리는 것이 낫습니다. 그대가 생각하면 그대는 생각대로 되기 때문입니다. 그대가 자유롭다고 생각하면, 그대는 자유가 됩니다. 고통스럽다고 생각하면 그대는 고통이 됩니다. 이것이 의식의 아름다움입니다. 생각하십시오. 그러면 그렇게 됩니다. 생각하면 생각하는 대로 일어납니다. 그러나 그것은 여전히 의식입니다. 그것은 의식이기 때문에 그것은 외부에서 물질적인 것을 취할 필요가 없습니다. 그것은 의식입니다. 그것 안에 있는 모든 것이 의식입니다. 의식은 너무나 풍부합니다. 의식이 무엇인가를 원하면 즉시 그것이 존재하게 되어, 존재의 세계 속으로 들어옵니다. 자유롭기를 원하면 그대는 즉시 자유로워집니다!

자유라는 이 생각, 이 개념은 굴레라는 개념을 없앱니다. 자유롭기를 원한다면 그냥 자유의 개념을 가져오십시오. 그러면 자유와 굴레라는 두 개념 모두가 끝날 것입니다. 어느 개념도 존재하지 않습니다. 그대는 있는 그대로의 그대로 존재하며 결코 변하지 않았습니다. 자유가 되어 자신이 이 몸과 마음이라는 개념을 버리십시오.

모든 것이 춤을 출 것입니다. 이것이 자유입니다. 자유를 맛본 사람은 춤을 춥니다!

저는 그것을 잃었으며 6개월 동안 되찾지 못했습니다. 또한 그것을 다시 갖는 방법도 모릅니다!

왜 다시라고 말합니까? 다시 가진다는 것은 일시적인 것을 뒤쫓고 있다는 것입니다. 그대는 결국 그것을 잃고 말 것입니다! 음식을 먹고 나면 잠시 후에 다시 음식이 필요합니다. 이것은 그러한 것이 아닙니다.

한 방울의 감로라도 맛본다면 그대는 남은 생애 동안 음식이 더는 필요치 않을 것입니다. 이것이 흘끗 본 것입니다! 단 한 순간으로도 충분합니다. 그것을 찾고 싶다면 그것을 붙잡으려 하지 마십시오. 그것은 잡히지 않기 때문입니다. 간직하려 갈망하지 마십시오. 다시 돌아오게 하려 하지 마십시오. 그냥 그것과 함께 하십시오. 그것이 달아날 거라고 생각하지 마십시오. 그것은 달아날 수 없기 때문입니다. 그것은 사라지지 않을 것입니다. 가슴을 열어 그것을 그대와 머물게 할 때, 사라지는 것은 그대입니다. 그대가 사라집니다! 나방이 불꽃으로 달려들면 나방은 어떻게 됩니까? 그것은 사라집니다!

그러니 그대의 가슴속에 있는 이 불꽃에 손을 대십시오.

많은 구도자들이 럭나우로 와서 이 상태를 경험합니다. 그러나 서구로 돌아가면 이 상태에서 멀어지게 되는데 그 이유는 무엇입니까?

그런 일은 결코 일어날 수 없습니다. 그런 일은 결코 일어나지 않습니다. 자신을 깨달은 사람이 어떻게 그것을 잃을 수 있겠습니까? 불가능하며 진실이 아닙니다. 바다로 가버린 강은 이름과 모습이 있는 강으로 결코 되돌아올 수 없습니다. 강은 끝났습니다! 그대의 마음을 마음의 근원으로 흘러들게 하면, 마음은 더 이상 마음이 아닙니다. 마음은 그것이 되었습니다. 그것은 마음이 될 수 없습니다. 이제 그것을 마음—없음이라 부르십시오. 이 점을 명심하십시오.

서구로 돌아가면 그것을 잃는다고 많은 사람들이 말합니다. 나는 이 말을 믿지 않습니다. 그것을 얻었다고 생각할 때에만, 그들은 그것을 잃을 수 있습니다! 손이 비었다면, 아무런 얻음도 잃음도 없습니다. 얻지 않았다면 잃을 수 없습니다. 그러므로 그대는 마음에 있는 모든 갈망들을 비워야만 합니다. 일단 비워지면 그것은 다시 채워질 수 없습니다. 럭나우에서 전에는 가지지 못했던 새로운 것을 가졌다고 그들은 생각합니다. 그러므로 그들은 그것을 잃게 되어 있습니다.

그들은 얻거나 잃지 않습니다. 그들은 이미 자유이며 깨달았다는 사실을 이해하라고 나는 그들에게 말합니다. 그대가 이미 깨달았다면, 모스크바나 워싱턴 혹은 럭나우에서도 이미 깨달은 것입니다. 어떻게 그대가 어느 곳에서 어떤 것을 잃을 수 있습니까? 어떤 것을 얻으려고 애쓰지 마십시오. 이제까지 얻어 왔던 모든 것을 잃어 가십시오. 읽어서 알게 된 것이나 들어서 알게 된 모든 것들을 뒤로하십시오. 마지막 남는 것이 그대의 나를 드러낼 것입니다. 이것을 안다면 그대는 그것을 잃을 수 없습니다.

얻었다면 잃을 것입니다. 얻지 않으면 그대는 잃지 않을 것입니다. 럭나우에서 호주머니가 비었다면 뉴욕에서도 역시 비어 있을 것입니다. 그러니 늘 호주머니를 비우십시오. 빈손으로 있을 때 모든 것들이 그대에게 올 것입니다. 뭔가를 늘 잡고 있다면 그대는 더 많이 잡을 수 없습니다. 그러므로 그대의 손을 비우십시오. 빈손은 다시 채워질 것입니다. 마음이 비면 우주의 황제가 됩니다. 빈 마음과 빈손은 생각을 가지지 않는 것을 의미합니다. 생각 없는 사람은 왕국의 왕입니다. 그대는 할 수 있습니다! (웃음) 그대의 마음에 있는 모든 것들을 비우고 그대가 누구인지를 느끼십시오. 이것이 평화, 깨달음, 자유입니다. 그대 마음에 아무것도 지니지 마십시오.

며칠 전 어떤 비전을 보았습니다. 라마나께서 사다리를 올라가시는데 자비로운 미소를 지으시며 마치 "같이 가자."라고 말씀하시는 듯 했습니다. 이것은 제가 조약돌로 다루었던 다이아몬드일까요?

그렇습니다. 그것은 다이아몬드입니다. 그대는 다이아몬드를 던져 버렸지만, 문제 되지 않습니다. 그대는 다이아몬드가 어떻게 생겼는지를 알았으며 다음번에는 그것을 가슴에 간직할 것이기 때문입니다.

다이아몬드를 가지기는 어려우며 던져 버리는 것은 불운입니다. 그러나 그것은 항상 가능합니다. 그러므로 그대가 이 다이아몬드를 얻었던 방식으로 같은 '수행'을 이용해야만 합니다. 이 다이아몬드에 대하여 생각하지 않으며, 이 다이아몬드를 원하지도 않는 것이 수행입니다. 그때 스승이 그대를 불러 "여기 다이아몬드가 있네!" 하며 말할 것입니다. 이것이 스승의 진정한 은총입니다.

제 마음이 가치가 없게 느껴집니다. 펼쳐지고 있던 계시에 주의를 기울이지 않았기 때문입니다. 이런 현상은 가치 없는 것입니까, 아니면 일들이 일어나는 방식입니까?

그것은 가치 없습니다. 어떤 사람이 그대 집에 손님으로 머물려고 왔는데 그대가 그를 문밖으로 밀어낸다면, 그것은 무슨 뜻입니까? 유부녀가 다른 남자와 동침하면 이것을 무엇이라 합니까? 그녀를 존경할 만한 부인이 아니라 매춘부라 말할 것입니다. 따라서 자신을 돌보지 않는다면 그대 역시 다른 것과 관계하는 매춘부입니다. 그대는 요기(yogi)가 아니라 보기(bhogi)입니다.

스승님과 함께 있으면 이 무가치함에서 떠날 수 있습니까?

그대가 원하는 것은 무엇이든 할 수 있습니다. 여기에서는 보기가 아닌 요기를 권합니다. 오늘날 세상에는 60억의 보기들이 있지만, 요기들은 거의 없습니다.

요기가 되고 싶습니다. 저는 침묵을 경험합니다만 '나'가 돌아오고 맙니다.

'나'를 오게 하십시오. '나'는 그대와 더불어 살아야만 합니다. '나'는 좋은 여자입니다.

그러나 제가 영원한 나–자각을 발견하는 방법은 무엇입니까? 저는 '나'를 원하지 않습니다.

이 질문을 하는 자를 찾으십시오. 그러면 이 질문과 모든 질문들에 대한 답이 나올 것입니다. 질문이 어디에서 일어나는지 찾으십시오. 그러면 그대는 답을 찾을 것입니다. 여기에 머물면서 그대가 누구인지 깨달으십시오. 이 침묵이 그대의 답이 될 것입니다.

그대는 아무런 질문자가 없다는 것을 알게 될 것입니다. 그대는 질문은 찾을 수 있지만 질문자는 찾지 못할 것입니다. 오직 행복만을 발견할 것입니다.

이것을 찾았다고 생각합니다만 저는 쉽게 잊어버립니다.

나는 망각을 좋아합니다. 무엇이 오든 그것을 잊으십시오. 누구의 말도 듣지 마십시오. 그대의 마음, 몸, 관계들, 세계를 포함한 온 세상을 잊으십시오. 카비르도 이렇게 말했습니다. 그대가 기억할 수 있는 것, 잊을 수 있는 것에 대해서는 신경 쓰지 마십시오. 이것들은 그대의 본 모습과 관련이 없습니다.

지난번에 스승님과 더불어 있을 때 바다의 비전을 보았습니다. 그러나 그때 그것을 잃고 말았습니다.

한 사람만이 한 의자에 앉을 수 있습니다. 어떤 것이 그대의 가슴에 머물렀지만, 그대는 그것을 곧 잃고 말았습니다. 어떤 다른 것이 그 장소를 차지했기 때문입니다. 둘은 같은 시간, 같은 장소에 있을 수 없습니다. 그대가 평화를 가지거나 아니면 혼란을 가지거나 둘 중 하나입니다.

그러나 저는 생각들을 생각들의 근원으로 데려가려고 노력했습니다.

매우 좋은 일입니다. 이것은 아무런 깊음도 얕음도 없는 곳으로 그대를 데려다 줄 것입니다. 이곳이 평화롭고도 영원한 희열 그 자체입니다. 그대가 돌아가야만 할 그대의 궁극의 고향입니다.

지난번 스승님을 떠나 독일에 있을 때 나와의 접촉을 서서히 잃었습니다.

얻은 것을 잃는다면 그대는 어떤 다른 것에 이끌리고 있다는 것입니다. 그렇지 않다면, 그대는 행복에 머물 것입니다. 그대 자신의 나가 아닌 다른 것에 그대는 더 집착하고 있습니다. 마음은 자신이 행복을 느끼는 곳으로 갑니다.

그대의 경우에 있어서 마음은 일시적인 행복과 쾌락을 향해 가고 있습니다. 나에 머무는 것만이 영원한 행복입니다. 그대에게 고통을 주는 곳으로 마음이 가려 하면 그러지 말라고 마음에게 계속 타이르십시오. 언젠가는 마음도 이해할 것입니다. 길을 잃지 마십시오. 설령 잃는다 해도 걱정하지 마십시오. 이번 생애에 그대는 자유로워질 것이라고 결심하십시오. 그것으로 아주 충분합니다.

축복된 희열의 상태를 경험했습니다만 그것을 잃을까 두려웠습니다.

그대가 이 아름다움을 극히 짧은 순간만 지켜봐도, 님은 그대를 떠나지 않을 것입니다. 마음은 이 두려움과 긴장을 운반하지만 그것은 진실이 아닙니다. 걱정하지 마십시오. 님이 그대를 영원히 잡고 있을 것입니다. 그대는 님을 잃었다고 생각하지만, 님은 잃어지는 것이 아닙니다. 단한 순간 이 희열의 섬광을 언뜻 본다면, 모든 것은 끝납니다. 그러나 님에 집착하는 순간, 님이 여전히 거기에 있을지라도 그대는 님을 볼 수 없을 것입니다.

나는 항상 존재합니다. 희열은 항상 존재합니다. 그것을 얻으려고 움직여서는 안 됩니다. 그것을 못 보게 하는 장애물을 버리십시오. 과거에 대한 집착이 유일한 장애물입니다.

과거의 어떤 생각에 그대가 집착하지 않는다면 그것은 이미 거기에 있습니다. 그대도 알다시피 이것을 경험이라 합니다. 그것에 대한 경험은 아무런 장애, 방해, 애착이 없을 때입니다. 그러니 다시 해보십시오.

했습니다만. 다시 그것이 사라졌습니다.

사라지게 두십시오. 그대는 섬광을 보았습니다. 그대는 이것을 기억하고 있습니다. 이것은 여전히 작용할 것입니다. 사라진 이 섬광을 기억하십시오. 그대가 이 의식이 사라졌음을 안다면, 이 사라짐은 무엇입니까? 사라진 것은 그대의 마음 안에 나타난 무엇이 아니었습니까? 그러므로 이 한 번의 섬광은 사라지지 않으며 그것으로 충분합니다. 아름다운 정원에서 그대는 한 소녀를 보았습니다. 그런데 소녀가 사라졌습니다. 그대는 잠잘 때조차 마음 안에 이 사라진 것을 간직합니다. 그대는 마음 안에 이 소녀를 지닙니다. 그러므로 그녀는 그대와 함께 있습니다. 이처럼 사라졌다고 해서 아무런 차이를 만들지 않습니다.

두려움이란 가진 것을 잃을까 염려하고 그것을 계속 지키기를 원할 때옵니다. 오천 달러를 호주머니에 넣은 채 숲속을 걷는다고 가정합시다. 그때 두려움이 생깁니다. 그러나 호주머니가 비었다면 그대는 두렵지 않습니다. 도둑맞을 것이 없기 때문입니다. 잃을 수 있는 것을 갈망하지 않는 것이 최고입니다. 가지는 순간 그대 마음 안에 두려움이 생기기 때문입니다.

나타나서 사라지는 것을 좇지 마십시오. 그러면 그대는 영원한 만족과 즐거움을 줄 그것을 발견하게 될 것입니다. 나타나지도 사라지지도 않는 것이 영원입니다. 이것은 아무런 시도 없이도 지금 여기에서 얻을 수 있습니다.

침묵의 마음은 어떻게 옵니까?

마음이 나타나고 사라지는 것에 매이지 않는다면 침묵이 올 것입니다. 마음이 가는 곳을 발견하여 마음을 마음의 근원으로 데려오십시오. 이 근원은 행복 그 자체입니다. 여기에서 마음은 계속 두들겨 맞지 않을 것입니다. 마음이 싸울 때는 그대도 싸운다고 느끼지만 사실은 그렇지 않습니다. 마음이 밖으로 나가도록 허락하지 마십시오. 밖으로 가려는 갈망조차도 하지 마십시오. 내면의 근원은 값을 매길 수 없는 다이아몬드라는 것을 알고 그렇게 하십시오. 극소수의 사람만이 이 다이아몬드의 가치를 있는 그대로 압니다.

제17장
더 나아갈 수 없는 곳

우주의 가슴은 가장 작은 알갱입니다. 몸이나 마음을 가지고는 그곳에 갈 수 없습니다. 그것은 순수 중의 순수이기 때문입니다. 조그만 생각조차도 그것을 오염시킬 것입니다.

우주적 가슴의 진정한 섬광은 컵에 담긴 그대의 물을 강물에 붓는 것과 같습니다. 그대는 그대의 물을 결코 다시 볼 수 없을 것입니다! '나'라는 것에 손대지 마십시오. 그러면 그대는 이 섬광을 가질 것입니다

섬광은 그리 중요하지 않습니다. 섬광을 가진 자, 그것인 자가 중요합니다. 섬광 이후에 머물고 있는 것이 가장 중요합니다. 자각은 갈 수도 파괴될 수도 없습니다.

자유롭기 위해서는 그대는 어느 것에도 의존하지 않아야 합니다. 의존은 섬광이 아닙니다!

자유는 그대 가슴에 늘 거주하고 있습니다. 그러므로 희열의 섬광을 주는 이 모든 도움들을 버리십시오. 어떤 것에도 의존하지 말고 그냥 침묵하십시오. 그대의 마음을 과거의 어떤 것에 집착하지 않도록 하십시오. 미래를 꿈꾸는 경향성들을 점검하십시오. 그대 자신이나 구루를 포함해서 물질적 모습에 매달리지 않도록 하십시오. 그때 그대는 자유와 더불어 홀로 남습니다. 이것은 섬광이 아닙니다. 이것은 자신의 나 안에 영원히 거주하는 것이 될 것입니다.

삿상과 "나는 누구인가?"라는 탐구는 바사나들이 씻겨 내리도록 휘저을 것입니다. 그때 순수한 마음이 그것의 근원에서 휴식할 것입니다. 그대의 마음을 나에게로 항상 들어 올리십시오. 이 순간 안에 있는 영원한

것을 찾아내십시오. 둘은 칼날 위를 함께 걸을 수 없습니다. 그러므로 하나에 집중한 채 있어야 합니다. 그대는 믿을 수 없는 것을 믿어야 합니다. 그래서 그대는 미지의 것을 직면해야만 합니다. 알려진 것으로 돌아가지 마십시오. 그대 자신을 복잡하게 만들지 마십시오. 침묵하십시오.

모든 관계들을 버렸을 때 그대는 버렸다는 마음조차 버려야 합니다. 버리지 않으면 머리 위에 쓰레기 바구니를 이고 있는 격이 됩니다. 생각조차 얼룩이 될 그것 속으로 들어가십시오. 무한한 탐구는 무한한 보상을 줍니다. 유한한 탐구는 유한한 보상을 줍니다. 그러므로 탐구가 그대를 가질 때까지 탐구 속에서 길을 잃으십시오. 탐구가 아무런 이름과 모습을 가져오지 않을 때 탐구는 끝납니다. 자유 속에는 아무런 탐구가 없기 때문입니다.

지성-마음-몸-감각이라는 네 벽이 허물어진 후에도 오래된 문이 여전히 남아 있을 것입니다. "나는 자유롭다."라는 모습 속에 '나'라는 오래된 습관이 있습니다. 이 문은 필요치 않습니다.

죽음 전에 사라지지 않는다면 죽을 때에 떠날 것입니다. 둘은 같습니다.

ॐ

탐구에서 더 나아갈 수 없는 곳에 이르렀습니다.

더 나아갈 수 없는 곳이 그대가 머물러야만 할 곳입니다. 해야 할 무엇이 더 있다고 말하는 것은 마음일 뿐입니다. 이 마음을 멈추십시오.

한 팀을 이룬 등반대원들이 산을 오르고 있었습니다. 정상에 오르기도 전에 그들의 지도에는 길이 끝나 있었습니다. 그래서 마지막 지도를 얻기 위해 한 사람을 베이스캠프로 내려보냈습니다. 그 사람을 거기에서 기다리고 있을 때, 정상에서 내려오던 다른 팀이 그들의 캠프로 와서 그들에게 무엇을 기다리느냐고 물었습니다.

"정상으로 가는 마지막 지도가 없소. 그래서 그것을 가져오라고 한 사람을 보냈습니다."

"이런, 지도는 필요 없습니다. 여기가 정상입니다! 지도가 끝나는 곳이 이곳입니다!"

이것이 그대의 경우입니다. 그대는 더 나아가려고 마음을 보내 지도를 가져오게 했습니다. 그러나 그대는 더 나아 갈 필요가 없습니다. 그대는 이미 정상에 있기 때문입니다. 그대는 정상입니다. 이제 이 정상을 존중하고 사랑하십시오. 지도가 필요한 것은 마음일 뿐, 그대는 아닙니다.

저는 라마나 마하리쉬가 말씀하신 내용을 많이 읽었습니다. 그래서 스승님께서 하신 말씀을 지적으로 이해하고 있습니다.

지적 이해는 필요합니다. 그러나 그것이 필요한 전부는 아닙니다. 그대가 지적으로 이해할 필요도 있지만, 그대는 그것이 될 필요도 있습니다. 지적 지도로는 충분치 않습니다!

그러나 저는 종종 침묵합니다.

침묵의 앞이나 뒤, 안이나 바깥으로 가는 이유는 무엇입니까? 곧 그대는 이 모든 여행을 멈출 것입니다. 그대의 마음은 침묵에 머물 것입니다. 왜 여기저기로 움직입니까?

평화를 찾으러 다른 곳으로 가지 마십시오. 평화는 그대 안에 있습니다. 그대가 그 평화입니다. 대상을 향해 갈 때 그것은 그대에게 평화를 결코 주지 않을 것입니다.

생각의 대상들이 일어나고 사라지는 장소를 알고 있습니다.

그대는 보는 자입니다. 그대는 생각의 목격자입니다. 생각은 일어나 사라지고 멈춥니다. 보는 자는 영원합니다. 마음은 습관적으로 대상들과 관계합니다. 마음은 침묵으로 바라보면서 다른 것과 관계할 수가 없습니다.

이런 습관 때문에 그대는 자신이 관계하고 있는 것들이 스크린 위의 투사라는 사실을 망각합니다. 이 망각으로 인해 동일시는 침묵의 목격자에서 투사 그 자체로 나아갑니다. 투사들이 일어나고 사라지는 스크린이 그대임을 그대는 망각했습니다.

그대는 변치 않는 스크린입니다. 바닷물은 그대를 적실 수 없습니다. 불도 그대를 태울 수 없습니다. 로맨스 영화도 그대에게 영향을 주지 못합니다. 그러므로 안과 바깥에 있는 마음의 모든 투사들을 허락하십시오. 그대는 동일시와 지적 이해 이전의 그것으로 남아 있어야 합니다. 이것이 영원한 존재입니다.

생각이 그대를 대상으로 데려갈 때, 그대는 생각과 함께 가려 합니다. 마음을 따르는 것, 이것이 모든 사람의 습관입니다. 가고 오는 생각들을 피하십시오. 그 다음에는 생각을 따르는 사람을 피하십시오. 생각을 그냥 바라보지는 마십시오. 그 대신에 내면의 의식으로부터 외부의 대상으로 생각을 따라가는 이를 보십시오.

생각을 따라가는 사람 역시 생각입니다! 생각을 따라가는 사람은 생각 속에 있습니다. 둘 모두 생각이라는 사실을 알 때 그대는 집에 있습니다. 그때 생각들이 일어나도록 허락하십시오. 생각들이 따라오도록 허락하십시오. 그대는 움직이지 않는, 관심을 주지 않는 진정한 존재가 되어 오직 그것으로 머뭅니다. 이것이 최고의 이해입니다.

이것을 이해하기는 어렵습니다. 그러나 그대는 그것을 이해해야만 합니다. 생각들을 일어나게 하십시오. 그리고는 바다의 표면을 따라 움직이는 파도처럼 생각들이 가라앉게 하십시오. 바다는 파도들이 일어나서 놀고 쓰러지는 것에 관심이 없습니다. 바다는 파도가 떠날 수 없다는 것을 압니다. 파도들 역시 바다이기 때문입니다. 이것을 거대한 이해라 합니다.

이것이 문제가 끝나는 곳입니다. 삼사라가 거기에 있습니다. 삼사라가 거기에 있도록 하십시오. 현현은 나의 성품입니다. 나 그 자체는 침묵을 지키지 않으며 모든 것으로 나타납니다. 파도가 바다인 것처럼 모든 나타남은 그것입니다.

그러므로 어느 것도 받아들이지 말고 어느 것도 거절하지 마십시오. 침묵을 허락하고는 마음을 가게 하여 그것 자체를 즐기게 하십시오. 그대는 즐기는 자가 아니라는 것이 차이점입니다.

'나' 속의 순간적인 간격에 이것의 섬광을 언뜻 보았습니다.

섬광은 그대가 무엇인가를 보았다는 의미입니다. 이것은 보이는 대상과 보는 주체가 있음을 뜻합니다. 대상과 주체라는 이 이원성은 마음의 유희일 뿐입니다. 그대가 말하는 간격은 순간적이 아닙니다. 그것은 영원하며 유일한 것입니다. 호흡이나 생각 혹은 두 움직임들 사이에는 항상 간격이 있습니다. 그것은 움직임 그 자체와는 아무런 관련이 없습니다. 이 간격에서 움직임이 일어납니다. 그대는 간격입니다. 이것을 알면 차이가 일어날 것입니다.

침묵으로부터 생각들이 일어나고 쓰러집니다. 정지는 영원합니다. 그대는 이 정지입니다.

때로 이 간격 혹은 이 정지 속에서 저는 어느 순간 웃기 시작합니다. 웃음이 저를 정지 밖으로 밀어 버리는 듯합니다.

웃음은 그대를 정지의 밖으로 데려갈 수 없습니다. 이 정지는 순수한 행복이기 때문입니다. 이 웃음은 그것에서 일어나며 그것입니다. 웃음의 물결은 기쁨의 바다에서 일어납니다. 이 모두가 순간의 가장 작은 파편 안에 있습니다. 그러므로 그것은 비밀스럽습니다. 이해하는 사람, 그것을 보는 사람, 그들이 그것임을 아는 사람만이 행복해질 것입니다. 그 밖의 사람들은 고통스러울 것입니다. 그들은 죽음 앞에서 그리고 다시 태어날 때 울 것입니다.

그대는 행복 너머에 있습니다. 그대는 행복의 파도가 일어나는 장소입니다. 그 장소를 찾아내십시오. 그것을 이해하려 하지 마십시오. 그대가 그것 그 자체라는 사실을 그냥 알아야만 합니다.

이것 속으로 더 깊이 들어가도록 도와주시겠습니까?

깊이라는 그대의 개념을 버리십시오. 선명해지십시오. 고맙습니다.

"나는 누구인가?"라는 질문은 저를 바닥없는 침묵의 우물로 데려가 심오함을 맛보게 해 줍니다. 연결이 없다는 느낌을 주는 이유는 무엇일까요?

바닥없는 우물 속으로 뛰어들 때, 그대는 누구에게 "왜 연결이 없을까?"라고 묻습니까? 이 '왜'는 어디로부터 옵니까? 꼭대기까지 헤엄쳐 가서 사람들에게 끄집어내 달라고 말하는 걸 보니 그대는 확실히 훌륭한 수영 선수입니다. 그대에게 밧줄은 던져지고 그대는 되돌아오게 될 것입니다. 하지만 이 우물에 바닥이 없다면, 그냥 뛰어드십시오. 그것으로 끝입니다.

어떻게 말입니까? 어떻게?

어떤 사람이 끝도 없는 우물 속으로 뛰어들려고 집을 떠납니다. 그는 결심했습니다. 그가 누구에게 방법을 묻겠습니까? 뛰어들 방법은? 아무런 우물이 없습니다!

우물이 없다는 것을 압니다.

우물 또한 우물이 아니라는 점을 아십시오! 앎을 뒤로하십시오. (그는 웃으면서 야무나 강에서 뱀 머리 위에 춤추고 있는 크리슈나의 그림을 그녀에게 보여준다) 크리슈나는 코브라 머리 위로 뛰어들어 춤추는 기술을 알았습니다. 그러므로 이런 결심이 있어야만 합니다. 거기서 수영하는 사람은 없었습니다. 거기에는 천 개의 머리를 가진 뱀이 있었기 때문입니다. 이 뱀은 세상이며, 이 코브라는 죽음에 대한 두려움입니다. 모든 사람을 무는 이 뱀이 있는 곳을 즐기십시오. 뱀의 머리 위로 올라가 춤추고 피리를 부십시오. 진정으로 두려움을 가지지 않는 이 기술을 그대는 알아야만 합니다. 그때 음악이 흐르고 뱀 머리 위에서 춤을 출 것입니다. 이것은 매우 간단한 기술, 즉 두려움 없음입니다. 두려움 없음이 모든 것입니다. 어느 누구도 강의 이 쪽으로 뛰어들 수 없었습니다. 오직 어린 이 소년만이 강으로 뛰어들어, 이 강에 가기를 두려워하는 마을 사람들에게 평화를 주었습니다.

어느 날 밤, 마음이 죽었습니다. 거기에 노력 없는 자각이 드러나고 탐구는 끝이 났습니다. 사다나를 하려고 노력했을 때, 그것은 마치 고요한 연못에 돌을 던지거나 아니면 거대한 공간에 선을 그으려는 것 같았습니다. 스승님께 감사를 드리려고 이곳에 왔습니다. 침묵은 스승님께 감사를 드리려는 이곳에도 여전히 있습니다. 그러나 여전히 무엇인가를 더 구하려는 미묘한 바람이 또한 있습니다. 침묵의 경험을 강렬히 하고자 하는 바람인 듯합니다. 충고의 말씀을 주시지요?

이 경험을 가진 후에 뱀과 유희하는 것은 현명하지 않다고 나는 생각합니다. 아마 죽은 뱀이 아닐는지도 모릅니다. 뱀이 누워 있을지도 모르는 일입니다. 뱀 머리를 마사지하려 한다면 그대는 곤란한 처지에 빠질 수도 있습니다. 경험을 한 후에는 그대가 침묵을 지키는 것이 더 낫습니다. 마음과 유희하지 마십시오. 마음은 죽지 않았습니다! 마음은 자신의 이름 안에 여전히 살아 있습니다! 그러므로 생명의 마지막 호흡 때까지 지켜보아야만 합니다. 마음은 되살아날 수 있기 때문입니다. 뱀은 그대를 다시 물 수 있습니다. 그러므로 침묵을 지키는 것이 더 낫습니다. 마음이라는 이름조차 내뱉지 마십시오. 마음은 이름 속에 살기 때문입니다. 그대가 마음의 이름을 말할 때 그것은 살아납니다. 그대가 필요한 것은 더 이상 없습니다. 아무런 강렬함도 없습니다. 그대에게 그냥 침묵하라고 나는 말할 뿐입니다. 침묵을 지키고는 보십시오. 침묵을 구하고 침묵을 존중하십시오. 그대는 알게 됩니다!(웃음)

저는 생각을 바라봅니다. 그러면 생각은 바다에 던진 설탕처럼 사라집니다.

물이 담긴 컵에 설탕을 넣으면, 설탕은 녹습니다. 그러나 이 물에 열을 가하면 물은 모두 증발합니다. 바닥에 무엇이 남습니까? 설탕!(웃음)

그러므로 그대는 설탕을 다루지 않았습니다. 물은 증발할 것입니다.

사라질 수 있는 것은 의존할 가치가 없습니다. 설탕은 설탕을 남길 것입니다. 그대는 이 설탕을 다루어야만 합니다.(웃음) 설탕이라는 이 개념은 이제 사라져야만 합니다. 설탕 덩어리에 대해 말하지 마십시오. 물이 일단 증발하면 설탕이 덩어리로 남기 때문입니다. 그대는 찌꺼기로 남는 것을 찾아내고는 아무런 찌꺼기를 남기지 않는 그것을 돌보아야만 합니다. 장뇌! 장뇌를 태우십시오! 그러면 무엇이 남습니까? 남는 것은 없습니다! 그러므로 장뇌처럼 그대도 타야만 합니다.

그대가 하는 모든 말들은 모든 사람이 알고 있습니다. 경험하든 하지 않든 간에 사람들은 그 말뜻을 알고 있습니다. 책에 그런 말들이 적혀 있고, 성자나 현자들이 그런 말을 했기 때문입니다. "그것은 사랑이다, 그것은 침묵이다, 그것은 희열이다, 그것은 즐거움이다, 그것은 팽창이다." 이 모든 말들이 거기에 있습니다. 그러나 그것들은 말에 불과합니다. 이제 그대는 이런 말들을 버려야 합니다. 아무런 말이 없는 곳으로 더욱 깊이 가십시오. 침묵조차 거기에는 없습니다. '침묵'은 말입니다.

우리가 '설탕'이라는 단어를 말할 수 있지만, 그러나 우리의 혀는 단맛을 느끼지 못합니다. 이것처럼 우리는 침묵, 희열, 행복에 대해 말할 수 있습니다. 그러나 모두 말들입니다! 우리는 말을 멀리해야만 합니다. 어떤 말에 대해서도 말하지 마십시오. 그대는 무엇을 할 것입니까? 그대도 알다시피, 그것은 그것입니다. (웃음) 그것을 그대는 묘사할 수 없습니다! 그 영원은 묘사될 수 없습니다. 그러므로 최선은 내가 늘 말하고 있는 "침묵하라."입니다. "나는 희열이다, 나는 한계 없다."라고 생각할 때, 그대는 이 생각의 근원을 발견해야만 합니다. 희열이라는 생각은 어디로부터 옵니까? 그곳에는 아무런 생각도, 행복이라는 생각도, 평화 그리고 축복이라는 생각조차도 없다는 것을 그대는 알 것입니다. 뿌리를 파내 버리면 그대는 말할 수 없을 것입니다. 말은 그대의 바깥에 있기 때문입니다. 다음 번에는 아무런 말도 사용하지 않고 말해 보십시오. 고맙습니다. 행운이 있기를.

아름다운 일들이 여기 럭나우에서 일어납니다. 그러나 여전히 목격자라는 개념은 지속됩니다.

아름다운 일들이 일어나고 있습니다. 그리고 그대는 이런 일들의 목격자입니다. 무엇이 문제입니까? 그냥 목격자로서 머무르십시오.

그것이 진정한 유일자라고 말할 수 없습니다! 그것이 집이라고도 말할 수 없습니다!

그대가 목격자임을 아십시오. 무슨 문제가 거기에 있습니까? 그대의 얼굴을 돌리고 보십시오. 그냥 목격자가 되십시오. 누군가가 웃으면, 목격자가 되십시오. 어떤 사람이 울면, 목격자가 되십시오, 그대는 목격자의 의미를 이해하지 못하고 있습니다. 목격자란 어떤 것에도 관여하지 않음을 뜻합니다. 이것이 목격자입니다. 무엇이 벌어지든 그냥 보십시오. 목격자가 목격 대상이 될 때, 그때 그대는 대상처럼 행동하십시오. 목격과 목격되는 것이 하나 될 때, 아무런 문제가 없습니다. 목격자와 목격의 대상은 하나입니다.

꿈에서 그대는 코끼리, 산, 나무를 봅니다. 꿈속의 나무가 어떻게 그대가 아니란 말입니까? 꿈꾸는 자와 나무는 동일합니다. 꿈꾸는 자와 산은 동일합니다. 그대는 나무와 산이 되었습니다! 그렇지 않습니까? 누가 산을 만들었습니까? 산이 있다고 그대가 꿈꾸었고, 그래서 산이 거기에 있었습니다. 그대와 산 사이에는 아무런 차이가 없습니다. 둘 다 꿈입니다. 그러므로 이제 이 목격자를 목격해야만 합니다! 내가 산입니다. 내가 산을 꿈꾸고 있다는 것은 너무나 미묘하기에 이해하기 어렵습니다!

스승님께 가서 더 지도받을 수 있을까요?

이것이 나의 가르침입니다!

제18장

생선 바구니를 내려놓으십시오.

이제 제 머리는 더 이상 생선 바구니 속에 있지 않습니다.

내가 전에 말 한 생선 바구니 이야기를 기억합니까? 사람들 대부분은 생선 바구니 속에 머리를 두고 있습니다. 그들은 생선 냄새를 좋아하기 때문입니다. 이 생선은 오만과 자아입니다. 누가 머리를 생선 바구니에 넣지 않고 있습니까? 자아와 오만이 없는 자입니다. 그러나 모든 인간들, 동물들, 새들은 자아를 가지고 있습니다.

생선들을 집으로 가져간다 해도 생선들이 저를 괴롭히지 않습니다.

그렇습니다. 생선들이 나타날 때, 그것을 추적하십시오. 이 말은 한 생각이 나타나면 그대는 그 생각을 따라가야만 한다는 의미입니다. 생각은 자신이 정말로 속한 곳으로 그대를 데려갈 것입니다. 원래의 장소로 되돌아가는 생각을 따라가십시오. 그러면 그대는 한 장소에 이르게 되는데 그것이 그대의 장소였습니다. 그러나 대상을 향해 외부로 가는 생각을 따라간다면, 그대는 끝이 날 것입니다.

저는 거대한 공간을 느꼈습니다. 그러나 공간 둘레에는 테두리가 있습니다.

이 바다는 아무런 해안선이 없습니다. 누가 해안선을 볼 것입니까? 파도가 볼 것입니다! 파도는 자신이 더 이상 바다가 아니라고 느낍니다. 파도는 자신의 이름이 파도라고 생각하기 때문입니다. 파도는 자신이 여전히 바다라는 사실을 모릅니다. 바다와 파도를 분리시킨 것은 오직 파도라는 이름입니다. 이름을 가질 때 파도는 길이, 폭, 높이, 그리고 움직임을 가집니다. 파도는 영원한 아버지의 가슴에서 움직입니다. 그러면서 자신은 파도이며 아버지를 찾아 헤맨다고 생각합니다. 그리고는 해안가로 가서 생애를 마칩니다. 이 파도는 바다를 찾으려고 바다를 탐색합니다. 그러나 어느 누구도 파도에게 자신이 바다라는 사실을 말해 줄 수 없습니다. 파도가 그것을 깨닫지 못하는 것은 이름이 거기에 있기 때문입니다. 그러나 내용은 동일합니다. 그러므로 그대는 이름이나 모습이 아닌 내면의 내용을 알아야만 합니다. 모든 이름들은 모습 없음에서 옵니다.

그러므로 이 생각을 바다의 깊이에게로 돌려 "나는 누구인가?"를 물으십시오. '나'는 생각입니다. '나'는 여전히 물고기입니다. 이 물고기는 어디로부터 옵니까? 따라가십시오. '나'가 오는 곳으로 따라가십시오. 그러면 그대는 결코 떠나지 않았던 장소를 발견할 것입니다. 이 장소를 숨기는 것은 이름과 모습일 뿐입니다. 이름과 모습은 바다에는 존재조차 하지 않습니다. 바다는 아무런 이름이 없습니다. 바다라는 이름조차 바다는 알지 못합니다. 그대는 그것에 바다라는 이름을 줍니다. 그러나 바다는 이름을 가지고 있지 않습니다. 이처럼 나는 아무런 이름이 없습니다. "이것을 원해." 혹은 "저것을 원해."라고 생각할 때만이, 나는 '나'라는 생각이 됩니다. 그때 이것, 저것에 대한 갈망이 일어납니다. 그러면 그대는 '이것' 그리고 '저것' 속에서 길을 잃습니다.

나는 찾기가 참 어렵습니다. 나는 항상 여기에 있기 때문입니다. 제가 생각을 놓을 때, 평화와 사랑이 퍼져 나갑니다.

그때 그대는 그 일을 해냈습니다. 나는 항상 여기에 있습니다. 더 이상 무엇이 필요합니까? 무엇이 어렵습니까?

생각이 돌아옵니다.

생각이 돌아올 수 있습니까? 한 사람만이 같은 시간에 같은 의자에 앉을 수 있습니다! 내가 이 의자에 앉아 있으면서 내가 그대에게 여기에 앉으라고 말하면 나는 샌드위치가 될 것입니다! (웃음) 나는 천천히 일어나 그대를 위한 자리를 만들 것입니다. 오직 한 사람만이 같은 시간, 같은 의자에 앉을 수 있습니다. 나 혹은 마음, 둘 중 하나입니다. 마음은 과거이며, 나는 현재입니다. 마음은 과거에 속합니다. 마음이 그대를 혼란스럽게 하고 그대를 묘지로 데려 갑니다. 그대는 마음이 하는 일에 동의합니다! 마음의 말을 거절하십시오. 생각을 거절하십시오. 그러면 그대는 현재라는 의자에 편안하게 앉을 것입니다!

현재는 어떤 것도 없이 텅 비어 있을 것입니다. 거기에는 아무도 없습니다. 그러나 그대가 많은 것들과 함께 걸을 때, 그것은 작용하지 않을 것입니다. 그대는 칼날 위를 걸어야만 합니다. 아주 조심스럽게 발걸음을 떼야 합니다. 여기저기를 본다면 그대는 두 조각이 나서 결코 다시 이 길로 돌아올 수 없을 것입니다. 그러므로 한 순간이라도 마음과 동행하지 마십시오. 80~90여 년의 이번 삶에서 단지 일 초만 훔치십시오. 그대 자신의 행복을 위한 일 초도 훔치지 못해 그대는 다른 것들에게 속합니까?

이것이 삶의 임무입니다. 적어도 일 초라도 써 보고 그 결과를 보십시오. 생각 없이 일초를 보내고는 그 차이를 보십시오.

스승님께서 말씀하신 공간으로 여러 번 떨어졌습니다. 하지만 늘 작은 밧줄에 걸립니다. 이젠 이 밧줄을 영원히 버리고 싶습니다. 그런데도 할 수 없고 두렵기도 합니다. 스승님 제발 이 밧줄을 끊어 주십시오. 더 이상 기다릴 수 없습니다.

그대의 님에게로 가서 님을 만나고 싶다면, 그대는 이 밧줄을 잘라야만 합니다. 그렇지 않으면 아무것도 주어지지 않을 것입니다. 밧줄은 과거에 대한 집착입니다. 그러므로 그대는 우물 속 깊이 잠수하지 않습니다. 밧줄이 달린 두레박으로 우물물을 길어 올릴 때, 그대의 손이 밧줄을 잡고 있습니다. 그래서 두레박이 다시 끌려 나올 수 있습니다. 그대는 물로 가득 찬 두레박을 집으로 가져오려 합니다. 하지만 여기서는 두레박에 달린 밧줄을 잡지 말고, 손으로 두레박을 잡고 그냥 우물 안으로 던지라고 말합니다. 이때 무슨 일이 일어날까요? 두레박은 가라앉아서 다시 나오지 않을 것입니다.

이처럼 나는 그대에게 마음을 자유라는 우물 속으로 던지라고 말합니다. "마음을 이런저런 목적으로 쓸 것이다."라는 어떤 밧줄도 지니지 않아야 합니다. 이것은 갑자기 일어날 수 있습니다. 세상과 관계를 유지하려는 다른 흥미들을 마음속에 지니지 마십시오. 도약하기 전에 그대는 이것을 생각해야만 합니다.

그대가 자유롭고 싶다면, 모든 것을 잊으십시오. 오직 자유를 얻으십시오. 이 세상에 있는 모든 것들에 대한 갈망으로부터 자유로워야만 합니다. 얼마나 오랫동안 이 교류들을 할 수 있습니까? 집으로 돌아갈 때는 누구도 그대 곁에 오지 않을 것입니다. 그러므로 지금, 그리고 그때에도 그대와 함께 있을 그대의 절친한 친구가 누구인지 찾아내십시오. 그때 그대는 님에 대한 사랑으로 나아갑니다. 그것은 좁은 오솔길입니다. 둘은 나란히 걸을 수 없습니다. 그 대는 칼날 위를 홀로 걸어야만 합니다. 이것이 사랑의 오솔길입니다. 그러므로 사랑하는 아이야, 그대는 결정해야만 합니다.

평화를 사랑하며 침묵의 느낌도 있습니다. 늘 여기의 집으로 오고 싶습니다. 저를 채울 것은 나 밖에 있지 않다는 것을 저는 압니다. 저는 전적으로 홀로이면서 동시에 홀로가 아닌 존재의 모순을 또한 경험합니다. 종종 이 느낌을 견디기 어렵습니다. 두렵습니다.

이 경험을 처음 가졌기 때문에 그대는 두려워하고 있습니다. 부모나 친구들로부터 이것에 관한 말을 들어본 적이 없었습니다. 그래서 그대는 두려워하며 그것을 좋아하지 않습니다. 이것은 그대의 부모도, 이웃도, 선생도 그대에게 말해 주지 않았던 아주 새로운 경험입니다. 그래서 모두가 분명히 두려워합니다. 이것을 나는 받아들입니다. 어떤 것에 대한 두려움은 과거에 속합니다. 모든 공포가 과거에 속하기 때문입니다. 이제 그대는 이 공포가 그대의 현재의 경험과 관련이 없다는 것을 알아야만 합니다. 그대는 이 지금의 경험 속으로 들어가야만 합니다.

이것을 하나의 경험이라고 이해하거나 생각하지 않아야 한다고 나는 그대에게 충고합니다. 아무런 경험자가 없습니다. 경험자가 되려고 노력하거나 경험의 대상을 알려고 한다면 고통이 일어날 것입니다. 그러니 경험을 지닌 경험자와 동일시하려고 하지 마십시오. 경험자가 있는 곳에는 항상 장애나 고통이 있기 마련입니다. 경험자가 그대의 마음에서 사라지게 하십시오.

종종 제 명상 중에 푸른 불꽃을 경험합니다.

이 푸른 불꽃의 경험은 깊은 집중의 결과입니다. 아무런 생각이 남아 있지 않을 때, 이 푸른 불꽃은 가슴에서 보입니다. 그대가 가진 모든 질문은 이 푸른 불꽃이 답할 것입니다. 이 경험이 모든 경험의 끝은 아닙니다. 불꽃 역시 거절되어야만 합니다. 불꽃은 길에 있는 가로등이기 때문입니다. 그대는 불꽃을 잡아서는 안 됩니다. 그대의 목적지는 어떤 다른 곳에 있기 때문입니다. 불꽃도, 빛도, 어떤 생각도 아닙니다. 그대는 이 불꽃을 보는 자를 찾아야만 합니다. 이것이 마하요가입니다. 이 경험을 했다면, 그대는 이것에 집착하지 않도록 그대의 스승에게 말씀드려야 합니다.

저 자신이 매우 평화로운 존재라는 경험을 했습니다. 하지만 때때로 그저 아무 것도 없어서 신경이 쓰입니다.

평화로운데, 그대는 무엇을 기대합니까? 아무것도 없다고 할 때, 그대는 무엇이 있어야 한다고 기대합니까? 돼지가 있어야 합니까? (웃음) 아무것도 없는 것이 당연합니다. 그대의 개념들이 사라진 후에는 온전한 공(空)만이 남을 것입니다. 이것을 우리는 이해할 필요가 있습니다. 어떤 것에 대한 아무런 기대가 없어야 합니다. 기대한다면 그대는 경험을 할 수 없습니다. 기대만이 그대 앞에 있을 것이기 때문입니다. 기대들은 어떤 사람, 어떤 생각, 어떤 개념에 불과합니다. 이것이 전부입니다. 그것들은 거기에 있을 것입니다. 그러나 만약 그대가 침묵으로 앉아 있으면서 어떤 것을 기대하지 않는다면, 그때 그것이 그대에게 드러날 것입니다.

제 삶에 은총을 더욱더 많이 보고 있습니다. 가슴의 열림을 봅니다. 비록 '나'가 여전히 거기에 머물러 있었지만, 텅 빔만이 있었음을 저는 종종 경험합니다. 저는 늘 가기를 원합니다.

그대는 이 경험을 했지만, 이 '나'에게 일어난 것을 모르고 있습니다. 수백만 년 동안 이 '나'는 몸이라고 생각했기 때문입니다. "나는 거기로 갈 것이다", "나는 그것을 할 것이다", "나는 고통스럽다"에서 '나'는 단지 몸을 의미하였습니다. 그러므로 경험을 할 때 그대가 이용했던 '나'는 몸, 감각, 자아였을 뿐입니다. 이 경험을 스승과 함께한다면 이 '나'는 의식인 진정한 나를 만날 것입니다. 그때 이 '나'는 나 속으로 스며들 것입니다. 나가 이전의 '나', 자아인 '나'의 자리를 차지할 것입니다. 그리고 그곳에 나만이 있을 것입니다. 이 나가 무엇인지는 아무도 모릅니다. 이 나는 그대에게 고통을 주지 않을 것입니다. 몸과 시간에 손을 대지 않을 것입니다. 이 나는 한계들 너머에 있습니다. 나에 익숙해져야 하는데도 그대는 여전히 이전의 '나'를 말하고 있습니다. 이것은 너무나 불행한 일입니다. 이 나는 모든 것입니다. 이 새로운 습관에 익숙해지십시오. 그러면 모든 것이 선명해질 것입니다.

그대가 '나'에 대해 말할 때, 자아에 접촉하지 마십시오. 나는 모든 한계들을 초월한 나를 의미합니다. 그때 그대는 이 나를 모든 환경들에 사용할 수 있습니다. 그대는 "나는 먹고 있다."거나 "나는 고통스럽다."라고 할 수 있습니다. 그대는 그렇게 말할 수 있습니다. 그러나 이 경험을 가지지 않는 한 그대는 행복하지 않을 것입니다.

전 무엇을 해야 합니까?

이 질문은 작은 '나'에서 온 것입니다. 내가 말하는 '나'는 할 것이 없습니다! 이 '나'는 아주 색다릅니다. 의식 그 자체로서 '나'를 사용하여 "나는 먹고 있습니다."라는 말을 쓴다면, 모든 존재들이 먹고 있다는 의미입니다. 내가 호흡을 할 때, 우주의 모든 존재들이 호흡합니다. 그 '나'를 사용하십시오! 이전의 '나'에 대한 모든 집착들을 버리십시오.

충만의 경험이 공(空)과 어떤 관련이 있습니까?

둘은 관계가 없습니다. 둘은 같은 것입니다. 충만한 것이 텅 빈 공(空)이며, 텅 비어 있는 것이 충만입니다. 이해하기 어렵지만, 그러나 이것이 사실입니다. 처음에는 공이 있었고, 끝에도 공이 있습니다. 중간에도 공이 있어야만 합니다. 처음에는 완전한 공이 있습니다. 여기로부터 너무나 많은 것들이 일어나서, 수백만 년 동안 머뭅니다. 마지막에 그것들은 자신들이 왔던 곳으로 돌아가 소멸하는 것으로 끝납니다. 그리고는 공으로 남습니다. 내가 할 수 있는 설명은 이뿐입니다. 이것을 이해하려 하면 이해할 수가 없습니다.

공은 항상 여기에 있습니다. 방은 가구로 가득 차 있지만, 이 가구는 공 속에 있습니다. 공이 배경입니다. 무엇인가가 안으로 들어오든 나가든 공은 그것 안에 있는 것들에 의해 결코 영향을 받지 않습니다. 그대는 이것을 이해하지 못합니다. 그대 자신이 바로 공이기 때문입니다. 이것이 진리입니다. 산, 새, 나무로 가득 차도 이 공은 영향을 받지 않습니다. 사물들이 있든 없든, 공은 관심이 없습니다. 그대는 이것을 이해하지 못합니다. 그대가 바로 그것으로 존재해야만 합니다. 오직 그때 그대는 충만할 수 있습니다.

어떻게 하면 이 아름다운 경험들을 늘 지닐 수 있습니까?

희열의 경험을 가지는데 그대는 무슨 노력을 했습니까? 무슨 수행을 그대는 했습니까? 무엇을 생각하고, 어떤 운동을 하며, 어떤 수고를 했습니까? 단 한 번이라도 공의 섬광을 체험하면, 그것으로 충분합니다. 한 번으로도 아주 충분합니다. 왜 계속해서 원합니까? 항상 같은 섬광으로 돌아가십시오. 걷거나 이야기하는 동안에도 항상 공을 생각하십시오. 그대가 비어 있다는 것을 잊지 마십시오. 이것이 일을 할 것입니다. 낮에도 밤에도 항상 일할 것입니다. 공을 떠나지 마십시오. 그것으로 충분합니다. 한 번으로 충분합니다. 그것을 다시 요청하는 이유가 무엇입니까? 그것은 콜라를 마시는 것과 같은 습관이 아닙니다. 일단 감로를 마시면, 한 방울로 충분합니다. 감로를 맛보았다면 그대는 감로와 함께 머물러야만 합니다. 그대의 마음이 의심을 만들도록 허락하지 마십시오. 왜 이 행복에서 나오려 합니까? 잃을까 두려워하지도 마십시오. 그대가 잊더라도, 그것은 그대를 잊지 않을 것이기 때문입니다. 그것을 믿으십시오. 은총과 그대가 만든 과거의 결실들이 그대에게 이 행복을 안겨 준 것입니다.

자유의 이 맛을 잊을까 봐 저는 두렵습니다.

술맛은 4시간 동안 지속되지만, 자유의 맛은 그대를 결코 떠나지 않을 것입니다. 그대는 그것을 반복할 필요가 없습니다. 그 맛은 죽음 후에도 늘 머물 것입니다. 그대의 마음에서 의심을 없애기만 하십시오. 자유를 맛보았다면, 자유와 대화하는 곳에 마음이 끼어들지 못하게 하십시오. 침묵으로 앉으십시오. 마음이 그대를 향해 보도록 하지 마십시오. 그대도 마음을 향해 눈을 돌리지 마십시오. 이것이 내가 그대에게 주는 지침입니다. 이것을 따르지 않는다면 그대는 다시 묘지로 돌아올 것입니다. 침묵하십시오. 그것으로 충분합니다. 그대의 새 맛을 즐기십시오. 그리고 이 습관을 영원한 습관이 되게 하십시오.

ॐ

사랑하는 파파지, "나는 누구인가?"라고 질문할 때, 저는 침묵하고 평화롭습니다. 하지만 여전히 만족되지는 않습니다.

괜찮습니다. 그대는 평화의 이곳에 멈춰야만 합니다. 더 이상 어떤 것도 말하지 마십시오. 이해 없이 글로 수많은 페이지를 채우고자 하는 기자가 아니라면 그만 말하십시오. 많은 기자들이 이렇게 합니다. 그들의 마음이 평화롭지 않기 때문입니다.

만족했다면 그대는 럭나우에 오지 않았을 것입니다. 여기에 있는 모든 사람들은 어떤 불만족을 가지고 있습니다. 불만족이라는 생각이 어디에서 일어납니까? 평화 속에 불만족이 어떻게 있을 수 있습니까? 나는 그대의 말을 받아들이지만, 지적 수준에서만 그렇습니다. 그대는 경험하지 못했습니다.

그대가 한 여자와 결혼한다면, 그것은 지적인 이해입니까, 아니면 그대 자신의 결혼의 경험입니까? 결혼을 머리로 이해하는 것만으로는 그대는 만족할 수 없습니다. 그러므로 대부분의 사람도 마찬가지입니다. 사람들은 모든 생각이 일어나는 근원을 경험하지 않습니다. 대신 그것에 대한 지적인 이해를 발달시킬 뿐입니다. 지적으로 이해하기가 쉽긴 하지만, 그대는 실제로 그것을 경험해야 합니다. 그러면 그대가 항상 평화 속에 있었으며 결코 혼란 없이 있어왔음을 한 순간에 알게 될 것입니다. 그대가 이것을 경험했다면, 그대의 얼굴은 아주 다를 것입니다. 술에 취한 사람의 눈이 무엇을 했는지 보여 주듯이 그대의 눈도 매우 다를 것입니다. 그대가 이 근원을 맛보았다면 살아가는 동안의 모든 활동에 근원이 나타날 것입니다.

사랑하는 친구여, 그대는 근원에서 멀어져 있습니다. 그러나 단 한 순간에 그대는 이 평화에 있을 수 있습니다. 오로지 침묵하십시오. 생각도 노력도 하지 마십시오. 그리고는 그대가 서 있는 곳을 말하십시오. 그대는 단 한 순간일지라도 그대의 나에게 그대 자신을 바칠 수 있습니까? 그대는 할 수 있습니까? 지금 그렇게 하십시오! 그것을 듣기만 하지 마십시오! 생각하지 마십시오. 모든 생각은 과거이기 때문입니다. 노력하지 마십시오. 생각하지 마십시오. 그대는 누구입니까?

아무런 대답도 질문도 없습니다…. 그리고 아무런 노력도 없습니다!

이제 그대는 모든 질문들이 녹아 버린 곳에서 말하고 있습니다. 그곳에서 그대는 처음으로 말하고 있습니다. 그대의 눈과 얼굴을 보면 알 수 있습니다. 그대는 지금 왜 웃습니까? (웃음) 노력할 때 그대는 웃지 않았습니다. 이제 그대는 생각이 없는 곳에 있으니 항상 웃을 것입니다! 좋습니다. 고맙습니다.

제19장

그냥 존재하십시오.

때때로 제가 앞으로 두 걸음 나갔다가 한 걸음 물러서는 듯합니다.

두 걸음을 내딛지 마십시오. 새들은 아무런 흔적을 남기지 않으면서 항상 앞으로 날아갑니다. 그대 앞이나 뒤로 흔적을 허락하지 마십시오. 자유로운 사람은 아무런 흔적을 남기지 않습니다. 양과 양치기들만 흔적을 남깁니다. 사자들은 흔적을 남기지 않습니다. 양들은 세상에 머물지만, 사자들은 자유를 위해 삿상에 옵니다. 사자들은 포효하고 양들은 달아납니다. 양은 두려움과 의심입니다. 자유의 포효로 양들은 사라집니다. 그대의 가슴에 너무나 많은 비탄과 슬픔을 지니고 있음이 보입니다.

지난 번 두 번째로 럭나우를 방문했을 때 저는 깊이 평화를 경험했습니다. 그러나 지금은 너무나 많은 비탄과 슬픔에 잠겨 있습니다. 비탄과 깨달음은 어떤 관계가 있을까요? 스승님의 은총에 감사를 드립니다.

그대는 다른 이와 함께 어떤 다른 곳에 있음에 틀림없습니다. 이것이 그대를 비탄에 잠기게 합니다. 이것은 과거에서 온 것이며 삿상과는 관계가 없습니다. 그대가 비탄을 생각하면 그것은 이 비탄이 생겼던 장소로 그대를 데려갑니다.

그대가 맨해튼에서 뺨을 맞고는 뉴저지에 있는 그대의 집으로 가서 키스를 받는다고 합시다. 과거를 생각한다면 그대는 비탄에 젖어 맨해튼으로 돌아가 그곳에서 다시 뺨을 맞을 것입니다. 이것이 교훈을 얻지 못한 대부분의 사람들의 습관이며 이것이 그들의 행동입니다. 그대가 맨해튼으로 가지 않으면 맞지도 않을 것입니다. 그대가 모욕당하는 곳으로 가지 마십시오. 집에 머무르십시오. 그러면 그대는 행복할 것입니다. 집에 머무는 것은 그대 자신의 나 안에 머무는 것을 의미합니다. 나에 머무를 때 아무도 그대를 해칠 수 없으며 모든 사람이 그대를 사랑할 것입니다.

스승님께서 저보고 "나는 누구인가?"를 물으라 하셨습니다. 그 결과는 저와 공간이었습니다.

이제 거기서 '저'를 빼십시오. 무엇이 있습니까?

아무것도 없습니다. 그러나 그것이 남을까요?

그것이 종이 위에 씌어진 어떤 것이 아니라 경험이라면! 예전에 학생 20명이 수업을 받고 있었습니다. 첫 번째 수업은 진리를 말하는 것이었습니다. 다음 날 교사가 학생들에게 첫 번째 수업을 배웠느냐고 물었습니다. 20명 중 19명이 그렇다고 대답했습니다. 한 소년만이 그것을 배우지 못했다고 말했습니다. 그는 벌로 첫 번째 수업을 다시 공부해야 했습니다. 다른 급우들은 두 번째 수업으로 넘어갔습니다.

다음 날 그는 첫 번째 수업인 '진리를 말하기'를 배웠느냐는 질문을 다시 받았습니다. 대답은 "아니오."였습니다. 교사는 다시 벌을 줬고 머리가 둔하다고 그를 나무랐습니다. 셋째 날도 마찬가지였습니다. 넷째 날 그는 그 과제에 대한 질문을 받고 대답했습니다. "예, 선생님, 저는 진리를 말하라는 것을 배웠습니다." "이 과제를 하는 데 나흘이나 걸린 이유는 뭐니?" 하고 교사가 물었습니다.

"선생님, 저는 결심하기가 너무 어려웠지만, 이제는 남은 평생 진리를 말하기로 결심했습니다." 비록 그 때문에 마하바라타 전투에서 그는 불리해졌지만, 그는 마지막까지 그 결심을 증명했습니다. 이것이 내가 말하고자 하는 바입니다. 그저 단어들만으로 말하지 마십시오. 대신 단어들 속으로 들어가 그것들이 무엇을 의미하는지 찾아내십시오. '나'가 전혀 나타나지 않도록 하십시오.

대부분의 시간 동안 저는 생각이 없는 상태에 있습니다. 그러나 아직…

생각에서 자유로운 상태는 그대를 진리로 데려갈 유일의 상태입니다. 생각에서 자유로운 존재는 진리 그 자체입니다. 생각을 사라지게 하는 그런 스승과 머무르십시오. 이것저것을 생각하지 말고 그대의 마음을 침묵하게 하는 곳에 머무르십시오.

그것 안에 마지막으로 머물기 그냥 원합니다.

그것 안에는 아무런 마지막도 없으며, 마지막이라는 아무런 개념도 없습니다. 그것은 단지 생각 없음입니다. 그대가 가졌던 신을 향한 바람과 그대를 삿상에 데려온 바람은 다릅니다. 그대에게 다른 결과들을 줄 것입니다. 강이 바다와 하나가 되듯이 하나가 되십시오. '나'라는 단어를 사용하지 마십시오.

어떻게 하면 생각을 멈출 수 있습니까?

존재Being가 되면! (웃음) 생각할 때 그대는 대상이고, 사람이고, 몸이며, 어떤 다른 생각입니다. 그러나 존재가 되면 아무것도 없습니다! 그냥 존재. 그리고 이 존재는 이미 있습니다. 그대는 늘 존재입니다. 어떤 것이 되려면 그대는 명상해야만 하며, 만트라, 의식, 혹은 수행을 해야만 합니다. 하지만 존재하기는 간단합니다. 존재 없이는 그대는 어떤 수행도 할 수 없습니다.

그러므로 어떤 다른 것에 대하여 생각하지 마십시오. 그냥 존재하십시오! 존재하기는 너무 쉽습니다.

그냥 존재하려고 노력할 때, 수많은 생각이 일어납니다. 누구나 이 문제를 가지고 있다고 확신합니다.

그대가 무엇이 되고자 하면 당연히 생각은 일어납니다. 그때 그대는 생각해야만 합니다. 하지만 어떤 것이 되려고 하지 않으면 해야 할 무엇이 있습니까? 본래 그대로의 모습으로 머무르십시오! 어떤 환경들에서도 본래 그대로의 모습으로 있으십시오. 항상 존재가 되십시오. 그것은 어떤 수행도 필요로 하지 않습니다. 수행으로 얻는 무엇이나 그대는 잃을 것입니다. 그러나 존재는 경험이나 수행으로 그것을 가지지 않기에 결코 잃을 수 없을 것입니다. 그것은 그 냥 존재합니다. 그냥 존재하십시오.

존재 속에서 그대의 마음을 휘젓지 마십시오. 생각하지 마십시오. 어떤 노력도 하지 마십시오. 존재 자체로 있는 방법을 그대에게 말해 줄 것입니다. 노력도, 생각도 하지 말라는 것입니다. 생각하는 것도 피하고, 생각하지 않는 것도 피하십시오. 이 둘 사이에 무엇이 있습니까?

그러한 비어 있는 상태를 경험한 적이 있습니다. 제가 뭔가를 더 해야 할까요? 단지 비어 있는 채 머물러야 합니까? 더 이상의 것이 있습니까? 어떤 사람은 제가 그것을 탐구해야 한다고 합니다.

비어 있는 채로 있는 것이 어떤 것을 느끼려고 애쓰는 것보다 낫습니다. 비어 있는 채로 머무는 것은 가장 쉬운 일입니다. 비어 있으려고 노력하지 마십시오. 모든 것들을 잊으십시오.

저는 순수하고 개인적인 '나'라는 생각으로 더욱더 머무를 수 있습니다. 아이러니컬하게도, 비록 세상이 '나'로부터 혹은 '나'로 인해 경험되긴 하지만, 제가 마치 '나'라는 감각이 없는 그저 자각처럼 보입니다.

그대가 보는 모든 것은 개인적이지 않은 '나'로부터 옵니다. 그것은 존재에서 올 뿐입니다. 존재로부터 모든 일들이 일어납니다. 진정한 존재는 개인적 '나'가 아닌, '나'라 불립니다.

저는 왜 이 개인적 '나'를 나와 합쳐지게 하지 못하고, 속임수를 그만두지 못합니까?

그대는 나로 합쳐질 준비나 의지가 없습니다. 그대 스스로 나가 되려고 노력하기 때문입니다. 이 노력은 개별성을 강화시키고 그대를 그것 속으로 녹아들게 하지 않습니다. 그대 스스로를 그대가 계속 속이고 있었다는 것을 안다면, 그대는 현명한 사람이 됩니다. 기만하는 자가 누구인지를 보십시오. 그러면 그대는 그대 자신을 속이지 않을 것입니다.

저는 자유롭고자 강하게 갈망합니다. 그러나 그런 갈망이 최고라고는 생각하지 않습니다.

먼저 자유롭고자 하는 갈망을 충족시키십시오. 그러면 다른 갈망이 없을 것입니다. 자유 속에서 그대가 갈망했던 것들이 그들의 갈망들을 충족시키기 위하여 그대에게 올 것입니다. 이것을 이해하기 어렵지만 그러나 그대가 이해했으면 합니다. 그대에겐 갈망이 없습니다. 그러므로 그대에게로 오는 모든 갈망들이 충족될 것입니다. 이젠 그대가 갈망에 집착하지 않는다는 것이 달라졌습니다. 꿈에서처럼, 자유로운 사람에게 오는 갈망들은 충족될 것입니다. 이 꿈은 실재도 아니고 비실재도 아닙니다.

정지로부터 마음이 상상 속의 용처럼 다시 솟아납니다.

이것은 마음을 가진 모든 사람들이 갖는 경험입니다. 그들이 사랑과 침묵의 경험을 갖습니다. 그때 마음은 다시 일어납니다.

마음이라는 용을 베어 버릴 방법은 없습니까?

마음이 그대를 더 이상 속이지 않을 것이라는 확신이 설 때까지, 그대는 이 질문을 계속할 것입니다. 그대는 마음을 점검해야 합니다. 마음이 달려 나올 때 마음을 좇아가지 마십시오. 그대는 침묵과 사랑을 맛보았고, 이제 그대는 뛰쳐나오는 마음을 봅니다. 달려 나오는 것이 수백만 년 동안 해온 마음의 습관이기 때문에 그러합니다. 마음을 매우 경계하십시오. 그리고 마음을 가게 하십시오. 생선 가게까지도 들어가게 하십시오. 그래도 그것이 그대를 혼란시키지 못할 것입니다.

제20장

모든 것이 브람만입니다.

아함 브람마스미를 명상하는 도중 아름다운 비전을 보았습니다. 그것은 나중에 사라졌습니다. 이 자아 구조를 완전히 죽일 수 있는 방법을 가르쳐 주십시오.

그대는 아함 브람마스미를 명상했지만, 아함 브람마스미가 되지는 못했습니다. 그대는 아함 자아-아스미(Aham Ego-asmi)가 아니라 아함 브람마스미입니다! 그대가 아함 브람마스미라고 말하는데 어떻게 자아가 일어날 수 있습니까? 그대가 뭔가가 있다고 생각하기 때문에 뭔가가 있습니다. 그렇지 않다면, 그것은 일어나지 않을 것입니다. 그러므로 그대는 아함 자아-아스미를 확실히 반복하고 있음에 틀림없습니다! 그래서 자아가 그대 앞에 나타난 것입니다! 그 러니 아함 브람마스미를 말하십시오. 그러면 자아는 없습니다. "나는 사람-아스미(man-asmi)다."라고 말하면, 그대는 사람-아스미가 됩니다. 그대는 사람입니다. 그러므로 차마 "나는 당나귀-아스미!"라고는 말하지 않을 것입니다! (웃음)

그러면 온 릴라가 떨어져 나갑니까?

릴라가 떨어져 나가든 아니든, 그것은 그대가 관여할 바가 아닙니다. 그대는 브람만으로 머뭅니다. 릴라가 실재인지 아닌지는 걱정하지 마십시오. 그대는 자신이 사람이라는 것을 믿지 않을 수 없습니다. 누군가가 그대를 당나귀라고 하면 그대는 믿지 않을 것입니다. 그대는 자신이 사람이라고 확신하기 때문입니다. 이처럼, "나는 브람만이다."라고 확신하여야만 합니다. "나는 몸, 마음, 자아가 아니다."라고 확신하십시오. 그것에 대해 생각조차 하지 않아야만 합니다. 그때 그대는 아무런 문제가 없을 것입니다.

"코 함(Ko ham), 즉 나는 누구인가?"로 그대는 시작합니다. 그때 그대는 "나는 그것(That)이다. 나는 브람만이다. 땃 밤 아시(Tat Vam Asi)."라고 답합니다. 다른 어떤 것이 되게 하는 질문이 아닙니다. 어떤 다른 것이 있다면, 그것은 물건이며, 그것은 그대가 아닙니다. 물건들이 있도록 두십시오. 그러나 물건에서 그대는 떨어져 있습니다. 이 수행은 그대가 마치 사람이 되기 위해 수행하지 않아야 하듯이 그것이 수행될 수조차 없을 정도로 실제적이어야만 합니다. 그대는 사람이기 때문에 그대는 사람이 되려고 수행할 필요가 없습니다. 이처럼 그대의 믿음은 굳건해야만 합니다.

스승님께서 세상을 보았느냐고 물으셨을 때, 저는 답할 수 없었습니다. 어떤 말씀도 드릴 수 없었습니다. 그 후에, 저는 세상을 보았지만, 그러나 아무것도 볼 수 없었습니다.

그대는 어떤 것도 보지 않았지만, 마음은 다시 돌아왔습니다. 잠자면 그대는 아무것도 보지 않습니다. 이처럼, 깨어 있는 상태에서 잠을 자십시오. 깨어 있는 상태에서 잠들면 그대는 모든 것을 알 것입니다! 이 잠이 밤에 자는 잠과의 차이점입니다.

그들 자신의 나라는 맑고 순수한 거울로 자신을 비춰 보고자 사람들은 여기에 옵니다. 여기에서는 그대가 사자이며 한 번도 당나귀가 된 적이 없었다는 점을 상기하게 됩니다. 이것을 의심하지 마십시오.

제가 신이라고 믿습니다만, 그것은 믿음에 불과합니다.

이 믿음을 계속하십시오. 그것이 그대에게 문제 되지는 않을 것입니다. "나는 신이다. 나는 모든 창조물의 창조자이다."라고 믿으십시오. 신은 신처럼 말해야만 합니다. 왕처럼 신도 "나는 이것이나 저것을 살 것이다."라고 말하지 않습니다. 이런 갈망은 생기지 않습니다. 모든 것이 자신에게 속하기 때문입니다! 갈망이 있는 사람은 왕도, 신도 아닙니다. 왕의 신하에 불과합니다.

그대의 지위와 신분에 맞추어 그대는 행동해야만 합니다. 침묵하십시오. 노력하지 마십시오. 이것은 그대가 거지가 아님을 환기시키고, 그대를 이 꿈에서 깨어나게 할 것입니다.

ॐ

여기 삿상에 있다는 것이 엄청난 기회임을 알고 있습니다. 저는 이 선물을 귀중히 여기고 싶습니다. 파파지, 더 이상의 무엇이 있습니까? 너무 작은 것을 위해 제가 머무는 것은 아닙니까? 아직까지 '나'를 경험합니다. 도와주십시오. 저는 자유 이외의 욕망은 없습니다. 스승님이 주시는 은총의 신비에 영원히 감사드립니다.

그대가 여전히 '나'의 존재를 경험한다 해도, 그 '나'는 그대가 여기에 오기 전에 가졌던 '나'와는 같지 않습니다. 지금의 '나'는 전혀 해롭지 않으니 그대는 그것을 간직해도 좋습니다. 그대는 사람들에게 말해야 합니다. '나' 없이는 그것을 할 수 없습니다. 그러나 내면에서는, 지금의 '나'는 그대에게 고통을 주었던 예전의 낡은 '나'가 아님을 기억하십시오.

전에 왔을 때는 스승님의 현존의 선물을 받을 만큼 제 마음이 고요하지 못했습니다. 이제 제 마음이 훨씬 더 고요해졌고 커 가며 깊어지고 있습니다. 더 필요한 것이 있을까요?

마음이 침묵할 때 그대가 무엇을 해야만 하겠습니까? 결혼을 원해서 아름다운 아내를 얻었고 둘의 사랑은 커 가고 깊어지고 있습니다. 그때 그대는 무슨 말을 하겠습니까?

사랑하며 살기를 그냥 계속합니다.

나라면 "내 별들이여, 감사합니다! 수백만 년 동안 내 마음은 원숭이처럼 바빴지만 그러나 이제는 고요하군요."라고 말하겠습니다. 고요하면 온 우주의 아름다움이 그대 앞에 펼쳐집니다. 그때에 전에는 가질 수 없었던 마음의 만족에 머리 숙여 감사하십시오. 그것이 내가 제안하는 전부입니다. 매 순간 "오 나의 주님, 오 나의 신이시여, 당신께 감사를 드립니다."라고 말하십시오.

스승님께서 그곳의 관점으로 계실 때, 왜 실재가 확연해지는지 궁금합니다. 모든 것이 실재가 아닌 듯 하지만 스승님께서 돌아오실 때 모든 것이 다시 실재가 됩니다.

그렇지요. 그렇습니다! 알다시피, 이것은 거대한 경험입니다. 처음 그대는 "이것이 나의 몸이고, 이것이 나의 걱정거리들이다. 몸은 내 것이고 모든 다른 몸들이 나와 관련되어 있다."라고 했습니다. 그러므로 이것은 고통을 주었습니다. 이것은 단지 머릿속의 개념에 불과했습니다. 몸이라는 것은 마음의 개념입니다. 그래서 그대는 이것을 압니다. 그것이 그대에게 왔고, 그대는 그것을 정복했습니다.

그대는 수개월 동안 여기에 머물러 있습니다. 삿상은 몸이 실재라는 이 개념을 없앨 수 있는 유일의 장소입니다. 나타나는 것은 모두 실재가 아닙니다. 실재는 항상 여기에 있어야만 하기 때문입니다. 깨어 있는 상태의 이 실재는 꿈속의 실재처럼 실재가 아닙니다. 이 두 실재들은 잠자는 상태에서는 사라집니다.

그러므로 그대는 그것에서 깨어날 때는 침묵했습니다. 마음도 침묵했습니다. 이것은 실재가 아닙니다. 그래서 그대는 그대와 모든 사람에게서 멀리 떨어진 미지의 어떤 곳으로 들어갔습니다. 나타난 이 모든 것들이 실재라고 하는 이 개념이 사라질 때, 그대는 표현할 수 없는 곳에 도착했습니다. 그래서 그대는 거기서 휴식을 찾았습니다.

그 휴식 안에 파도가 일어납니다. 그러나 이전처럼 마음으로의 파도는 아닙니다. 이전의 파도는 "이것은 실재이다", "나의 몸은 실재이다", "이 모든 것은 실재이다."라고 하는 마음의 개념들이었습니다. 그대가 이 나타나는 것들의 근원으로 갈 때, 그것이 사라졌습니다. 모든 것이 사라졌습니다. 그것은 휴식의 장소인 의식이었습니다. 이제 의식으로부터, 의식 속으로 비춰진 의식이 의식만으로 빛납니다. 그 의식의 반영으로서, 파도가 존재로서 일어납니다. 의 식에서 일어나는 모든 것은 거기 그리고 그때 나타납니다. 의식 안으로부터 파도가 칩니다. 의식을 향하면서 파도는 빛납니다. 그 빛남이 지혜입니다. 그 지혜 속에서는 모든 것이 실재입니다. 의식이 모든 곳에 있는 의식입니다. 우주, 세계, 아마도 수십만의 우주까지 이 모두가 그 의식에 걸려 있습니다.

마음에서가 아니라, 자아에서가 아니라, 의식 그 자체에서, 공 그 자체에서 그대가 본다면, 모든 것이 비어 있습니다. 그대는 그곳에서 봅니다. 근원으로 가서, 그것이 일어나게 하십시오. 그 경험이 진정한 경험입니다. 어디에 가더라도 그대는 행복할 것입니다. 그대는 자유로울 것입니다. 모든 것이 실재일 것입니다. 의식 안에서 무엇이 실재가 아니겠습니까? 죽음이 어디에 있습니까? 몸은 어디에 있습니까? 그대는 보고 알았습니다.

전에 그대는 "나는 몸이고 자아이다", "나는 태어난 자아이다", "나는 죽는 자아이다."라고 말했습니다. 그것이 그대에게 고통을 주었고 그것이 끝없이 계속될 것입니다. 그러므로 모든 사람이 고통을 겪을 것입니다. 다음 시작에 고통이 다시 시작될 것입니다. 끊임없는 고통의 윤회가 있을 것입니다. 고통스러운 생사의 이 윤회를 벗어난 이들은 거의 없습니다. 그대의 경험은 진실합니다. 그래서 나는 매우 기쁩니다. 그대에게는 앞으로 아무런 고통이 없을 것입니다.

모든 것이 실재입니다. 공에서 비실재에 대한 질문이 있을 수 있겠습니까? 공은 공입니다. 육신의 눈이 아니라 그 눈을 그대는 가질 것입니다. 들림이 다를 것입니다. 실재, 비실재의 것을 찾을 가능성도 없을 것입니다. 이런 것은 사라질 것이며, '이것'이나 '저것'에 대한 아무런 차별도 없을 것입니다. 이것과 저것의 중간도 없을 것입니다. 그러므로 이것이 가유입니다. 사람은 이것을 가질 수 있습니다. 거기로부터 지금 질문들이 있습니까?

제가 몸으로 돌아가기를 거절하여 처음으로 되돌아올 때, 그 돌아온다는 개념이 다시 저를 묶는 것 같습니다. 그러나 스승님께서는 "모든 것이 실재라는 것을 받아들여야 한다."고 말씀하셨습니다.

오는 것은 무엇이나 그것을 실재라고 받아들여야만 합니다.

저는 다른 곳이 아니라 거기에 있기를 아주 갈망합니다. 그것 속에 머물고 싶지, 몸으로 결코 돌아오고 싶진 않습니다. 몸으로 돌아오면 "아니, 이럴 수가. 결국 돌아왔군!"이라고 늘 말합니다.

그 개념 역시 버려야만 합니다. 어디에서 그대는 돌아왔습니까? 돌아온다는 것도 가버린다는 것도 없습니다. 이 모든 것들이 개념입니다. 그대는 어느 곳에도 가지 않습니다. 그대가 어디로 갈 것이며 어디에서 돌아온단 말입니까? 그대는 그대 자신이 머무르는 곳에 있습니다. 그대는 그대가 있는 곳에 있습니다. 그대는 늘 있었던 곳에 있습니다. 여기 지금에 없는 것을 바라지 마십시오. 나중에 어떤 것을 얻겠다고 하지 마십시오. 모든 것은 여기에 있습니다. 그것은 진리여야만 합니다. 다른 사람에게서 미래의 언젠가 빌려와야 할 어떤 것이 아닙니다. 빌려오면 또한 잃게 됩니다. 여기에 있는 것이 실재입니다. 여기에 있는 것이 자유입니다. 그대는 어떤 다른 것이 필요치 않습니다. 바로 지금 그대 앞의 여기에 있는 것을 찾아내십시오. 바로 이 순간 여기에 무엇이 있는지, 그것을 찾아내십시오! 어떤 것을 얻으려 하거나 어떤 것을 거절하려는 의도를 지니지 말고서, 찾아내십시오! 지금 여기의 이 순간 안에, 바로 이 순간의 순간 안에. 그것은 항상 실재일 것이며, 항상 여기에 있습니다.

최근에, 저는 마음이 없는 상태를 경험했습니다. 그리고….

마음이 죽었는데 마음을 죽은 쥐처럼 접시 위에 올려두는 이유는 무엇입니까? 누가 이것을 할 것입니까? 그대가 허세를 부리는 것입니까? 아니면 죽은 마음이 이 모든 말을 하고 있습니까?

자아가 부서진 후에도 그대는 여전히 주의해야만 합니다. 비록 뱀이 고요하게 있을지라도 여전히 그대를 공격할 수 있기 때문입니다. 몸은 거기에 있지만 완전히 화장하기 전에는 여전히 위험이 있습니다. 마음이 죽었다는 느낌조차 마음으로부터 옵니다. 공에 매달리는 것은 간접적이며 마음이 여전히 존재하고 있습니다. 자아가 완전히 타 버릴 때까지 굳건해야 합니다.

ॐ

5년 전, 깨달음의 모든 징후들이 제 안에 자연스럽게 나타났습니다. 무엇이 일어나고 있는지 몰랐으며 그때 스승님의 말씀을 읽고 큰 위안을 얻었습니다. 스승님의 말씀으로 그런 경험들을 두려워하지 않게 되었습니다. 이에 대해 더 통찰할 수 있을까요?

스승과 함께 했다면 그대는 두렵지 않았을 것입니다. 경험을 할 때마다 그대는 스승에게 달려가 무슨 일이 일어났는지 알아내야만 합니다. 스승의 설명이 그대를 도울 것입니다. 그러니 경험할 때는 즉시 스승에게로 가십시오.

이런 일은 40년대 후반에 럭나우에서 일어났습니다. 그래서 많은 사람들이 내게로 달려왔고 신문에 기사도 났습니다. 찾아오는 사람의 숫자가 40~50여명에 이르자 전에 내가 살았던 남부로 달려갈 수밖에 다른 도리가 없었습니다.

스승에게 가서 그대의 경험을 확실히 하라 말했지만, 사실 진정으로 경험했다면 의심의 여지는 전혀 없을 것입니다. 그대가 행복하다는 것을 그대 스스로 알 것입니다. 마음의 평화는 자유의 파수꾼. 만족은 또 다른 파수꾼. 이 파수꾼들과 함께 머무르십시오. 그러면 문이 저절로 열려 그대는 안으로 초대될 것입니다.

'나'가 떠나 버렸습니다. 지금 무엇을 해야 합니까?

지금에 머무르십시오. 지금 속에 머무르십시오. 그것이 지금입니다. 그대가 본 것은 지금입니다. 아무런 단어도, 이름도, 생각도 아닙니다. 지금은 아무런 이름이나 생각이 없습니다. 그대가 보았던 것과 그대를 동일시해야만 합니다. 그러므로 그것 속으로 들어가십시오! 그것 속으로 녹아들어 가십시오. '나'는 더 이상 거기에 없을 것입니다.

감사합니다.

그렇습니다. 그냥 녹으십시오! 이 몸에서 어떤 것이 일어날 것입니다. 그대로 두십시오! 간섭하지 마십시오! 침묵으로 머무르십시오. 그것이 녹아들도록 두십시오. 침묵으로 머무르십시오. 그것이 용해되게 하십시오. 그곳에는 아무런 마음이 없습니다. 마음과 자아가 사라졌습니다. 거기에서 의식이 일어날 것입니다. 그곳에서 의식이 일어날 것입니다. 그 의식은 그것 자신의 대상이 될 것입니다. 그것이 기능할 것입니다. 그곳에는 나타남과 사라짐이 있을지도 모릅니다. 그것에 대한 아무런 질문이 없습니다. 그것은 영원합니다. 그것은 영원한 평화와 침묵일 것입니다.

ॐ

스승님께서 제게 주신 나라는 선물에 감사드립니다.

지금은 춤을 출 시간입니다. 이 춤은 결코 끝나지 않을 것입니다. 그대의 파트너는 항상 빛나고 아름다우며 결코 늙지 않을 것이기 때문입니다. 그대는 춤추기 위해 이백만 년이 지난 후 럭나우에 왔으므로 상대와 맘껏 춤을 추십시오. 지금의 삶은 춤추고 웃으면서 보내야만 합니다! 진정한 집에 머무는 이 경험을 할 때 모든 것을 던져 버리고 그대의 스승을 섬기십시오.

침묵 속으로 점점 더 끌려 들어가고 있습니다. 스승님의 통찰을 제게도 나누어 주시겠습니까?

계속 끌리게 두십시오. 그것을 경험으로 만들지 마십시오. 그대 자신이 침묵 속으로 끌려가도록 그냥 허락하십시오. 그것에 관한 어떤 말도 하지 마십시오. 그대의 나에게 헌신하십시오. 그대의 오만, 그대의 분리, 그대의 자아를 그대의 본성인 이 사랑에 복종시키십시오.

정서와 감정에 지배받지 않은 채 하나임을 유지할 수 있는 방법은 무엇입니까?

오직 사랑으로 오직 사랑에 의해 그대는 사랑과 평화를 유지할 수 있습니다. 그러면 두려움은 그대를 지배하지 않을 것입니다. 그대가 사랑 안에 있기 때문입니다. 사랑 안에 있을 때 사랑만이 그대의 가슴 안에 앉아 있습니다. 그러므로 두려움은 앉을 자리가 없습니다.

평화를 제 집에 초대하여 오랫동안 머물게 하는 방법은 무엇입니까?

평화가 그대의 집입니다. 이 평화의 집을 비워 두십시오. 그리고 누군 가가 오면 이 사랑을 나누어 주십시오.

어떻게 아무것도 아닌 이 존재를 기뻐할 수 있습니까?

아무런 모습이 없는 이와 기뻐하십시오. 그것이 그대에게 완전하며 영원한 사랑을 줄 수 있는 세 우주 속의 오직 한 분이십니다. 영원한 사랑은 모습이 없는 그것입니다. 모습이 없는 이가 그대를 부르기를 기다리십시오. 기다리면서 그것이 그대에게 매력을 느끼도록 이 사랑의 성품이 되십시오. 그기 위해선 우선 그대의 이름과 모습을 버리십시오. 그러면 이 님은 그대와 사랑에 빠질 것입니다. 모습과 모습 간에는 아무런 사랑이 없습니다. 오직 진정한 사랑에서만 진정한 사랑이 거기에 있습니다.
움직이지 마십시오. 움직이지 마십시오. 그대의 마음을 움직이지 마십시오. 그것이 전부입니다. 침묵하는 것이 최고의 타파스며 최고의 요가이며 가장 아름다운 헌신입니다. 이것이 존재입니다. 옴 우주의 모든 존재들에게 평화와 사랑이 있어라.
평화가 있어라. 평화가 있어라.
옴 샨티, 샨티, 샨티!

슈리 푼자의 삶

슈리 H.W.L. 푼자는 1910년 10월 13일, 지금은 파키스탄 지역인 펀잡 서부 지방의 파이살라바드에서 브람만 계급인 아버지 파르마 난다와 어머니 야무나 데비의 9자녀 중 맏이로 태어났다. 아버지의 가계는 전통적으로 판디트였다. 그러나 그의 아버지는 시골 역장의 길을 택했다. 그 당시의 전통에 따라 그의 어머니는 리얄푸르에서 약 50마일 떨어진 그녀의 고향인 작은 마을 무랄리왈리로 가서 아들을 낳았다. 그의 외삼촌인 라마 띠르타도 이곳에서 태어났다. 아버지가 시골 역장이었던 연고로 이동이 잦았기에 그의 첫 6년은 어머니의 고향에서 주로 살았다. 나중에 아버지는 리얄푸르에 집을 장만하였다. 그곳에서 인도와 파키스탄으로 분할된 1947년까지 보냈다. 슈리 푼자의 부모님은 독실한 힌두교인이었다. 열렬한 크리슈나 헌신자인 그의 어머니는 인도의 성자 중 한 사람인 스와미 라마 띠르타의 누이였다. 그녀는 자신의 집에 동네 부인들을 오게 하고는 바잔을 열기도 하였다. 많은 사람들이 그녀의 헌가를 듣기 위해 집에 모이곤 했다. 반면에 아버지는 '제이 시타람'이라는 자파에 몰두하였다.

슈리 푼자에게 매우 중요한 사건이 되는, 최초의 놀라운 사마디의 경

험은 여덟 살 때 일어났다. 1919년 영국은 제1차 세계대전에서 승리하게
되자, 학생들에게 한 달간의 방학을 주었다. 승전 축하에 참여할 수 있도
록 하기 위해서였다. 그의 어머니는 이 예정에 없는 방학을 라호르에 있
는 친지를 방문할 좋은 기회라 생각했다. 때는 여름이었고 망고가 제철
을 만나 풍성하였다.

어느 날 저녁, 모두 라호르의 친척집에 앉아 있을 때, 누군가가 망고와
우유 및 아몬드가 든 음료를 준비하기 시작했다. 그것은 그 또래의 아이
들에게는 군침이 도는 음료였다. 그 음료가 컵 가득한 상태로 그에게 건
네졌을 때, 그는 손을 내밀어 받을 수 없었다. 그것을 원치 않아서가 아
니었다. 그때 그는 너무나 평화롭고 행복하게 만든 그 경험에 압도되어
있었기 때문이었다. 모두들 크게 놀라고 당황하였다. 그래서 그를 원래
의 상태로 돌려놓으려고 했다. 그는 눈을 감은 상태로 있었다. 그러나 주
위에서 일어나는 모든 말들을 들을 수 있었고 또 모든 일들을 선명히 자
각할 수 있었다. 다만 그 어떤 신체적 반응도 전혀 할 수가 없었다. 체험
이 워낙 압도적이어서 그 어떤 외부 자극에 반응할 능력이 마비된 것이었
다. 이틀 동안 그는 그 평화롭고 희열과 행복이 넘치는 상태에 머물렀다.

그가 깨어나자, 열렬한 크리슈나 헌신자인 그의 어머니는 그것이 마
비가 아니라 신비적 경험이라는 것을 알았다. 그래서 "크리슈나를 보았
니?"라고 물었다. "아뇨, 제가 말할 수 있는 것은 아주 행복했다는 것뿐
이에요."라고 그는 대답했다. 그는 그가 무슨 체험을 했는지, 무엇이 그

런 강렬하면서도 몸을 마비시키는 행복 속으로 갑자기 끌고 갔는지 알지 못하였다. 어머니가 자꾸 묻자 그는 "엄청난 행복, 엄청난 평화, 엄청난 아름다움이 있었어요. 그 이상은 말할 수 없어요."라고 대답했다. 여러 해가 지난 뒤에야, 그는 그때 자신에게 일어났던 일이 어떤 것인지 완전히 이해하게 되었다. 그것은 경험이 아니었다. 경험이 일어나려면 경험하는 자와 경험의 대상이 있어야만 한다. 그러나 그것은 그러한 것이 아니었다. 무엇인가가 그를 안으로 당겨 버렸다. 여하튼 그 결과는 그 당시에 그가 행복하였다는 것이었다.

그는 친척집에서 리얄푸르로 돌아와 다시 학교에 나갔다. 그러나 항상 마음속에는 "나에게 행복을 준 이것이 무엇인가?"라는 생각이 늘 일어났다. 이 행복은 그를 그것 자체에게로 끌어당겼다. 그의 집에는 큰 정원이 있었는데 거기에는 오렌지 나무숲도 있었다. 그는 자주 그 숲 뒤에 앉곤 하였다.

그러나 그의 어머니는 아들에게 일어난 일이 궁금하였다. 종이 위에 아기 모습의 크리슈나를 그리고는 그것을 그에게 보여 주면서 이것을 보았느냐고 물었다. 그는 아니라고 대답했다. 그러나 그의 어머니는 그 행복이 크리슈나와의 접촉에서 왔다고 확신하였다. 그래서 그녀는 그가 크리슈나의 헌신자가 되길 바랐다. 크리슈나를 명상하고 크리슈나의 이름을 부르길 바랐다. 어머니는 그에게 크리슈나 숭배와 관련이 있는 여러 의식과 수행법들을 가르쳤다. 그러자 오래지 않아서 그에게 크리슈나의 형상에 대한 강렬하고도 열정적인 사랑이 일어나기 시작하였다.

그 강렬한 박티의 결과로 그림에서 본 모습의 크리슈나가 그 앞에 나타나기 시작하였다. 그 시점에 그는 크리슈나를 신으로 생각하기보다는 그냥 친구로서 사랑하였다. 그러자 크리슈나가 친구의 모습으로 와서 그와 더불어 놀았다. 크리슈나가 올 때면 그의 방이 밝은 빛으로 가득 차기도 하였다. 크리슈나는 밤에 정기적으로 나타났다. 그와 놀다가 침대에서 자려하기도 하였다. 그러나 그는 그 당시에는 이분이 힌두교의 위대한 신이라는 사실을 몰랐다. 이 신의 희미한 모습이라고 보려고 얼마나 많은 사람들이 온 생애를 보내고 있는가….

크리슈나는 인간의 모습으로 오기도 하였고, 미묘한 모습으로 오기도 하였다. 그는 그를 보지 않으려고 담요를 뒤집어쓰고도 그를 볼 수 있었다. 눈을 감아도 보였다. 잠자는 것을 방해하기도 하였다. 다소 귀찮기도 하여 어머니에게 가보라고도 하였다. 그러나 크리슈나는 어머니에게는 관심이 없는 듯하였다. 그는 그것을 비전이라고는 생각하지 않았다. 왜냐하면 그가 크리슈나에게 사랑한다고 엽서를 보내면 우체국 소인이 찍힌 우편물이 배달부를 통해 그에게 오기도 하였기 때문이다.

크리슈나가 나타나기 시작한 이후로 그는 학교 공부에 더욱 관심이 없어졌다. 그가 교실에 앉아 있어도 그의 마음과 가슴은 크리슈나의 모습에 젖어 들었다. 희열의 물결이 내면에서 물결칠 때면, 그는 자신을 그 경험에 맡겨 외부 세상과의 접촉을 잃곤 하였다. 그는 온 밤을 명상으로 보내기도 하였다. 그럴 때면 빛의 홍수를 보기도 하였다. 깊은 명상에 들어갈 때는 다른 사람과 의사소통도 불가능하였다. 먹지도 자지도 않은 채, 그는 내적 평화를 즐기며 앉아 있었다.

그의 어머니는 크리슈나에 대한 박티의 길 이외에도 베단타를 배우고 있었다. 그녀는 유명한 베단타 스승을 여럿 두어 그는 어머니와 함께 베단타를 배우는 곳에 참석하곤 하였다. 그때는 아마 일곱 살이었을 것이다. 그 경전들의 의미를 이해한다는 것은 어려웠을 것이지만, 그는 열심히 배웠다. 어머니는 자신의 아들이 베단타에 관심을 보인다는 것을 확인하고는 집에서 그에게 베단타를 가르치기도 하였다. 그녀는 베단타의 유명한 많은 시행들을 암송할 수도 있었다.

"나는 브람만이다. 온 우주에 브람만 이외에는 아무것도 존재하지 않는다. 그대는 그것이다."라고 읊기도 하였다. 그가 여덟 살 때 체험한, 매혹적인 망고 음료수를 앞에 두고 일어났던 신비스러운 경험은 그를 붓다의 삶에 대한 관심으로 나아가게 하였다.

열세 살 때쯤에 그는 학교의 역사책에 나오는 붓다를 보았다. 뼈만 앙상한 모습이었지만 너무나 아름답게 보였다. 그는 깨달음을 얻기 위해 집을 나섰던 붓다에게 이끌렸다. 처음에 슈리 푼자는 붓다의 신체적 형상에 더 매력을 느꼈다. 그래서 그는 붓다를 흉내 내어보기로 결심했다. 그는 명상을 어떻게 하는지는 몰랐지만 그림에서 본 명상 자세를 취하고 장미넝쿨 아래 앉았다. "나도 저 분처럼 될 수 있어. 나를 사랑에 빠지게 한 저분처럼 살고 싶어."라고 생각하며 행복해하고 만족해했다. 그는 붓다와 더욱 비슷해지고 싶어서 자신의 몸을 해골처럼 만들기도 하였다. 또 책에는 붓다가 주황색 옷을 입고 발우를 든 채 집집마다 다니며 음식을 탁발했다는 이야기가 있었다.

어머니의 스승들 중 한 분은 슈리 푼자를 소중하게 여겨, 그에게 영적 장서가 풍부한 지방 대여도서관에서 영적 책들을 구해 읽도록 조언했다. 그는 그 자신에게 일어난 것에 대하여 더 나은 이해를 얻고 싶어 하였다. 그는 베단타와 힌두 성자들에 관한 책을 읽기 시작하였다. 그는 여기서 《요가 바시슈타》를 만나게 되었다. 그는 그 책을 사랑하였다. 도서관 직원은 푼자가 보통 수준 이상의 영적 책들을 읽는 것을 걱정하였다. 그가 외삼촌이면서 성자인 스와미 라마 티르타의 책을 읽을 때엔 그의 어머니와 심각하게 상의한 적도 있었다. 스와미 라마 띠르타는 말년을 히말라야에서 보냈으며 그곳에서 짧은 일생을 마쳤다.

또 그는 비베카난다의 저서들도 접하게 되었다. 이 스승들은 베단타의 저서들과 그 가르침들을 서구에 전하는 데 모든 힘을 바친 사람들이다. 인도 안에서도 그들은 영적 성취에 있어서 이름이 알려져 있는 사람들이다. 이들이 슈리 푼자의 초기의 역할 모델이었다. 슈리 푼자의 외가 가문에서 가장 유명하였던 분은 라마 티르타였다.

슈리 푼자의 또 다른 특별한 영적 경험은 16세 때에 일어났다. 스와미다야난다는 그들 자신의 문화와 역사에 학생들을 접하게 해야 하겠다는 운동으로 앵글로 베딕 기숙학교를 세웠다. 슈리 푼자는 그 학교에 다니고 있었다. 매일 아침 학생들은 운동장에 반원을 그리고 앉아 기도를 했다. 이 기도는 항상 '옴 샨티 샨티 샨티'라는 말로 끝났다. 기도가 끝나면 '옴' 자가 인쇄된 깃발이 운동장에 있는 깃대에 올라갔다. 그때 학생들은 "다르마에 승리를! 조국 인도에 승리를! 스와미 다야난다에 승리를!" 하고 외치며 힘차게 뛰어올랐다.

어느 날 아침, 슈리 푼자는 기도의 끝에 나오는 "옴 샨티 샨티 샨티"라는 말에 온몸이 마비되었다. 그것은 8살 때 건네주는 망고 음료를 받을 수 없었던 것과 같은 감각의 마비상태였다. 그는 주위에서 일어나는 모든 일들을 선명히 감지할 수 있었지만 신체적 반응은 전혀 할 수 없었다. 거기에는 다만 내면의 큰 평화와 행복감만이 존재했다. 학생들은 그러한 상태에 들어간 그를 두고 장난으로 장례 행사를 치렀다. 그들은 그의 몸을 그들의 어깨 위에 올리고는 화장터로 가져갔다. 그리고 난 뒤 그의 집 침대 위에 내려놓았다. 그동안에도 그는 불평하거나 저항할 수 없었다. 그 대신에 그는 내적인 평화와 행복의 상태에 있었다.

16세에 대학입학자격 시험에 합격하였지만, 아버지는 그의 동생들을 전부 공부시키기에는 역부족이었다. 그래서 그를 라호르에 있는 대학으로 보낼 여유가 없었다. 그는 대학을 포기하고 직업을 택해야 했다. 신문의 광고를 보고 교정용 기구와 스포츠용품을 파는 회사에 입사했다. 그 일자리는 온 인도를 다니는 세일즈맨 자리였다. 그는 또 봄베이에 적을 두고 있는 또 하나의 세일즈 자리를 얻었다. 그곳은 대우가 좋았다. 그래서 가족을 봄베이로 오게 하였다. 가족을 부양하고도 돈이 남아 리얄푸르에 있는 부모님을 도왔다.

　1930년, 푼자가 20살이 되자 그의 아버지는 그가 결혼할 때가 되었다고 했다. 그의 아버지는 큰 읍의 역무원이었던 비디야바티라는 브람민 소녀를 찾아냈다. 찬성하지 않았지만 그는 피할 수 없었다. 그는 가장이 되었고 나중엔 딸 하나와 아들 하나를 두게 되었다. 그 이후 몇 년간은 그의 민족주의 정치에 대한 관심과 크리슈나에 대한 관심이 서로 경쟁하는 시기였다.

　제2차 세계대전이 한창일 때, 영국은 인도 병사들을 적극적으로 모집했다. 슈리 푼자는 1942년 4월, 영국이 세운 인도사관학교에 입학하였다. 군대에서 전술, 군사학 등을 배워 나중에 영국 정부에 대항할 수 있는 능력을 키우고자 하는 목적이었다. 그러나 그의 내면에서 여전히 타고 있는 영적 불을 억제할 수는 없었다. 사관학교를 졸업하자 그는 소위로 입관되었다. 처음 그의 자리는 병참 장교였다. 이상하게 들릴지 모르겠지만 크리슈나에 대한 그의 집요함과 인간에 대한 강렬한 사랑은 이 군대 기간에도 그대로 유지되었다. 크리슈나를 생각할 때마다 희열의 물결이 그를 압도하곤 하여 몸을 가눌 수 없을 정도였다. 한번은 길거리를 걸어갈 때 누가 크리슈나라는 이름을 말하자 그는 길 한가운데에서 황홀경 속으로 들어가기도 하였다. 낮에는 장교로서 엄격하게 생활하고 밤에는 문을 잠그고 자신을 크리슈나 고피로 변형시키곤 했다. 그는 어렸을 때만큼 크리슈나가 자주 나타나 주길 원하였다. 크리슈나에 대한 사랑이 더욱더 증가되어, 그 이외의 것은 생각할 수 없게 되자 그의 앞에 크리슈나가 나타났다. 그러면 그의 열정은 더욱 고조되어 이제 다른 것은 생각할 수가 없었다. 그는 또 그들의 혁명 계획들이 비현실적이라는 것도 깨달았다. 군대는 크리슈나에 전념하기를 좋아하는 사람들에겐 적당한 곳이 못 되었다. 전시에 그러기 어려웠지만 그는 사임을 허락받았다.

그는 리얄푸르에 있는 집으로 돌아왔고, 아버지의 격노에 부딪쳤다. 아내와 가족을 부양해야 할 그가 아무런 대책도 없이 전도유망한 사관학교 장교직을 포기한다는 것은 용서할 수 없는 일이라는 것이었다. 그것은 사실이었다. 군대에서 그는 좋은 직위를 차지할 수 있었다. 사관학교 시절의 그의 모든 급우들은 1947년 인도가 영국으로부터 독립하자 군의 요직 대부분을 차지했다.

군대를 떠난 뒤 그는 달리 직업을 구할 마음이 없었다. 대신 크리슈나에 대한 그의 사랑이 완전하도록 도와줄 영적 스승이 필요했다. 그는 자신이 기대하는 스승을 찾아다녔다. 단, 그 스승은 반드시 그 자신이 신을 본 사람이어서, 그에게 신을 보여 줄 수 있는 능력을 지닌 사람이어야 했다. 그는 이 기준을 가지고 인도 전역을 다녔다. 거의 모든 유명한 아쉬람이나 구루들을 찾아다녔다. 결국, 그는 그에게 신을 보여 줄 수 있다는 사람을 만날 수 없었다. 그래서 그의 긴 여정은 끝을 맺었다.

리얄푸르에 있는 가족들에게로 돌아온 뒤의 일이었다. 그의 삶을 변화시킬 한 사두가 그의 집 대문 앞에 나타나 음식을 청했다. 그는 안으로 사두를 들게 하여 약간의 음식을 제공하고 그의 마음에 크게 자리 잡고 있는 질문을 하였다. "당신은 저에게 신을 보여 주실 수 있습니까? 만일 못한다면, 그렇게 할 수 있는 사람을 압니까?" 놀랍게도 사두는 그에게 긍정적인 대답을 주었다. "예, 나는 당신에게 신을 보여 줄 수 있는 한 사람을 알고 있습니다. 당신이 가서 그 사람을 만난다면, 당신의 소원은 잘 이루어질 것입니다. 그의 이름은 라마나 마하리쉬입니다." 그 이름을 들어 본 적이 없었기 때문에, 그는 마하리쉬가 어디에 살고 있는지 물었다. "슈리 라마나스라맘, 티루반나말라이에 있습니다."라고 사두는 말했다. 그는 그 장소를 들어 본 적이 없었다. 그래서 거기로 가는 방향을 물었다.
사두는 그가 찾아갈 수 있도록 자세하게 위치도 가르쳐 주었다. "마드라스로 가는 기차를 타세요. 마드라스에 도착하면 에그모어 역으로 가세요. 거기서 기차를 타고 빌루푸람으로 가세요. 거기서는 기차를 갈아타야 합니다. 거기에서 티루반나말라이로 가는 기차를 타세요."

그는 다소 복잡한 기분이 들었지만 인도에서 자신에게 신을 보여줄 한 사람이 있다는 사실을 알고 행복해했다. 그는 아버지에게 또 한 명의 스와미를 만나기 위해 남쪽으로 떠나야 하겠다고 말했다. 아버지는 분노를 터뜨렸다. "아내와 자식들은 다 어떻게 하고… 군대를 그만둔 것도 부족해서… 영적인 모험에 미쳐 인도의 끝으로 달려가야만 하는가…"

얼마 안 되어 그는 우연히 신문에서 마치 자신을 위해 있기라도 하듯 마드라스에서 전직 장교를 구한다는 광고를 보게 되었다. 그는 채용되었다. 마드라스로 가는 차비뿐만 아니라 한 달간의 시간적 여유도 가지게 되었다. 마하리쉬를 만나러가기 위한 돈과 그의 곁에서 지낼 기회를 갖게 된 것이다. 뿐자의 나이 31세, 1944년이었다. 그는 사두가 일러준 대로 기차를 타고 티루반나말라이로 갔다. 거기서 약 3km 정도를 소가 끄는 마차를 타고 아쉬람에 도착했다. 이어 그는 그에게 신을 보여 줄 수 있다는 그 남자를 찾았다. 그런데 건물의 창문을 통해서 보니 편잡의 집에 왔던 그 사두가 소파에 앉아 있는 것이 아닌가! 그는 혐오감이 치밀었다.

"이 남자는 사기꾼이다. 편잡의 우리 집에 나타나서 나에게 티루반나말라이에 가라고 말한 뒤, 기차를 타고 먼저 와서 여기에 있는 것이 아닌가."

"당신은 북쪽에서 오지 않았소? 당신은 북부 사람처럼 보입니다."

"예, 그렇습니다."라고 그가 말했다. 푼자가 지금 떠나려 한다는 것을 알고 그가 말했다.

"당신은 방금 도착하지 않았습니까? 한 이틀쯤 머물다 가시지요."

그는 그동안 자신에게 일어난 일을 모두 이야기했다. 그리고는

"이 사람은 온 나라를 다니면서 자신을 선전했습니다. 나는 그를 보고 싶지 않습니다. 이 사람이 정말로 신을 보여줄 수 있다면, 나를 만나러 왔던 편잡에서 왜 신을 보여 주지 않았습니까? 나는 이런 사람을 보는데 흥미가 없습니다."

"아닙니다. 당신이 잘못 아셨습니다. 라마나 마하리쉬는 48년 동안 이 읍을 떠나지 않았습니다. 당신이 사람을 잘못 보았거나 아니면 라마나님이 자신의 힘을 통해 몸은 여전히 여기에 있으면서 편잡에 자신을 나타내셨을 겁니다. 미국에서 온 한 여인도 여기 와서 비슷한 이야기를 하였습니다. 당신은 실수하지 않았다고 장담할 수 있습니까?"

푼자는 미심쩍기도 하였지만 호기심이 생겨서 그의 제안을 받아들이고는 그를 따라 들어갔다. 그는 마하리쉬를 만나 편잡의 그의 집에서 생긴 일에 대해 물어볼 생각이었다. 아쉬람에서 점심을 먹은 후, 그는 건물 안으로 따라 들어갔다. 혼란스러운 상태에서 그는 마하리쉬에게 물었다.

"당신은 편잡의 제 집에 저를 보러 온 분이 아닙니까?" 마하리쉬는 말

없이 조용히 있었다.

"당신은 저희 집에 와서 제가 여기에 오도록 하지 않았습니까? 저를 여기로 오게 한 사람이 맞습니까?"

마하리쉬는 그의 어떤 질문들에도 대답하지 않으려 했다. 그래서 그는 아쉬람을 방문하게 된 주된 목적을 말했다.

"당신은 신을 본 적이 있습니까? 만약 당신이 신을 보았다면, 저에게 신을 보여 줄 수 있습니까? 그렇게 하신다면 저의 모든 것을 드리겠습니다."

"아니오. 나는 당신에게 신을 보여 주거나 볼 수 있도록 해줄 수 없습니다. 신은 보일 수 있는 대상이 아니기 때문입니다. 신은 주체요, '보는 자'입니다. 보일 수 있는 대상에 관심을 가지지 마십시오. '보는 자'가 누구인지 발견하십시오. 당신이 바로 신입니다."

마하리쉬의 말은 마치 자신으로부터 멀리 떨어져 있는 별개의 신을 밖에서 찾고 있는 그를 책망하는 것처럼 들렸다. 마하리쉬의 말은 그에게 감명을 주지 못했다. 만일 마하리쉬가 그에게 "당신이 바로 당신이 보기를 원하는 신입니다."라는 말을 한 직후에 일어난 다음과 같은 일련의 체험이 없었더라면 그는 마하리쉬의 말을 무시했을 것이다.

그는 마하리쉬의 현존 아래 매우 강력한 경험을 하긴 하였지만,

"그대가 바로 신입니다. 보는 자가 누구인지 발견하십시오."라는 마하

리쉬의 충고는 강하게 와 닿지 않았다. 바깥에 있는 신을 찾아내려는 그의 경향성은 마하리쉬의 말이나 그와 더불어 가졌던 이런 경험만으로는 사라지지 않았다. 그는 생각했다. "초콜릿이 되는 것은 좋지 않다. 나는 초콜릿을 맛보고 싶다." 그는 신과 별개의 존재로 남아서 신과 결합하는 희열을 누리려고 하였다.

그날 오후, 아쉬람에 헌신자들이 왔을 때, 광적인 크리슈나 박타인 그의 눈은 편견으로 가득 차 있었다. 그의 눈으로 보았을 때, 그들은 그냥 고요히 앉아서 아무것도 하지 않고 있었다. 신에 대한 말도 하지 않았으며 신의 이름을 암송하거나 신에게 주의를 고정시키지도 않았다. 마하리쉬도 아무것도 하지 않고 그냥 앉아 있었다. 푼자는 영적으로 게으른 이런 사람들과 함께 아쉬람에 남아 있고 싶지 않았다. 그는 아루나찰라의 북쪽으로 길을 떠났다. 몇 킬로미터 떨어지지 않은 숲속에 아주 조용한 장소를 발견했다. 그는 거기에 앉아서 누구의 방해도 받지 않고 혼자 크리슈나의 이름을 암송했다.

약 일주일을 거기에 머물면서 그는 헌신의 수행에 몰입했다. 크리슈나가 자주 그 앞에 나타났으며 그와 더불어 많은 시간을 보냈다. 일주일이 다 되어 갈 때, 그는 새 직업을 준비하기 위해 마드라스로 떠나야겠다고 생각했다. 마을을 떠나면서 푼자는 마하리쉬에게 작별 인사도 하고 또 자신의 노력으로 신을 매일 볼 수 있었기 때문에 신을 보기 위해선 이제 그의 도움이 필요 없다는 것을 말하기 위해 아쉬람에 들렀다.

그를 보자, 마하리쉬가 물었다.

"어디에서 지냈습니까?"

"산 다른 쪽에 있었습니다."

"그러면 거기에서 무엇을 하고 있었습니까?"

"저의 크리슈나와 놀고 있었습니다."

"오, 그래요?"

"아주 좋습니다. 정말 굉장합니다. 당신은 지금도 그를 봅니까?"

"아닙니다, 제가 비전을 가질 때만 크리슈나를 봅니다."

"그러니까, 크리슈나가 와서 당신과 같이 놀고 그리곤 사라지는군요. 나타났다가 사라지는 신이 무슨 소용이 있겠습니까? 만약 그가 정말로 신이라면, 그는 당신과 늘 함께 해야만 합니다."

그의 비전 경험에 대해 마하리쉬가 관심을 보이지 않자 그는 다소 의기소침했다.

마하리쉬는 그에게 바깥에 있는 신을 찾지 말고, 신을 보고자 원했던 그 사람의 근원과 바탕을 찾으라고 하였다. 이것은 그가 받아들이기엔 아주 힘든 일이었다. 크리슈나에 대한 헌신으로 평생을 보낸 그에게 인격을 가진 신 대신에 다른 어떤 방식으로 영적 탐구를 한다는 것은 생각할 수 없는 일이었다.

마드라스로 돌아와 크리슈나에 대한 찬가를 하려고 했을 때, 그는 더 이상 크리슈나의 이름을 반복할 수 없음을 알게 되었다. 어떤 이유에서였는지 그의 마음은 협력하지 않았을 뿐더러 그는 더 이상 영적 도서들을 읽을 수도 없었다. 그의 마음은 생각으로부터 자유로웠으며, 고요한 그의 마음은 그 어떤 영적 대상들에 대한 집중이나 주의도 거부하였다. 약 25년 동안 신성한 이름이 노력을 하지 않는데도 그의 마음을 통하여 흘러 나왔었다. 이제 그는 그 이름을 단 한 번도 부를 수 없었다.

그는 다시 한 번 티루반나말라이에 있는 마하리쉬에게 생각이 갔다. "이 사람은 편잡의 나의 집에 나타나서 티루반나말라이에 있는 그에게로 와서 만나라고 하지 않았던가. 나는 그와 함께 앉아 있을 때 좋은 경험을 했다. 이 사람은 분명히 나에게 충고를 해줄 수 있을 것이다. 그는 마드라스에 있는 나에게 나타나기도 하였다. 이렇게 두 번이나 나에게 나타난 것은 강한 연결이 있음을 의미한다. 나는 거기로 가서 그가 하는 말을 들어야겠다."

그다음 주 토요일, 그는 기차를 타고 마하리쉬가 있는 아쉬람으로 갔다. 그때와 마찬가지로 점심 식사 후에 그는 마하리쉬를 만나러 들어갔다. 시중드는 사람이 마하리쉬가 쉴 시간이라며 나중에 오라고 하였지만, 이를 본 마하리쉬가 허락하였다. 그는 마하리쉬 앞에 앉아서 자신의 이야기를 하였다.

"25년 동안 저는 크리슈나의 이름을 되풀이해 부르며 보냈습니다. 더구나 최근엔 그의 이름을 하루에 50,000번이나 암송했습니다. 그때 라마, 시타, 락슈만 및 하누만이 제 앞에 나타났습니다. 그들이 떠난 이후로, 저는 더 이상 제 수행을 할 수 없었습니다. 더 이상 크리슈나의 이름을 암송할 수 없을 뿐더러, 책을 읽을 수도 없고 명상을 할 수도 없습니다. 그렇지만 내적으로는 큰 고요를 느끼고 있습니다. 염려스러운 것은 저 자신이 더 이상 신에 집중하고픈 욕구가 일어나지 않으며, 집중하려고 노력을 해도 집중이 되지 않는다는 것입니다. 제 마음은 신에 대한 생각들에 관여하기를 거절하고 있습니다. 저에게 무슨 일이 일어났으며 저는 어떻게 해야 합니까?"

"마드라스에서 여기까지 어떻게 왔습니까?"

"기차로 왔습니다."

"그러면 티루반나말라이 역에 도착한 뒤에는 무슨 일이 일어났습니까?"

"기차에서 내려 기차표를 건네주고, 소가 끄는 이동수단을 타고 여기 아쉬람까지 왔습니다."

"아쉬람에 도착하여 소가 끄는 마차꾼에게 돈을 지불하고 난 다음에, 소가 끄는 마차에 무슨 일이 일어났습니까?"

"그 소가 끄는 마차는 떠났습니다. 추측하건대 읍으로 돌아갔을 겁니다."

"그 기차는 당신을 목적지까지 데려다 주었습니다. 당신은 기차에서 내렸습니다. 왜냐하면 더 이상 당신에겐 기차가 필요 없었기 때문입니다. 기차는 당신이 원하는 곳까지 당신을 데려다 준 것입니다. 소가 끄는 마차도 이와 마찬가지입니다. 소가 끄는 마차가 그대를 라마나스라맘에 데려다주자 당신은 마차에서 내렸습니다. 당신은 더 이상 기차나 마차가 필요하지 않습니다. 그것들은 당신을 여기까지 데려오는 수단이었습니다. 지금 당신은 여기에 있고, 그것들은 더 이상 당신에겐 소용이 없습니다. 이것이 당신의 수행에서 일어난 일입니다. 당신의 암송, 독서, 명상은 당신을 영적 목적지까지 데려다주었습니다. 당신은 더 이상 이러한 것들이 필요하지 않습니다. 당신은 도착하였습니다."

그리고 나서 마하리쉬는 그를 깊이 바라보았다. 푼자는 자신의 몸과 마음이 순수의 물결로 씻기는 것을 느낄 수 있었다. 몸과 마음이 마하리쉬의 고요한 응시에 의해 정화되어 가고 있었다. 그는 마하리쉬가 그의 가슴속을 주의 깊게 바라보고 있음을 느꼈다. 그 황홀케 하는 응시로 옛 몸은 죽고 새로운 몸이 만들어지고 있었다. 그때 갑자기 그는 이해했다. 지금 그에게 말을 건네고 있는 이 사람이 그 자신이었으며, 늘 그 자신으로 있어 왔음을…. 나를 깨닫게 되자 갑작스러운 충격이 그에게 왔다. 이것은 그가 여덟 살 때 망고 음료가 가득한 컵을 받을 수 없었던 때와 같은 깊은 평화와 충만한 행복감이었다. 슈리 푼자는 일어나서 마하리쉬 앞에 깊은 감사를 느끼며 엎드려 절했다.

그는 마하리쉬의 가르침이 무엇인지를 마침내 이해하게 되었다. 마하리쉬는 그에게 정확히 통찰하여, 형상을 가진 어떤 인격적 신에게도 집착하지 말라고 한 것이다. 모든 형상들은 죽어 없어지기 때문이었다. 마하리쉬는 푼자에게 실재이며 영원한 것을 향해 가도록 첫 만남에서부터 노력하였으나, 오만하게도 푼자는 마하리쉬의 충고에 주의를 기울이지 않았던 것이다.

"나는 누구인가?" 이것은 그가 오래전에 물었어야 했던 단 하나의 질문이었다. 그는 여덟 살 때 나를 직접적으로 체험했으면서도 그곳으로 되돌아가기 위해 그의 나머지 생을 보낸 것이다. 그의 수많은 사두들과 스와미, 구루들을 만났지만 아무도 그에게 마하리쉬가 한 것처럼 간결하게 "신은 당신 안에 있습니다. 신은 당신과 떨어져 있지 않습니다. 당신이 바로 신입니다. 만약 당신이 '나는 누구인가?'라는 물음을 그대 자신에게 물어 자신의 마음의 근원을 발견한다면, 당신은 당신의 가슴속에 있는 나로서의 신을 경험하게 될 것입니다."라고 말하지 않았다. 만약 그가 좀 더 일찍 마하리쉬를 만나 마하리쉬의 가르침을 듣고 실천했더라면 그는 결실 없는 외적 추구는 아마 하지 않았을 것이다.

그러는 중에 슈리 푼자는 이상한 만남들을 통하여 가르침을 펼치기 시작한다. 1947년, 푼자가 육체적으로 마하리쉬를 떠나려 할 때, 마하리쉬는 그에게 말했다. "당신이 어디에 있든 나는 항상 당신과 함께 있습니다." 이것이 마하리쉬의 약속이었고, 푼자는 이것을 체험하고 있었다. 슈리 푼자라고 불리는 사람은 더 이상 남아 있지 않았다. 그가 있었던 곳에는 텅 빔만이 있었다. 그 텅 빔 안에는 빛나는 '나', 나의 실재인 '나', 나의 스승이신 '나', 어디서든 항상 그와 함께 한다고 스승이 약속한 '나'가 빛나고 있었다. 그가 말할 때마다, 말하고 있는 자는 푼자가 아니라, 라마나 마하리쉬의 '나', 모든 존재들의 가슴속에 있는 나가 말하고 있다.

마하리쉬의 한 번의 바라봄만으로 슈리 푼자의 윤회의 연속들이 파괴된 것이다. 그가 나를 깨닫게 되자, 그 즉시 시간, 세상, 그리고 그 속에 살고 있는 모든 생명들이 실재하지 않는 것이라는 것을 알게 되었다. 그는 "이제 어떤 것도 존재한 적이 없었다. 무엇도 일어난 적이 없었다. 변하지 않는, 형상 없는 나만이 오직 존재한다."고 말할 수 있게 되었다.

그는 보이지 않는 아쉬람을 갖고 있었으며, 전통적인 의미로 보았을 때 그는 보이지 않는 스승의 삶을 살았다. 그의 삿상에 참여한 구도자들은 그의 말과 친존에서 기쁨의 웃음을 터뜨렸으며, 햇살처럼 펼쳐지는 행복감에 깊이 잠겼다. 1997년 9월 6일, 슈리 푼자는 육신을 버리고 마하사마디에 들었다.

산스크리트 용어 풀이

가야트리 Gayatri 베다의 주요한 만트라

강가 Ganga 갠지즈 강, 갠지즈 강 속에 산다는 여신의 이름

고피 gopi 소치는 사람의 아내

구루 guru 영적 스승

카르마 karma 우주적 법칙. 행위자에게 남는 행동의 결과

카비르 Kabir 인도의 유명한 성자 이름. 천민의 계급에서 성자가 됨

코함 Koham "나는 누구인가?"

코히누르 kohinoor 진귀한 보석

쿤달리니 kundalini 뱀의 힘이라 불리는 요가의 힘, 샥티의 에너지

갸나 jnana 신성한 지식

니르바나 nirvana 아무런 개인적 정체감이 없는 상태

니르비칼파 사마디 nirvikalpa samadhi 모든 생명유지의 기능이 멈춘 무아지
　　경의 상태

니사르가닷타 Nisargadatta 불이론을 주장한 인도의 영적 스승

다르마 dharma 올바름의 길. 의무

두르가 Durga 여신의 이름

두파타 dupatta 여인의 스카프

디야나 dhyana 명상, 묵상

타파스 tapas 속죄. 고행

탓 밤 아시 Tat vam asi 그것이 나다(That thou art).

투리야 turiya 깨어 있음, 꿈, 그리고 수면 너머에 있는 상태. 제4의 상태
　　라고도 함

라마나스라맘 Ramanasramam 인도 남부 티루반나말라이에 있는 바가반 슈
　　리 라마나 마하리쉬의 아쉬람

라마야나 Ramayana 인도의 신화. 신 라마에 관한 이야기

라마크리슈나 Ramakrishna 인도 뱅갈 지방의 성자. 모든 종교의 길이 하나
　　로 모인다는 체험을 스스로 하였음

라마 Rama 람이라고도 함. 신의 이름

락슈마나 Lakshmana 여신의 이름

람 Ram 라마라고도 함. 신의 이름

리쉬 rishi 문자적으로는 '보는 자'. 경우에 따라서는 숲 속에 사는 '현인'
　　이나 '선인(仙人)'을 뜻하기도 함

릴라 lila 현상계의 유희로운 모습, 놀이

마드라스 Madras 인도 남동부의 항구 도시. 라마나스라맘이 여기에서 멀
　　지 않음. 지금은 첸나이라고 불림

마이트리 Maitri 신의 이름

마하요가 mahayoga 최고의 요가

만트라 mantra 신 이름의 암송. 마음의 집중을 가져옴

멜라 mela 축제

미라 Mira 미라바이(Mirabai)라고도 불리는 크리슈나 헌신자의 이름

바가바드 기타 Bhagavad Gita 힌두 경전. 크리슈나와 아르주나의 대화로 이루어 짐.

바가바탐 Bhagavatam 인도의 신화. 신 크리슈나에 관한 이야기.

바바 bhav 마음 상태

바사나 vasana 전생의 경험에서 비롯된 이번 생의 성향, 습성 혹은 경향성

바이쿤타 Vaikunta 람이 살고 있다는 천국

바이라기야 vairagya 초연, 세상에서 물러남

바잔 bhajan 신에 대한 헌가를 함께 부르는 모임

박타 bhakta 신에게 헌신하는 사람

박티 bhakti 신에 대한 헌신

방 bhang 구장 견과(식용나무 열매)로 환각 작용을 일으킴

베다바키야 vedavakya 참지식에 대한 위대한 진술, 베다의 문장

베단타 vedanta 「우파니샤드」 「브람마경」 「바가바드 기타」에 대한 슈리 비야사의 해석에 의해 확립된 절대적 진리. '베다의 끝 혹은 정점'

보기 bhogi 물질적인 만족에 집착하는 사람

붓디 buddhi 보통의 마음을 지칭하는 마나스보다 한 차원 높은 식별의 마음 혹은 지성

브람마 로카 ^{Brahma loka} 가장 높은 영역

브람만 ^{Brahman} 나, 지고의 존재

블랙 홀 ^{black hole} 자궁에 대한 파파지의 용어

비파사나 ^{vipassana} 위파사나라고도 함. 문자적으로는 내관 혹은 직관적
　　　인 인식

비차라 ^{vichar} 탐구. 나의 진리에 탐구

파코라 ^{pakora} 음료

판디트 ^{pandit} 학자, 현자

페이샤 ^{paise} 인도의 동전

푸자 ^{puja} 예배

프라나야마 ^{pranayama} 호흡법. 호흡을 통제하거나 멈추는 수행법

피르 ^{Pir} 왕의 이름

사다나 ^{sadhana} 영적 수행

사두 ^{sadhu} 수행자, 수도승

삿트빅 ^{sattvic} 평화와 조화의 상태, 깨끗함의 상태

사마디 ^{samadhi} 초월의 상태

사하자 ^{sahaja} 존재의 순수한 자연스러운 상태

산야신 ^{sannyasin} 모든 것을 버린 사람, 고행자

삼사라 ^{samsara} 욕구들의 계속적인 흐름. 태어남과 죽음의 윤회

삿구루 ^{satguru} 완전한 스승

삿상 바완 ^{Satsang Bhavan} 파파지가 말년에 삿상을 한 건물의 이름. 럭나우

에 있음

삿상 ^{satsang} 현자와 함께 함. 진리와 함께 함

샨티 ^{shanti} 평화

숨마 이루 ^{Summa Iru} 문자적으로는 '침묵하고 있으라(Be quite)'. 'Iru'는 '있다 (to be)'와 '머무르다(to stay)'라는 동사의 명령형

쉬바 ^{Shiva} 궁극의 신 이름. 파괴의 신이라 불리기도 함

슈얌 ^{Shyam} 푸른빛의 존재. 바가반 크리슈나의 한 이름

스와미 ^{swami} 수도승. 빛과 함께 하고 있는 사람

시타 ^{Sita} 람 혹은 라마라 불리는 신의 아내

싯디 ^{siddhi} 초능력

아트마 비차라 ^{Atma Vichar} 나 탐구. 아트만에 대한 탐구

아트마 ^{atma} 아트만이라고도 함. 나. 개체 속에 있는 신성

아라티 ^{arati} 신에게 불을 바치는 의식

아루나찰라 ^{Arunachala} 인도 남부 티루반나말라이에 있는 성스러운 산 이름. 라마나 마하리쉬가 이 산 자락에 아쉬람을 세웠음

아바두타 기타 ^{Avadhuta Gita} 책 이름. 아바두타란 세상을 버린 수행자를 의미함

아비야사 ^{abhyasa} 수행, 연습

아쉬람 ^{Ashram} 수행처 혹은 성자가 살고 있는 곳

아함 브람마스미 ^{Aham Bramasmi} 나는 브람만이다

야주르 베다 ^{Yajur Veda} 베다 중의 하나

옴 ^{om} 신이 낸 첫소리. 창조의 시초의 소리. 기독교에서는 아멘이라고
   발음함

요가 ^{yoga} 신과의 결합 혹은 그 결합을 위한 수행

요기 ^{yogi} 요가를 수행하는 사람. 요가에서 성취를 이룬 사람

우파사나 ^{upassana} 대상과의 합일을 목표로 하는 명상법의 하나. 관상

인디라나가르 ^{Indirangar} 럭나우 변두리의 거리

자파 ^{japa} 신 이름을 반복적으로 암송함. 마음을 순수케 하기 위한 수행
   법 중 하나

쟌시 ^{Jhansi} 파파지가 방문하였던 지역 이름

차이타니야 ^{Chaitanya} 성자 이름. 크리슈나의 화신이라고 함

찬팅 ^{chanting} 신의 이름을 노래함

크리슈나 ^{Krishna} 인도의 전통에 나오는 궁극의 신. 바가바드 기타의 주
   인공으로 나오기도 하며, 제자 아르주나에게 궁극의 진리로 가
   는 여러 길들을 설파하였음

하누만 ^{Hanuman} 원숭이. 라마의 충직한 신하였음. 충직함의 대명사임

하리 ^{Hari} 바가반 크리슈나를 지칭하는 스물네 가지 이름 중의 하나

하즈랏간지 ^{Hazrat Ganj} 럭나우에 있는 상점가

슈리 푼자와의 삿상 1

그대는 신이다

개정판 1쇄 발행 2023년 6월 25일

지은이 파파지
옮긴이 김병채

펴낸이 황정선
펴낸곳 슈리 크리슈나다스 아쉬람
출판등록 2003년 7월 7일 제62호
주소 경상남도 창원시 북면 신리길 35번길 12-12
대표전화 (055) 299-1399
팩시밀리 (055) 299-1373

전자우편 krishnadass@hanmail.net
홈페이지 www.krishnadass.com

ISBN 978-89-91596-88-7 03270

printed in Korea